JN427093

방법으로서의 윤리

이양호 지음

이문출판사

지은이 이양호

이양호는 칸트 연구로 석사학위를, 막스 셸러 연구로 철학박사 학위를 받고 영남대학교 민중생활사연구단 연구교수를 역임하였다. 현재 현대종교문화연구소의 상임연구원을 맡고 있으면서 대학에서 학생들을 가르치고 있다.
지은 책으로는 『막스 셸러의 철학』·『초월의 행보』·『방법으로서의 윤리』·『오늘의 철학적 인간학』(공저)·『한국민중열전13 여기원』·『한국민중열전26 황태순』·『한국민중열전38 정해주』·『흙과 사람』(공저)이 있고, 옮긴 책으로는 『중세철학입문』(C.H. Patterson)·『서양철학입문』(J. Hessen, 공역) 등이 있다. 그 외 철학적 인간학, 종교철학, 중세철학에 관한 논문이 있다.

방법으로서의 윤리

펴낸곳 / 이문출판사
발행인 / 지경원
지은이 / 이양호

변경 등록 / 1994년 6월 3일 제7-20호
초판 발행일 / 2010년 3월 2일

주 소 / 122-010 서울시 마포구 성산동 114-15
전 화 / 02) 359-8250, 053) 624-3113
팩 스 / 02) 359-8251
홈페이지 / www.yimun.com

값 11,000 원
ⓒ 이양호 2010
ISBN 978-89-7334-147-4 93100

방법으로서의 윤리

지은이의 말

지은이는 이 책에서 여러 가지 윤리 및 윤리와 관계된 주제들을 다루고 있는데 그 내용과 전개방식을 결정해 준 것은 '격변하는 현대사회에서 더불어 잘 살아가기 위한 방법에 대한 탐구'였다. 따라서 여기에 선정된 주제들과 내용들은—주의 깊게 목차를 살펴 본 독자라면 이미 간파했겠지만—제멋대로 선정한 것이 아니고 그것들 속에서 지은이의 의도가 어떻게든 반영될 수 있도록 배려해서 선정된 것이다.

이러한 목적과 방식을 채택했다는 것은 일반적인 윤리의 내용들 중 많은 부분이 생략될 수 있을 뿐만 아니라 선정된 윤리자료들이 우리의 삶에 대해 갖는 연관성이 더욱 자명하고 확실하게 드러날 수 있음을 뜻한다. 또한 이러한 기준에 따른 선정은 지은이로 하여금 지적 호기심을 만족시켜주는 내용이 아니라는 이유로 종종 무시되거나 가볍게 다루어지고 마는, 그렇지만 우리의 삶에서는 매우 중요한 윤리적 핵심들을 특별히 강조하고 돋보이게 할 수 있었다. 이 책의 제목을 <방법으로서의 윤리>라고 정한 것은 바로 이러한 이유에서였다.

끝으로 이 경제성 없는 책의 출판을 허락해 준 한동대학교 지승원 교수님께 진심으로 감사를 드리며, 무엇보다 살아가는 데 어느 하루도 쉬운 날이 없는 현대인들에게 "인생의 어려움들은 우리를 힘들게 하려는 것이 아니라 더 나아지게 하기 위한 것이다."(The difficulties of life are to make us better not bitter) 라는 말을 꼭 전하고 싶다.

2010년 경신년을 맞으며
한원재에서 지은이

목 차

방법으로서의 윤리

이양호 지음

이문출판사

방법으로서의 윤리

윤리와 인간

인간이라면 인간과
관계된 것을 생각하라.
hominem res sapere humanas,
non ultra, decet.

Menandros, *Monosticha*, 1.

인간과 문화

일찍이 독일의 철학자 헤르더(J.G. Herder, 1744~1803)는 '문화'라는 말에 관해 "이 말만큼 불확실한 것은 없다."고 한탄한 적이 있다. 그렇다고 해서 시간이 흘러 이 말의 의미가 더 명확해진 것은 물론 아니다. 하버드대학의 총장이었던 법학자 로웰(A.L. Lowel, 1856~1943)도 "이 세상에서 이것만큼 파악하기 힘든 것은 없다. 그 의미를 말로 파악하려는 것은 공기를 손으로 파악하려고 하는 것과 같다. 어디에나 있는 것이지만 손에 잡히지는 않는다."고 고백하고 있을 정도이다.

그렇다면 문화(文化, culture)란 도대체 어떠한 것인가? 문화의 본질은 무엇인가? 인간은 문화의 비극성에 대해서 말하고 또 현대문화의 위기 혹은 그 퇴폐성에 대해서 말한다. 여기에 문화비판의 과제가 있고 문화에 관한 여러 연구들이 시도되는 이유도 있을 것이다. 그리고 이들 시도는 말할 것도 없이 문화의 본질을 묻는 문화 연구의 일면(一面) 혹은 그 구체화인 것이다. 그렇다면 문화란 무엇이며 그 본질은 무엇인가? 나아가 그러한 '문화'의 역사란 어떤 의미를 가지고 있는가?

우선 여기에서 우리는 작업가설적 · 잠정적 정의로서 문화라는 개념을 다음과 같이 정의해 볼 수 있을 것이다. "문화는 인간이 형성한 사물의 총체이다." 즉 어린아이들의 장난감으로부터 NASA · BBC와 CNN · 고아원과 병원 · 교회와 학교 · 법과 정부와 군대 · 비행기와 자동차 · 기업과 가정 · 월드컵축구와 프로야구 · 김홍도의 풍속화와 한류드라마 등 이 모든 것이 문화의 이름 아래 통일되는 것이다. 말하자면 인간이 형성한 모든 것, 인간역사의 전 내용을 문화라고 부를 수 있는 것이다.

그것은 문화라는 말의 유래로부터도 엿볼 수 있다. culture라는 말은 원래 라틴어 쿨투라(cultura)에 유래하는데 보통 경작 · 재배 · 육성 · 가공을 의미하였다. 농업(agriculture)이 밭을 의미하는 아게르(ager)와 쿨투라의 합성으로 이루어진 것이 전형적인 경우이다. 그러나 쿨투라는 다만 밭과 같은 자연의 가공을 의미하는 것만은 아니다. 오늘날 일반적으로 사용되고 있는 문화라는 의미에서의 쿨투라의 최초의 문헌상의 중요한 사용 예는 키케로(M.T. Cicero, BC 106~43)가 '마음을 닦는 것이 철학'(Cultura animi philosophia est)이라고 기술한 것이라고 전해진다. 마음을 도야하고 수양하는 것으로서의 철학도 쿨투라이며 영어의 culture가 '교양'(教養)인 것도 같은 계열에 속할 것이다. 그런데 쿨투라와 어원이 같은 쿨투스(cultus)라는 말이 육성하는 것, 공경에 기초한 의례(儀禮)이며 숭배인 점을 보면 쿨투라는 컬트(cult)로서 종교적인 것과 연관을 가진다는 것을 알 수 있다. 즉 문화라는 말은 한편으로는 농업 등에, 다른 한편으로는 철학 · 교양 · 숭배 등과 연관되고 말하자면 물질문명으로부터 정신문화에 이르는 모든 것을 포함하는 것이다.

한자의 文化는 어구적인 해석으로는 문식화성(文飾化成), 즉 꾸미고 무늬를 놓는다는 뜻의 문과 이룬다는 뜻의 화로 구성되어 있다. 쿨투라와 마찬가지로 아름답게 무늬를 놓는다는 '문화'도 실제로 옥을 다듬어 무늬를 놓는다는 것으로부터 마음을 닦는다는 수도(修道)에까지 미치고 있다. 그리하여 문화는 내용적으로 문치교화(文治教化), 즉 형벌과 무력을 사용하지 않고 사람들을 교화하는 것을 가리킴과 동시에 자연을 이용하여 인류의 이상을 실현시켜 나가는 정신 활동이라는 의미까지도 포함하게 되었다. 이로부터 우리는 인간이 기르고 재배하고 가공한 모든 것은 문화라고 불러도 좋을 것이다.

그런데 우리가 문화라고 하면 으레 함께 떠올리게 되는 말로서 문명(civilization)이 있다. 문명이라는 말의 기원은 시민을 뜻하는 라틴어 키비스(civis) 혹은 시민의 신분과 지위를 뜻하는 키빌리타스(civilitas)이다. 키비스는 로마시민이라는 사실을 가리킬 뿐만 아니라 미개상태에 있는 이방인 · 야만인보다 훨씬 교화되고 세련되었다는 일종의 우월감을 의미하였고(사도 바울이 로마 시민권자로서 누린 혜택과 권한을 생각해 보면 로마

시민들의 자부심을 납득할 수 있을 것이다) 흔히 사회적 진보발전의 관념과 결부되어 왔다.

영국의 소설가이자 문화연구가인 윌리암스(R. Williams, 1921~8)는 『문화와 사회』(*Culture and Society*, 1958) 가운데서 문화와 문명이라는 개념은 다분히 동의적(同義的, synonymous)이며 함께 적용할 수 있는 네 가지의 의미를 긍정할 수 있다고 한다. ① 인간의 완성이라는 이상과 밀접한 연관을 가진 정신의 일반적 상태 혹은 관습. ② 사회전체의 지적인 발전의 일반적 상태. ③ 학예(學藝)의 총체. ④ 물질적 · 지적 · 정신적 생활방식의 전체 등이다.

앞의 세 가지 정의는 문화의 '인문주의적' 수용 방식으로 불리고 마지막 정의는 '인류학적' 접근과 결부된다. 인문주의적 개념은 선택적이며 인간의 어떤 활동의 일부를 다른 활동과 구별하고 그것을 문화적이라고 부르는 것이라고 여겨지고 있다. 인류학적인 개념은 비선택적이며 특정한 사회의 인간생활의 구조 전체에서 인간이 사회적으로 받아들인 것과 그것에 부가한 것 모두에 '문화'라는 말을 적용한 것이라고 여겨진다.

인류학자는 자민족 중심주의에 빠지는 것을 우려하여 가치판단을 기피하는데 반해 인문주의자는 다양한 형태의 인간 활동과 목적을 보편적인 가치에 비추어 평가하는 것이 가능하다고 보고 바로 그것을 바라는 것이라고 한다. 그들은 보편적 가치를 객관적으로 획득할 수 있다고 주장하고 있다. 인간사회의 생활 가운데서 문화적인 것과 생물학적인 것을 구별할 필요성에 대해서 양자는 동의하고 있지만 무엇이 중요하고 무엇이 문제인가에 관해서는 의견을 달리하고 있다.

만약 문화가 넓은 의미에서 이상과 같은 것이라면 그것은 다음의 두 가지를 우리에게 시사하게 될 것이다.

① 문화를 통해 인간은 인간으로서의 인간의 자각에 도달한다는 것이다. 일찍이 고대의 유물론자는 '인간은 그가 먹은 바의 것이다.'(Man ist, was man ißt)라고 주장하였다. 한 사람이 어떠한 사람인가는 그가 어떠한 육체를 가지는가에 유래하고 그리고 그의 육체가 어떠한 육체인가는 그가 무엇을 먹었는가에 유래한다는 주장이 이 명제를 성립시키고 있을 것이다. 그러나 이 명제는 잘못이다. 왜냐하면 '인간은 그가 먹은 바의 것'이 아니고 오히려 '인간은 그가 행한 바의 것이다.'(Man ist, was man tut)라고 할 수 있기 때문이다.

예를 들면 '김광석'(金光石)이 어떠한 사람이었던가는 그가 무엇을 먹고 어떠한 몸을 가지고 있었던가에 의해서가 아니라 그가 무엇을 했던가—그가 무엇을 노래했던가—에 의해서 알려지는 것이며 또한 그 자신에게도 그가 어떠한 사람인가의 자각은 그가 무엇을 했던가에 의해서 비로소 이루어질 것이다. 아니 '모든 인간은 어떠한 자인가'도 인간은 어떠한 동물인가 하는 것에 의해서보다는 인간은 무엇을 형성해 왔던가에 의해서 보다 본질적으로 알려질 수 있을 것이다. 인간은 무엇을 형성해 왔는가? 인간의 문화는 어떠한 것인가? 여기에 인간의 본질이 나타나 있고 그것을 통해서 인간은 자기의 자각에 도달하는 것이다. 문화는 인간이 형성한 것이며 인간의 자기표현임과 동시에 인간존재의 자각의 터전이기도 하다.

② 그러나 이와 함께 문화를 통해 인간은 자기의 한계를 이해한다는 것이다. 위에서 본 것처럼 문화에 있어서 인간은 자기의 본질을 표현하고 있다. 그것은 의심의 여지가 없다. 그러나 문화에서 표현되고 있는 것이 인간적인 것에 그치는 것일까? 하나의 예를 들어보자. 예컨대 지진경보가 발효될 때, 경보의 발령은 인간 문화의 하나의 표현이며 그것을 가능케 하는 지진연구소나 기상청—경보를 전달하는 방송국까지도—은 문화 설비이고 나아가 그 근거를 이루는 지질학 · 기상학도 문화의 일면일 것이다.

그러나 일본 한신대지진이나 엄청난 인명피해가 난 중국 사천성과 아이티 포르토프랭스의 대지진 그 자체는 애초부터 문화라고 말할 수 없다. 피라미드나 핵무기는 문화의 소산이지만 그것을 구성하는 거대한 바위와 우라늄은 어떻든 자연물이다. 문화가 발전한다는 것은 자연의 영역이 문화의 영역 안에 포섭된다는 것을 의미한다. 그러나 문화의 저변에는 어디까지나 문화와 다른 이질적인 자연이 잠재하는 것이다. 여기에 문화의 하나의 한계가 있는 것이다. 문화는 경작하고 가공하는 것이지만 경작되고 가공되는 것은 문화에 대해서 주어진 소여(所與)로서 '문화 이전'의 것이다.

그것만이 아니다. 신의 초월적 존재를 믿는 신앙인이 신에게 바치는 다양한 의례(ritus) · 숭배(cultus)는 비록 그것이 인간적 · 문화적인 의미를 가지고 있고 그것에 관한 음악 · 조각 · 회화 · 건축 등이 이른바 종교문화에 속하기는 하지만 신 그 자체는 문화의 소산이라고는 생각되지 않는 것이다. 물론 자연을 문화 안에 포함하여 인간존재의 의미를 인정하려고 하는 사람과 같이 신도 인간의 소산으로 간주하여 신학을 인간학에 환원하려고 하는 루드비히 포이어바흐(L.A. Feuerbach, 1804~72) 같은 사람도 있을 것이고 또 실제로 있기도 하다. 그러나 자연은 어디까지나 문화 이전의 것에 머무르지 않을 수 없다.

어떻게 보면 문화는 신이라는 존재를 통해서 초문화적인 어떤 것에 접촉하는 것은 아닐까? 여기에도 문화의 하나의 한계가 있는 것은 아닐까? 이러한 문제는 적어도 문제로서 성립할 것이다. 만약 아무리 문제로서이든 간에 신을 말한다는 것 자체가 지나치게 비현대적이라고 비난하는 사람이 있다면 그 사람에 대해서 우리는 죽음과 같은 인간의 유한성의 문제—야스퍼스(K. Jaspers, 1883~1969)의 표현을 빌리면 인간의 '한계상황'(Grenzsituation)—를 생각하라고 말할 수 있을 것이다.

현대의학은 인간의 평균적인 수명을 확실히 연장시켰다. 그러나 현대의학이 죽음을 극복하고 있지는 않다. 문화는 인간의 영위이다. 그러나 문화의 저변에는 자연으로 불리는 문화 이전의 것이 잠재하고 문화의 저편에는 신 및 죽음과 같은 초문화적인 것이 모습을 드러내고 있다. 그것만이 아니라 문화 내부 안에도 또한 개별적인 한계가 있는 것처럼 보인다.

과거의 다양한 문화는 어느 한도까지는 성장했지만 곧 쇠퇴하고 해체되었다. 오늘날에 있어서도 자연을 극복하기 위해 인간문화가 만들어 낸 기계가 오히려 인간을 노예로 만들고 있다. 몇몇 문명 비평가는 이 사실에서 근대문명의 비극을 보려고 한다. 그것이 결정적인 것인지 어떤지는 제쳐놓고 여기에서도 문화는 어떤 한계를 자기 모순적인 것으로서 포함하고 있음을 알 수 있다. 문화의 자기 모순성도 문화의 하나의 한계성의 문제에 속하는 것이다. 아니 이것이야말로 문화의 가장 난해하고 중요한 문제를 구성하는 것이다.

이상에서 우리는 문화가 인간이 형성한 소산의 총체이며 문화에서 자기의 자각에 도달하는 것을 보았다. 다음으로 우리는 문화가 자연이라는 문화 이전의 것, 신이나 죽음 같은 초문화적인 것, 나아가 문화의 사멸과 퇴폐라는 자기 모순적인 것 등에서 자기의 한계와 문제를 자각하고 있음도 보았다.

◆ 생각하기 ••••••••••••••••••••••••••••••

1. 문화는 자생적인 것인가 아니면 우월한 문화로부터 저급한 문화로 전파되는 것인가?
2. 문화는 '기술'의 대립 개념인가 아니면 '자연'의 대립 개념인가?
3. 동양문화와 서양문화의 본질적인 차이는 무엇인가?

현대사회의 특징 사회(社會, society)라는 말이 오늘날과 같은 의미로 사용되기 시작한 것은 서구에서 17세기 이후부터이다. 그 이전에는 사회라는 말이 국가라는 말과 유사한 의미로 사용되었는데 17세기 이후부터 '국가의 법적인 조직 이외에 가치관이 공통되고 어떤 하나의 세계관 · 인간관 · 조직 · 규범 · 언어 · 문화 등을 공유하고 있는 인간 공동체'라는 뜻으로 비로소 사용되기 시작하였다. 그 이전의 사상이 국가 · 정치 · 사회 사이의 분명한 차이를 구분하지 못했다는 점에서 보면 가치관과 세계관을 공유하는 인간 공동체로서의 사회개념은 분명히 현재적인 개념이라고 할 수 있다.

인간은 사회적 동물(zoon politikon)이라는 아리스토텔레스의 말을 인용할 것도 없이 인간은 다른 사람들과의 공동생활을 떠나서는 살아갈 수가 없다. 비록 사회가 인간의 산물이지만 인간은 또한 사회의 산물이다. 그러므로 두 명제는 상호 연결고리를 통하여 사로 연결되고 구속된다. 인간이 사회형성에 영향을 미치고 그 사회는 사회구조와 질서를 통해 인간을 구속한다. 이러한 연결과정에서 인간과 사회는 세 개의 연결고리, 즉 외재화 · 객체화 · 내재화 같은 일련의 변증법적 과정을 통해 존재하고 형성된다고 피터 버거(P.L. Berger, 1929～)는 그의 『거룩한 하늘』(*The Sacred Canopy*, 1967)에서 말한다.

외재화(externalization)는 인간이 정신적 · 육체적 활동을 통해 자기 자신을 세계 속으로 쏟아 넣는 과정인데 인간은 이 자기활동을 통해 자기 자신을 사회 속으로 적응시키고 복종시키는 것이다. 객체화(objectivation)는 이러한 인간 활동의 산물이 그 본래의 행위자에 외재하여 행위자와 전혀 다른 하나의 사실로서 그와 맞서는 독립적인 실재성을 획득하는 것을 말한다. 내재화(internalization)는 인간이 이 실재를 흡수하여 객체적 세계의 구조로부터 주관적 의식의 구조로 변형시키는 과정이다. 사회가 인간의 산물이라는 것은 이러한 외재화 과정이고 사회가 객체화 과정을 통해 그 자체로서 독립적 실재가 되는 것이며 인간이 사회의 산물이라는 것은 바로 이 내재화 과정 때문이다.

여기에서 객체성은 인간이 사회를 자기 자신의 바깥에 존재하며 자신이 원하는 대로 쉽게 어떻게 할 수 없는 하나의 실재로 인정한다는 것을 의미한다. 인간은 사회에 살면서 자신의 안팎에 타자성(otherness)을 만들어낸다고 할 수 있다. 그 결과 사회적 세계가 그에게 낯설어 보일 뿐만 아니라 그의 사회화된 자아의 측면에서는 자신도 낯설게 여겨지는 것이다.

이러한 사회적 세계와 사회화된 자아의 괴리를 경험하게 될 때 인간은 소외(alienation)를 체험한다. 이 인간소외에 편승하여 급격히 변천해 가는 사회구조와 질서 속에서 전통적인 가치관과 윤리관을 위한 규범이 통념화되지 못한 채 가치관과 윤리관의 전도가 일어나고 있다. 현대인은 이러한 시대를 살아가면서 그가 경험하는 가치관과 윤리관의 혼란 속에서 사회적 갈등을 경험하는 것이다.

오늘날 우리가 살고 있는 이 현대사회를 흔히 사람들은 후기산업사회(post-industrial society)라고 부르고 이 시대를 사실적 자료와 시각적 경험이 넘쳐나는 정보화시대(information age)라고 부른다. 그것은 산업화 과정을 고도의 과학기술 산업사회를 의미하는데 이 사회는 다음과 같은 특징을 갖는다.

우선 후기산업사회는 기술진보 및 혁신을 중시하는 사회적 특징을 갖는다. 기업은 이윤추구를 위해 기업경영의 합리화 혹은 기술화를 추구해왔다. 이 때문에 우리는 인간이 기술을 지배하기 보다는 기술이 인간을 지배하는 사회로 전락하고 있는 것이 아닌가 하는 우려를 하고 있다. 기술은 생산 공정을 지배할 뿐만 아니라 현재 인간의 삶의 모든 영역—사회공학 · 교육공학 · 심리공학 · IT공학 · 환경공학 등—을 지배하고 있다. 실제로 지난 몇 년 전부터 지금까지 수많은 사람들이 컴퓨터를 '인터넷'이라는 전자네트워크에 연결시킴으로써 정보와 통신 그리고 오락 등의 방대한 자원을 활용할 수 있게 되었다. 이로 인해 사람들은 컴퓨터와 휴대전화 등이 없으면—컴퓨터 게임중독 등은 말할 것도 없고—하루도 제대로 못 견딜 정도이다.

이 때문에 일찍이 미국의 이론경제학자인 조지프 슘페터(J.A. Schumpeter, 1883~1950)는 자본주의 발전의 원동력은 기술혁신(technological innovation)이라고 주장하였다. 또한 현대의 저명한 신학자인 하비 콕스(H. Cox, 1929~)는 현대를 '기술정체의 시대'라고 불렀고 캐나다의 미디어·문화비평가인 마샬 맥루한(H.M. Mcluhan)은 '전자시대'라고 불렀다.

과학기술은 합리성을 근간으로 하고 있다. 그러나 이러한 기술 질서에 따라 합리성을 추구하는 현대사회는 가장 비이성적이고 비합리적인 행태를 드러내고 있다. 과학기술과 기술관료(technorat)에 의한 인간지배는 자유의지를 축소시키고 인간을 기계의 노예로 전락시키는 불합리한 여건을 만들고 있기 때문이다. 오늘날 우리 인간의 정신을 가장 잘 대표하는 현대 철학조차도 과학의 시녀(ancilla scientiae)라고 불릴 정도로 현대사회는 과학기술이 지배하고 있다. 이로써 인간은 그의 합리성으로부터 소외된다.

다음으로 후기산업사회는 대량생산과 독점화 및 소비자주권을 그 특징으로 하고 있다. 18세기말부터 19세기 초에 걸쳐 기계 및 동력의 발명을 출발점으로 하여 일어났던 산업혁명(industrial revolution)은 기술혁신·공장건설·새로운 기업인의 등장 등을 통해 자본축적을 가능케 하였고 기업의 대형화를 촉진시켰다. 자본 축적과 기업의 대형화는 이전에는 볼 수 없었던 시장의 독점화를 가져 왔으며 이로 인해 노동자들은 자본과 기계에 지배당하게 되었다. 인간의 생산주체로서의 지위는 자본과 기계에 그 자리를 내어주게 되었다. 오늘날에는 설비 자동화와 전산화를 통한 노동력의 대체현상이 더욱 뚜렷해지고 있다. 실제로 자동화와 전산화가 얼마나 많은 노동자를 길거리로 내몰았는지는 굳이 말로 설명할 필요가 없을 것이다.

기업의 대형화는 곧 정부의 대형화(big-government)와 생산의 다량화로 이어진다. 따라서 생산된 재화나 정부의 서비스는 질보다 양이 우선된다. 소비자는 소비자주권의 확립이라는 기업의 선전과 기만에 말려들어 그의 주권을 유감없이 행사하는 과정에서 주권을 오용·남용하여 원하지 않는 낭비와 과소비 풍조를 고양시킨다. 완전고용을 실현하고 유지하기 위해서라는 명분으로 소비와 투자를 촉구하는 케인스(J.M. Keynes, 1883~1946) 이론에 의한 수요증대 정책은 소비를 미덕으로 생각하게 만들었고 이러한 수요자 측 경제이론과 야합한 소비자주권의 행사는 현대인으로 하여금 물질만능주의에 빠지도록 유도해 왔다.

후기산업사회의 또 하나의 특징을 든다면 그것은 이 사회가 심각한 양극화와 불균형의 시대라는 것이다. 도농(都農) 간의 불균형·수도권과 지방 간의 불균형·산업 간의 불균형·소득계층 간의 빈부(貧富)의 양극화 등은 바로 대형화와 독점화 등의 산물이다. 전문기술 경영인들은 농민들이나 지방 사람들보다 도시 및 수도권 사람들의 큰 목소리를 중시하고 투자의 합리성을 추구하는 투자기획자들은 농촌이나 지방에 대한 투자를 기피하는 성향을 갖게 되었다. 따라서 농업생산성은 수입농산물의 유입과 농업투자 축소로 인해 더욱 떨어지고 농민도 사면초가에 빠지고 있다. 역대 정권들의 정경유착은 독과점기업과 재벌기업의 문어발식 확장을 도와 왔으며 이로 인해 자본가와 노동자 간의 소득 불균형—노동자 중에서도 정규직과 비정규직의 격차도 더욱 벌어지고 있다—은 더욱 심화되어 가고 있다.

이상과 같은 후기산업사회의 특징들은 현대사회를 다양화 사회·양극화와 불균형의 사회·질과 양이 혼동된 사회·내면과 형식이 혼동된 사회로 전락시켜 가치관과 윤리적 타락을 야기하고 인간소외를 더욱 심화시키고 있다. 가치관의 전도는 가치의 규범이 복잡다단하여 사회적으로 통일되거나 상식화된 가치척도가 존재하지 않는 상태로서 목적이 수단이 되고 수단이 목적이 되어버리는 질서의 역전 상태를 말하는 것이다.

삶의 목적은 인간 그 자체와 인간의 행복 그 자체이어야 한다. 그럼에도 불구하고 칸트의 말처럼 '목적으로 대해야 할' 인간을 수단으로 삼고 돈·명예·직업·학벌 등의 수단들을 삶의 목표로 삼고 그것을 획득하는 과정에서 인간을 희생시키고 있기 때문에 인간성은 더욱 상실되고 인간은 더욱 소외되고 있는 것이다. 이와 같은 현대사회의 여러 가지 부정적인 현상들을 우리는 사회병리 현상이라고 부를 수 있을 것이다. 그것은 부정과 부패·범죄와 무질서·폭력·과소비 등으로 나타나 사회불안의 원인으로 작용하고 있다.

◆ 생각하기 ································

1. 윤리학은 현대사회의 병리현상들을 분석할 수 있는 분석기준 또는 분석틀(analytical standards or framework)을 가지고 있는가?
2. 현대사회의 분석과 진단을 통해 파악한 현대사회의 병리현상을 치료하는 역할은 누가 하는가?

로고스의 의미

일찍이 철학자 아리스토텔레스(Aristoteles, BC 384~322)는 '로고스의 능력을 가진 생명체가 있으니 그 하나는 신(theos)이고 다른 하나는 인간이다.'라고 하였고 스토아학파의 제논(Zenon, c. BC 336~264)은 '세계전체는 살아 있는 존재며 영혼을 품고 있으며 로고스의 능력을 가지고 있다.'고 하였다. 즉 신은 로고스이고 세계는 이 로고스에 따라 질서를 갖출 수밖에 없기 때문에 결국 세계는 곧 신의 자기전개인 것이다.

이러한 사상은 「요한복음」의 저자를 통해 '태초에 로고스가 있었다. 이 로고스가 신과 함께 있었고 이 로고스가 곧 신이다. 모든 것들이 그를 통해 생겨났다.'는 언명으로 연결되었다. 이런 이유로 로고스라는 말은 서양을 이해하는 주요 키워드로 인식되어 왔다. 논리 · 이성 · 언어 · 수 · 학문 등을 의미하는 그리스어 로고스(logos)라는 말은 '하나로 모으다' 혹은 '헤아리다'와 같은 동작을 묘사하기 위한 동사 레고(legō)에서 유래한 것이다. 이 말의 용례는 이미 호메로스(Homeros)의 『오디세이아』(Odysseia)에 등장하고 있다.

사물을 '모은다.'는 것은 먼저 서로 구별되는 많은 사물이 존재한다는 것을 전제해야만 한다. 왜냐하면 사물은 우선 다른 사물로부터 구별되기 때문에 다수의 사물일 수 있기 때문이다. 그러므로 이것은 분석적 의식인 것이다. 그러나 이 의식은 동시에 종합적인 의식을 포함하고 있어야만 한다. 또한 legō가 종합을 나타낸다고는 하지만 구별되는 것들이 아무렇게나 모여지는 것이 아니라 일정한 순서에 따라 어떤 목적에 의해 의식적으로 행해지는 동작인 것이다. 레고로부터 로고스로 발전하는 일차적인 이유가 여기에 있다.

레고는 다음으로 '말한다.'는 것을 의미한다. 언뜻 보면 이것이 앞서 본 '모은다.'는 의미와 무관한 것처럼 보이지만 말한다는 것이 우선 많은 단어를 모음으로써 가능하다는 점에서 보면 밀접한 의미 연관이 있는 것이다. 각각의 단어들은 제각각의 의미를 가지고 있는데 문장 속에서 비로소 구체적인 의미를 드러내는 것이다. 그리고 문장은 단어들의 단순한 모임이 아니라 일정한 순서에 의해 배열된 결합이다. 따라서 언어는 일종의 로고스이다. 그리고 그리스인의 학문적 성격의 특징이 합리성에 있는 것도 바로 로고스의 이러한 측면이다. 말하자면 그것은 모여진 것이지만 무엇보다도 우리에게 이해될 수 있도록 순서대로 통합된 것이라는 점이다.

'헤아린다.'는 legō의 세 번째 의미는 바로 이 순서의 개념에 바탕을 두고 있다. 사실 순서는 많은 것의 집합에서 그리고 집합의 개념은 질서의 개념에 바탕하고 있다. 그러므로 헤아린다는 의미에서의 legō는 수학적인 것에서 가장 순수한 본질을 발휘하게 된다. 왜냐하면 수의 세계를 지배하는 것은 결합의 순서이기 때문이다. 따라서 로고스는 이제 언어이자 수이기도 하다.

로고스가 이처럼 질서 있는 것 · 합리적인 것 · 합법적인 것을 의미한다고 할 때 로고스 없이 인간은 참되게 사유할 수도 올바로 행위 할 수도 없음을 알 수 있다. 이것은 또한 로고스적인 것이 광의에 있어서 학문적인 것과 동일시될 수 있음을 의미하는데 이러한 로고스는 다음과 같은 발전양식을 거치게 된다.

말한다는 것은 우선 타인과 말할 때 의미가 있는 것처럼 로고스는 우선 디아레게스타이(dialegesthai)로서 나타난다. 이것은 우리들의 정신이 어떤 사태의 몇 가지 경우를 구분하고 고려하는 것, 특히 자기가 자신에게 묻고 또 답하는 것을 의미한다. 그러므로 생각한다(사색한다)는 것은 일종의 대화(dialogos)이다. 이러한 형식은 타인과의 대화에서 가장 분명한 모습을 취하는 것이다. 이것은 곧 플라톤의 디아렉투스(dialectus)로 발전한다. 변증법은 대화의 형식을 취하지만 그것은 두 가지의 어떤 것을 명확하게 구별하는 것에서 출발한다. 플라톤은 존재론적으로 세계를 두 가지로 구별(이데아계와 감성계)한 것이다. 그러나 두 세계를 결합하는 길이 그에게는 닫혀 있다. 이를 해결한 것은 아리스토텔레스이다.

아리스토텔레스의 방법은 syllogism이며 종합을 그 원리로 하는 것이다. 그에 의하면 하나가 나뉘는 것에서가 아니라 종합되는 것에서 로고스가 성립하는 것이다(sunlogos). 이러한 종합(syllogism)은 아리스토텔레스에게서는 추론(推論)이며 플라톤에게서는 대전제(보편)와 결론(개체)을 매개념으로써 결합하는 방식(三段論法)이다.

다음으로 로고스는 카타로고스(kathalogos)로 발전하는데 카타(katha)는 위에서 아래로 또는 하나에서 다수로의 발전을 의미한다. 오늘날의 카타로그(kathalog)는 목록・목차를 의미하지만 본래 난잡하게 흩어져 있는 것을 일정한 순서에 입각하여 배열하고 조직적인 통일을 가지게 한다는 것이다. 『일리아스』에 나오는 '배의 카탈로그'는 일정한 지휘자 밑에 일목요연하게 정리된 각국의 부대를 나타낸다. 이러한 질서를 가진 집단이 카타로고스에 기재되고 있다. 따라서 카타로고스는 무엇보다도 역사적인 로고스이다. 왜냐하면 역사는 단순한 사실들의 모집에 그치는 것이 아니라 조직적인 계보에 의해 질서를 가지는 사실들의 모집이며 그것은 곧 조상으로부터 후손에 이르는 시간적인 발전을 말하는 것이기 때문이다.

끝으로 아나로고스(analogos)인데 아나(ana)는 아래에서 위로 또는 다수로부터 하나로의 발전을 의미한다. 따라서 모든 학문은 근본적으로 이 성격을 가진다. 왜냐하면 학문은 수많은 잡다한 현상을 통일적으로 지배하고 있는 것(법칙・원리 등)을 탐구하고 확인하는 것이기 때문이다. 그렇다면 아나로고스는 학 전체의 방법론을 담당하고 있는 것이다. 이렇게 볼 때 학문의 세계는 물론 종교 및 예술 심지어 정치 등에서도 그리스인들이 꾸준히 추구한 조화(cosmos)의 개념도 궁극적으로는 이 아나로고스의 정신에 있는 것이다. 이 개념이 오늘날 가장 확실성이 부족한 판단인 유비(類比)로 쓰이는 것은 제대로 뜻을 드러내지 못한 것이다.

고대 그리스에서 철학이라는 학문의 최초의 성립은 이 로고스를 로고스로서 자각한 것이었다고 볼 수 있다. 신화에 나타난 세계와 인간에 대한 이해가 감성적 · 정서적 이해라고 한다면 철학적 사유는 감성에 의한 구속에서 벗어나 감성적 세계해석 가운데 이미 명료하게 드러나고 있었던 로고스적인 것을 순화해 가는 방향에서 성립한 것이다. 다만 그리스인의 사유를 이해함에 있어 간과해서는 안 될 것은 비록 로고스의 자각이라고는 해도 결코 근대적 주관의 의미에서 사유가 스스로를 자립적인 이성으로서 자각한다는 의미는 아니라는 것이다. 즉 로고스는 우리를 둘러싸고 있는 세계가 그 자체 통일적인 전체로서 이성적인 질서를 갖추고 있다는 것을 자각하는 것, 그것이 이성의 눈에 의해 조망된다는 것을 의미하는 것이다.

그렇다면 중국문화에서 이성은 어떠한 역할을 하였는가? 전통적 중국 지식인들은 유가경전 외에는 거의 흥미를 갖지 않았고 또한 명확한 합리적 판별의 규범도 없었다. 여영시(余英時)는 그의 『중국사상전통의 현대적 해석』(中國思想傳統的現代詮釋, 1987)에서 중국 학술의 기본 특징을 다음과 같이 정리하고 있다. "중국의 학문 전통은 경전의 문헌을 둘러싸고 형성된 것이다. 칠략(七略)과 사부(四部: 經史子集)는 엄격하게 말하면 모두 서적의 분류이지만 서양의 과학적 분류와 완전히 다른 것은 한 단계 한 단계의 사상발전이 모두 그 시대의 '경전에 대한 연구'와 분리되지 않기 때문이다."

이택후(李澤厚)는 「중국의 지혜에 대한 시론적 담론」(試談中國的智慧, 1988)이라는 논문에서 이러한 학술을 행하는 중국인의 이성을 실용이성이라고 부르고 다음과 같이 묘사하고 있다. "중국의 실용이성 전통은 사변이성의 발전을 방해했고, 다른 한편 반합리주의의 범람을 막았다. 그것은 유가사상을 기초로 하여 일종의 특성 내지는 사유 방식을 이루고 중국민족이 하나의 맑고 냉정하면서도 온정이 흐르는 중용의 심리를 얻고 이어갈 수 있도록 하였다.

그 심리는 광포하지 않고 허황하지 않으며 깨달음을 귀히 여기고 논리를 가볍게 생각하며 경험을 중시하고 역사를 좋아한다. 이로써 현실생활을 영위하고 현재 상태의 유기체적 조화와 안정을 유지하는 것을 목표로 삼는다. 그러므로 인간관계를 보배로 여기며 관계를 중시하고 모험을 반대하며 새롭게 창조하는 것을 경시한다." 이를 통해 중국의 역사가 왜 논리상실과 이성실종의 역사를 되풀이했는지를 알 수 있을 것이다.

◆ 생각하기 ································

1. 로고스 개념은 철학과 윤리사상 및 기독교에 어떤 영향을 주었는가?
2. 동양사상에서 이성의 논리보다 심정의 논리가 더 중시되는 이유는 무엇인가?

역사관의 형성 역사를 뜻하는 영어 히스토리(history)라는 말은 그리스어 히스토리아(historia)에서 유래하는데 '탐구'라는 뜻이다. 독일어 게쉬히테(Geschichte)는 '발생'이라는 뜻이 있다. 이와 같이 히스토리아와 게쉬히테는 어원은 다르지만 둘 다 모두 역사라는 뜻으로 쓰이고 있다. 히스토리는 과거사건의 경과를 어떤 방법으로 서술하는 것을 말하고 게쉬히테는 사건발생의 경과 자체를 말한다.

히스토리아 개념을 처음 사용한 사람은 역사의 아버지라 불리는 그리스 역사가 헤로도토스(Herodotos, BC 484?~425?)와 투키디데스(Thukydides, BC 460?~400?)인데 그들에 의해 과거사건의 인과관계를 현재의 관점에서 조명해 보는 조직적인 역사연구의 시도가 이루어졌고 이것이 그들을 최초의 역사가라 부르는 근거가 되고 있다. 게쉬히테 개념 역시 마찬가지로 '일어난 일' 또는 '발생한 사건'을 의미하는 동시에 그 같은 일이나 사건에 관한 '지식과 설명'이라는 뜻을 내포하고 있다. 요컨대 역사는 객관적인 측면(인간의 과거와 관련되어 발생한 사건)과 주관적인 측면(일어난 사건에 대한 의미 있는 인과관계의 추론과 이에 대한 재구성 혹은 의미 있는 서술)을 가지고 있는 것이다.

이러한 역사 안에 어떠한 원리가 존재할 것이라는 생각은 고대로부터 현대에 이르기까지 꾸준히 제기되어 온 문제였다. 동서양을 막론하고 자신의 역사에 대한 원리들을 이해하려는 시도가 바로 그것이었다. 이러한 일련의 시도들을 분석해 보면 고대로 올라갈수록 그리고 동양으로 올수록 역사는 보다 순환적이며 반복적인 역사의 유형을 가지고 있으며 현대에 가까운 서양의 전통은 보다 진보적이며 발전적인 개념의 역사관을 가지고 있음을 알 수 있다.

대체로 역사적 변화과정을 자연적인 과정과 유사한 것으로 간주하느냐 아니냐에 따라 역사관은 반복 순환사관과 직선사관으로 구별된다. 대체로 자연을 염두에 둔 사상가들, 말하자면 자연철학에 이론적 기초를 둔 자연주의자들이나 관념론에 반대하는 실재론자들은 반복 순환사관을 주장하는 편이고 반대로 자연을 초월한 형이상학적 사유로써 인류의 영원한 이상을 설정하는 관념론자들은 직선적 진보사관을 주장하는 편이다. 자연주의자들은 자연의 반복·순환하는 현상을 보고 시간이 반복·순환하는 것으로 간주한다. 이에 반해 관념론자들은 초자연적 관념에 근거하여 인간은 미래의 이상적인 최종목표를 정하고 그것을 향해 진행되어 가고 있다고 여긴다. 다라서 순환사관은 자연사관과 통하고 직선사관은 목적사관과 일치하게 된다. 그리고 이 두 가지를 절충하여 역사에서 어떤 국면들이 반복하되 반드시 동일하게 반복되는 것이 아니라 그 규모나 범위가 확대·발전되면서 순환한다고 생각하는 나선형적 역사관이 등장하게 되는 것이다.

순환사관의 의미는 무엇보다도 '역사는 어떠한 진보나 발전 없이 지나간 과거의 사회나 역사가 반복하여 출현한다.'는 가르침이다. 투키디데스가 『펠로폰네소스 전쟁사』에서 "나는 과거에 일어난 사건을 분명하게 이해하고자 하며 미래의 어느 시점에서 같은 형식으로 반복될 그 사건이 어떻게 진행될지를 분명히 알고자 하는 사람들을 위해 역사를 집필한다."고 말한 것을 보면 그도 역시 순환적 역사관을 가진 역사가였음을 알 수 있다.

순환사관은 동양에서 그 모습을 많이 발견할 수 있다. 중국의 역사가들은 왕조사를 집필하면서 수없이 역사의 무대에 등장했다가 사라지는 왕조의 역사들을 천명(天命)이라는 차원에서 생각하였다. 나라를 세운 왕들은 천명과 함께 역사의 무대에 등장했고 필연적으로 천명을 망각한 왕조의 마지막 왕은 멸망으로 운명지어졌으며 새로운 왕조는 이와 같이 또 다른 천명에 입각하여 이 땅에 등장하게 되는 것이다. 불교나 힌두교 등에서도 인간의 역사가 순환의 과정을 통하여 이 땅에 끊임없이 되풀이되는 것으로 이해하였다.

진보사관은 기독교 역사관의 세속화 형태라고 볼 수 있다. 기독교 역사관이 역사를 시작과 종말이 있는 '직선적 역사관'을 견지하는 것처럼 진보사관 역시 역사는 발전을 향하여 나아가는 '직선적 의미'를 가지고 있다. 그러나 진보사관에는 역사 속에 개입하는 신에 대한 언급이 없다. 역사는 자체적으로 발전을 거듭하여 스스로 더욱 밝은 미래를 향하여 나아간다. 인류의 역사는 인간이 스스로 성인이 되어가는 역사이다. 따라서 성인이 되어가는 역사속의 인간들은 스스로 더 큰 자유를 쟁취하는 역사의 주인공인 셈이다. 진보사관 속에는 인간의 가능성에 대하여 확고한 신념을 가지고 미래를 늘 더욱 밝은 것으로 그리고 있다.

다음으로 역사관을 결정하는 것 중의 하나는 인간의 역사를 전진시켜 나가는 것이 무엇인가 하는 문제이다. 사람들이 이것을 인간의 정신에서 찾고자 하면 그로부터 정신사관이 설립되고 그것을 인간의 물질적 삶에 중점을 두고 생각하면 유물사관이 나오게 된다. 그리고 그것을 신의 섭리 등 종교적 · 초인간적 · 초자연적인 것에서 찾을 때 종교사관이 나오게 되며 단순한 자연의 변천 과정으로 인식할 때 자연사관이 나온다. 또한 역사관이라는 명칭과 함께 문제가 되는 것은 역사가 인간에 의해 진행되는 것이라 가정할 때 과연 그 인간이 누구인가 하는 것이다. 즉 그 인간이 탁월한 영웅이냐 아니면 일반 민중이냐 하는 문제를 중심으로 영웅사관과 민중사관이 결정된다.

역사관의 문제와 더불어 항상 문제가 되는 것은 시대구분의 문제이다. 역사가 진행되고 발전하다 보면 그 진행이나 발전의 계기가 생기게 마련이다. 따라서 이 시대구분의 문제는 역사발전이 무엇이냐에 따라 달라질 수밖에 없는 것이다. 즉 역사발전의 계기를 인간의 정치적 행위에 두는 이른바 정치사관에 입각하는 경우 시대구분은 정치적 변화에서 표출되는 발전의 고리, 예컨대 왕권의 교체나 정치제도 등의 변화를 중심으로 시대구분이 이루어지고 인간의 경제적 생활의 발전을 역사발전의 계기로 생각하는 경우에는 경제제도나 경제생활의 변천상에 나타나는 고리를 중심으로 시대구분이 이루어질 것이다. 나아가 문화생활을 중심으로 하는 문화사관에서는 종교의 변천이나 사상의 변천 그리고 이로부터 야기된 문화예술 등을 중심으로 시대구분이 이루어진다.

또 하나 빼놓을 수 없는 것은 역사에서의 선악 문제이다. 말하자면 역사를 이끌어 가는 것이 선한 세력인가 아니면 악한세력인가 하는 것이다. 기독교에서처럼 현세의 권력자들을 카인의 후예, 즉 악한 세력이라고 규정하는 경우 이는 헤브라이즘으로 불리는 비현실적 타락적(퇴행적) 역사관이 되고 반대로 로마의 신화에서처럼 관용과 용기를 지닌 로물루스(Romulus)가 광포하고 편협하며 불의한 레무스(Remus)를 물리치고 권력을 잡아 로마를 건국했다고 보는 역사관은 헬레니즘적 현실주의적 역사관이라고 할 수 있다.

이상에서 본 것처럼 사실 역사 그 자체가 궁극적으로 어떤 모습을 지니고 있으며 어떤 형태로 나아가는 것인가 하는 질문에 대한 해답 또는 절대적 진리로서의 역사관을 말하기는 불가능하다. 따라서 인간이 할 수 있는 것은 쉬지 않고 그 역사의 본 모습을 알기 위해 한결같이 노력하고 끊임없이 전진해 가는 것뿐이다.

바울의 역사관 서구문명이 그리스철학과 기독교에 뿌리를 가지고 있음은 잘 알려진 사실이다. 특히 서양사상사에서 기독교는 거의 절대적인 영향력을 갖고 있다 해도 지나치지 않는다. 이는 역사관의 문제에서도 마찬가지이다. 왜냐하면 기독교의 역사에 대한 관심 또는 역사에 대한 기여는 철저하게 이 역사관의 문제에 대한 것이었기 때문이다. 그리고 만약 기독교에서 이 문제에 대한 이론이 포함되지 않았더라면 기독교는 다른 종교들처럼 단순히 민중들에게 교훈이나 윤리의식을 제공해 주는, 나아가 허망한 신에 대한 미신적인 신앙을 강요하는 종교에 그쳤을지도 모른다. 그래서 흔히 기독교는 역사적 종교, 기독교의 신은 역사 속에서 그리고 역사를 통해 역사하는 신으로 불리는 것이다. 그리고 기독교인들에게 역사는 곧 신의 섭리가 실현되는 과정 그 자체로 인식되는 것이다. 기독교에서 역사가 점하는 위상은 "모든 기독교적 명상의 중심축인 죄악과 구원의 거대한 드라마는 시간 속에서 따라서 역사 속에서 전개되고 있다."는 블로흐(E. Bloch, 1885~1977)의 말에서도 잘 드러나고 있다.

기독교의 역사관은 기독교를 체계화시킨 바울의 사상에서 비롯된다. 그러나 기독교의 뿌리가 『구약성서』인 것처럼 역사관에 대한 견해도 구약, 특히 「이사야서」(Isaiath)에서 예언적 시의 형태로 시작된다. 이사야에 따르면 현세는 악법을 제정하고 가난한 자와 약한 자들을 억압하고 착취하는 지배자들의 횡포와 탄압자들에 의해 신의 백성들이 비참한 상태에서 살고 있는 세계다. 그러나 이를 용납하지 않는 신은 어둠속에서 빛을 보내듯 메시아를 보내어 백성을 억압하는 자들과 착취하는 자들의 채찍을 빼앗고 그들을 무찔러 백성들을 고통에서 해방시켜 그들을 신음케 하는 멍에를 내려놓게 하며 그들을 박해하고 억압하는 군복과 군화를 태워버릴 것이라는 것이다. 그렇게 되면 평화의 나라가 도래하게 되는데 이 나라에는 지배자와 피지배자의 갈등이 없고 빼앗는 자와 빼앗기는 자가 없는 인류의 이상세계이며 곧 신의 나라다.

이러한 사상은 예수 이후 기독교의 조직자인 바울의 사상으로 연결된다. 바울의 역사관은 「로마서」에 잘 표현되어 있다.

> 그러므로 한 사람을 통해 죄가 세상에 들어왔고 그 죄를 통해 사망이 들어온 것처럼 모든 사람이 죄를 지었으므로 사망이 모든 사람에게 이르렀습니다. 하나님께서 율법을 주시기 전에도 죄가 세상에 있었지만 율법이 없을 때에는 죄를 죄로 여기지 않았습니다. 그러나 사망은 아담 시대부터 모세 시대에 이르기까지, 심지어 아담이 지은 죄와 똑같은 죄를 짓지 않은 사람들마저 지배하였습니다. 아담은 장차 오실 분의 모형입니다. 하지만 하나님께서 주시는 은혜는 아담이 지은 죄와 비교가 되지

> 않습니다. 많은 사람이 그 한 사람의 죄 때문에 죽었다면 한 사람 예수 그리스도의 은혜로 인한 하나님의 은혜와 선물은 많은 사람에게 더욱 넘쳤습니다. 또한 하나님의 선물과 아담의 죄는 차이가 있습니다. 한 사람의 죄 때문에 심판이 오게 되고 모든 사람을 정죄에 이르게 했으나 하나님의 은혜의 선물은 많은 범죄 때문에 오게 되어 많은 사람에게 의롭다 함을 받게 하였습니다. 한 사람의 죄로 말미암아 사망이 왕 노릇 하였다면 하나님의 넘치는 은혜와 의롭다고 여기시는 선물을 받는 사람들은, 한 분 예수 그리스도를 통해 참 생명 안에서 더더욱 왕 노릇 하게 될 것입니다. 그러므로 한 사람의 범죄 때문에 모든 사람이 죄인이 되었지만 한 사람의 의로운 행동 때문에 모든 사람에게 생명을 낳게 하는 의로움이 발생했습니다. 한 사람의 불순종으로 많은 사람이 죄인이 되었듯이 한 사람의 순종으로 많은 사람이 의인이 될 것입니다. 율법은 범죄를 증가시키려고 들어왔습니다. 그러나 죄가 많아진 곳에 하나님의 은혜가 더욱 넘치게 되었습니다. 죄가 사망 안에서 왕 노릇 하였듯이 은혜는 의를 통해 우리 주 예수 그리스도로 말미암아 영생을 얻게 하기 위해 왕 노릇 할 것입니다(5:12~21).

이 바울의 서신은 그의 많은 서신들 가운데서 대표적으로 과거와 현재와 미래를 염두에 두고 기록된 것으로 여기에서 '한 사람'이라는 말에는 매우 중요한 의미가 포함되어 있음을 알 수 있다. 즉 죄를 지은 한 사람은 신의 명령을 어기고 선악과를 먹은 아담을 의미하는 것이며 그의 '한 범죄'는 선악과를 따먹은 인류의 원죄를 의미하는 것이다. 그리고 이 '한 사람'의 범죄의 대가로 인류는 '사망'의 고통을 당해야 했던 것이며 그 고통은 모세(Moses)라는 '한 사람'의 출현으로 율법에 의해 대치되었다는 것이다. 그리고 마지막 '한 사람'인 예수 그리스도의 출현으로 그 율법에 대한 대속은 은총으로 대치되고 이로써 많은 사람들이 의인이 되어 아담에 의한 원죄 이전의 상태로 회복되었다는 것이다.

여기에서 우리는 바울의 역사의식을 구체적으로 발견할 수 있다. 즉 바울은 역사를 인간이 아담에 의해 원죄를 지은 상태에서 시작하여 인류가 그 원죄로부터 완전히 구원되는 상태로 진행되어 가고 있는 과정으로 인식하였다는 것이다. 그리고 이 역사를 아담 · 모세 · 그리스도를 중심으로 하는 세 시기로 구분하였다는 것이다.

첫 번째 시기는 아담에서 모세에 이르는 시기로 이 시기에 인류는 그 '한 사람'이 지은 죄로 말미암아 사망으로 고난을 당할 수밖에 없는 시기이다. 이 시기는 무지, 즉 야만의 시대로 죽음이 모든 사람을 지배한 시대였다.

두 번째 시기는 모세로부터 예수에 이르는 시기로 이 시기에는 그 원죄의 값을 모세의 율법으로 갚아야 되는 시기이다. 즉 율법이 사망을 대신하여 모든 사람을 지배한 시대이다.

세 번째 시기는 예수 그리스도에 의해 인도되는 시기인데 그리스도로 말미암아 모든 사람이 신과 관계를 맺고 그 신의 은총에 의해 모든 사람이 살게 되는 시기이다. 즉 예수가 십자가의 고난을 통해 아담이 지은 죄를 대속함으로써 인류를 원죄의 족쇄로부터 해방시키는 은총을 베풀었으므로 인류가 스스로 이를 인정하고 그리스도를 믿으면 그 은총을 받아들인 것이 되어 원죄로부터 구원된다는 것이다.

이러한 구원은 인간 한 사람 한 사람이 각자 예수를 믿음으로써 가능한 것이므로 전 인류가 다 구원되기에는 많은 시간이 걸린다. 그러므로 예수 이후의 역사는 이른바 구원의 시기가 되는 것이다. 그리고 이 시기가 끝나게 되면 결국 최후의 심판이 있어서 구원된 자(예수의 은총을 받은 자)와 구원을 받지 못한 자(예수를 믿지 않거나 믿어도 잘못 믿은 자)로 구별되어 심판의 날이 도래하게 된다는 이론이다.

이는 역사를 예수 그리스도에 의한 인류의 구원과정으로 이해하려는 의도에서 비롯된 것이다. 즉 인간이 원죄를 짓고 그 죄 값으로 사망의 공포 속에서 살던 상태에서 모세에 의해 어느 정도 구원은 되었으나 아직도 그의 율법의 규제 밑에서 살아야 했던 인류가 종국적으로 그리스도의 사랑으로 구원되는 단계까지 역사가 발전되는 것으로 이해한 것이다. 말하자면 바울에게 역사는 죄의 상태에서 무죄의 상태를 향해 발전되어 가는 과정인 것이다. 물론 그 발전과정은 첫 번째 시기 → 두 번째 시기 → 세 번째 시기로 구별되는데 첫 번째 시기는 두 번째 시기를 위해 두 번째 시기는 세 번째 시기를 위해 그리고 세 번째 시기는 최후의 심판과 그를 통한 인류의 무죄상태로의 복귀를 위해 각각 존재한다. 그렇다면 결국 그의 역사관은 진보적 섭리·목적 역사관인 것이다.

헤겔의 역사관 헤겔은 참된 절대자를 '모든 차별을 포함한 동일자 또는 유한자를 포함한 무한자'라고 생각했는데 이러한 사고방식에 의해 그는 셸링(F.W.J. von Schelling, 1775~1854)의 철학이 해결할 수 없었던 문제, 즉 절대자로부터 어떻게 유한자가 나올 수 있는가 라는 문제를 훌륭히 해결하였다. 헤겔에 의하면 이 문제는 실은 문제의 제출방식 그 자체가 잘못되었기 때문에 생겨난 것에 불과하다. 왜냐하면 이 문제 자체가 이미 절대자를 유한자의 피안에 있는 것으로 간주함으로써 유한자로부터 분리시켜버린 사고방식을 전제하고 있기 때문이다. 먼저 절대자가 있고 그로부터 유한자가 나오는 것이 아니다. 오히려 참된 절대자는 처음부터 유한자를 자기 안에 자신의 한 계기로서 포함하는 것이고 따라서 유한자 없이는 전혀 성립될 수 없는 것이다. 즉 절대자는 스스로 유한자로 변화하여 그것의 변화과정을 통해 자기를 전개하여 가는 것이다. 절대자는 정지적인 것이 아니고 역동적이며 발전적인 것이다.

이리하여 헤겔의 절대자는 발전적이라는 점에 그 첫 번째 특징을 갖고 있는데 나아가 이로부터 직접 도출되는 두 번째 특징은 그것이 역사와 매우 밀접한 연관을 갖고 있다는 것이다. 유한자의 변화의 과정이란 바로 역사이며 절대자가 유한자의 변화의 과정을 통해 발전적인 자기 동일성을 보존한다고 할 때 그것은 당연히 역사적으로 전개해 가는 것임이 명백하다. 절대자는 역사적 세계 속에서 자기를 실현하고 역사의 전 과정을 통하여 자기를 실현해 가는 것이다. 그래서 헤겔에게 역사는 세계정신의 자기구현의 과정인 것이다.

이렇게 절대자를 발전적으로 역사 속에서 자기를 실현하여 가는 자로 해석한 헤겔이 절대자를 정신적으로 파악하고 있다는 것은 당연한 일일 것이다. 그러므로 헤겔은, 절대자를 또한 절대적 정신(absoluter Geist)이라고도 부른다. 자연은 당시에는 아직 발전적인 것으로 생각되지는 않았고 단지 같은 현상을 되풀이하고 있는데 불과한 것으로 생각되고 있었다.. 그러므로 셸링에게 정신은 자연과 나란히 유한자의 한 계열을 이루는 것인데 반해 헤겔에게 정신은 다시금 자연에 대해 절대적인 우월성을 가진 것이 되었다. 그러나 그 경우 정신은 더 이상 자연과 대립하는 것이 아니다. 즉 그것은 자기 속에 자연도 자신의 한 계기로서 포함한 고차원적인 의미까지 높여져 있다. 왜냐하면 정신이란 결코 단지 주관적인 것이 아니고 역사적 세계 속에서 자기를 실현하여 가는 것이고 역사적 세계가 자연을 기초로 하지 않고서는 성립하지 않는 이상 자연이 정신 속에 그의 한 계기로서 포함되어 있다는 것은 말할 것도 없는 일이기 때문이다.

그렇다면 절대자는 역사 속에서 어떤 방식으로 자기를 전개해 가는 것일까? 헤겔에 의하면, 역사란 절대자가 자신의 본질을 점차적으로 명료하게 나타내게 되는 과정에 불과하다. 그런데 그는 절대자・절대적 정신을 이성으로 파악하고 그 본질을 자유라고 생각했기 때문에 역사는 이성적인 자유를 점차 실현해 가는 과정이라 할 수 있다. 이와 같이 역사는 점차로 절대자의 본질을 현현하게 되는 과정으로 파악되기 때문에 역사는 온전히 목적론적으로 결정되어 있다고 생각된다. 역사는 절대자 내지 신의 섭리에 의해 지배되고 있는 것이고 역사 속의 인간의 행위도 실은 근본적으로 이 섭리에 의해 조종되고 있음에 불과하다. 헤겔은 이것을 이성의 간계

(List der Vernunft)라고 부르고 있다. 이은 곧 영웅의 역할을 요구하게 되는 영웅주의 사관으로 나아간다. 그는 『역사철학강의』(*Vorlesungen über die Philosophie der Weltgeschichte*, 1822/28)에서 다음과 같이 말한다.

> 세계사란 정신이 그 자체로서 존재하고 있는 자기의 지식을 획득하려고 자기를 가공해 가는 그 정신의 표현이라고 말할 수 있다. 바로 식물의 배아가 그 속에 그 나무의 전체 성질, 그 과일의 맛과 형태를 포함하고 있는 것처럼 정신의 최초의 발자취도 역시 역사 전체를 잠재적으로 포함하고 있다. 동양인은 아직도 정신 또는 인간 그 자체가 그 자체로서 자유라는 것을 알지 못하였다. 그들은 이것을 모르기 때문에 (현실에서) 자유롭지 않다. 그들은 단지 **한 사람**(Einer)만이 자유를 알고 있을 뿐이다. 그렇기 때문에 이와 같은 자유는 단순한 자의 · 횡포 · 둔감 또는 그 자신의 단순한 하나의 자연적 우연 또는 자의에 불과한 열정의 유화(宥和) · 순종이다. 그러므로 이 한 사람은 전제군주이지 자유 성인은 아니다. 그리스인에게서 자유의 의식이 비로소 나타났다. 그리고 그 때문에 그리스인은 자유로웠다. 그러나 그리스인도 로마인도 다 같이 **약간의 사람**(Einige)만이 자유를 알고 있었을 뿐이었고 인간이 인간 그 자체로서 자유를 알지 못하였다. 플라톤도 아리스토텔레스도 이것을 알지 못하였다. 그러므로 그리스인은 노예를 소유하고 그들의 생활과 그들의 아름다운 자유의 유지를 이 노예에 힘입고 있었을 뿐만 아니라 그들의 자유 그 자체도 역시 한편으로는 단순한 하나의 우연적이고 일시적이고 제한된 꽃이었고 다른 한편으로는 자유는 동시에 인간적인 것, 인도적인 것의 가혹한 예속이었다.
>
> 게르만계 국민들에 이르러 비로소 기독교 안에서 인간이 인간으로서 **모든 인간**(Alles)이 자유이며 정신의 자유가 인간의 가장 고유한 본성을 이루는 것이라는 의식이 획득되었다. 이 의식은 최초에는 종교 안에서, 즉 정신의 가장 내면적인 영역에서 나타났다. 그러나 이 원리를 또 세속생활에도 파급시키는 것이 다음 과제였는데 이 과제의 해결과 수행은

> 곤란하고 장기간에 걸친 교화의 노력을 필요로 하였다. 기독교가 채용되었다고 해서 이를테면 즉시 노예상태가 종식된 것은 아니었다. 하물며 그와 더불어 각 국가내에 자유가 지배적이 되고 각 정부와 헌법이 이성적으로 조직되고 자유의 원리 위에 세워지기까지는 쉽사리 이르지 않았다. 이 원리의 세속성에 대한 적용, 즉 이 원리가 세상에 널리 행해지고 침투하게 되기까지는 긴 시일이 필요한데 그 과정이 바로 역사 그 자체를 이룬다. [···] 요컨대 세계사란 자유의 의식에서의 진보를 의미하는 것이며 이 진보를 그의 필연성에서 인식해야만 한다.

이러한 사고방식의 토대에는 절대자를 아직도 유한자를 넘어서서 초월적으로 존재하는 어떤 것으로 보는 사고방식이 놓여 있다. 물론 이렇게 생각하더라도 절대자가 역사의 과정을 떠나서 존재하는 것이 아니라고 말할 수 있을 것이다. 그러나 그렇다고 하더라도, 절대자는 역사의 과정을 떠나서도 그 자체 처음부터 일정한 본질을 갖고 있는 것이고 역사의 과정은 다만 이러한 본질을 실현하기 위한 수단으로 이용되고 있는 데 불과하다고 말해야만 한다. 따라서 정신 그 자체는 그 본질상 역사의 과정과는 무관한 것이고 절대자적으로 유한자를 초월하고 있는 것이라 할 수 있다. 이 점에서 헤겔이 스스로 부여한 절대자의 규정에 철저할 수 없었다는 것은 부정할 수 없는 일이다.

마르크스의 유물사관 유물사관은 역사를 이념의 자기전개 과정이라고 생각하는 헤겔의 관념론적 역사관을 완전히 역전시켜 역사가 사회의 물질적 기초, 즉 경제적인 생산관계—사회의 생산물의 생산이나 분배의 법칙을 규정하는 근본적인 사회의 제도—에 의해 규정된다고 생각하는 것이다. 이러한 경제적 구조가 토대가 되어 그 위에 정치 · 법률 · 철학 · 예술 등의 관념형태(이데올로기)가 형성되어 간다. 이러한 것들은 경제적인 하부구조 위에 얹혀 있는 상부구조에 불과하다. 상부구조는 결코 그 자체 독립적인 존재가 아니고 항상 하부구조에 의해 제약된다. 일반적으로 인간의 의식이 그의 존재를 결정하는 것이 아니고 반대로 사회적 존재가 그의 의식을 결정하는 것이다. 이처럼 역사는 경제적 생산관계를 기초로 규정되어 가는 것인데 그렇다면 역사의 발전은 어떠한 과정을 거쳐서 진행되는 것인가?

어떤 특정한 생산관계는 사회적 물질적 생산력이 일정한 단계까지 발달하게 되면 이제 더 이상 이 중대한 생산력에 적합하지 않게 되고 여기에 생산력과 생산관계 사이에 모순이 생겨나게 된다. 그리하여 이 모순이 심해지게 되면 양으로부터 질로의 진화의 법칙에 의해 사회는 질적으로 새로운 사회로 비약적으로 변화해 가야만 하고 여기에 사회혁명이 일어나게 된다. 이 사회혁명은 언제나 피지배계급의 지배계급에 대한 투쟁이란 형태로 전개되는 것이고, 여기에 역사는 계급투쟁의 역사로 파악되는 것이다.

역사의 진보과정은 헤겔식의 관념을 통한 것이 아니라 눈에 보이는 구체적인 경제적 조건의 진보로 말미암고 이러한 진보는 계급투쟁의 실천을 통한 변증법적 과정을 거쳐 최종적으로 역사 속에서 실현될 것이라는 마르크스의 역사관은 자본주의의 분배적 모순을 극복하고 이른바 '사회적 공산주의'의 실현으로 역사의 진보가 가시적으로 나타날 것이라는 것이다. 마르크스주의가 이러한 역사관 위에 서서 자본주의 사회가 필연적으로 공산주의 사회로 이행해 간다고 생각한 것은 말할 것도 없다.

슈펭글러의 역사관 오스발트 슈펭글러(O. Spengler, 1880~1936)가 그의 『서구의 몰락』(*Untergang des Abendlandes*, 1918)에서 서구의 몰락을 예언한 원리는 무엇인가? 그에 의하면 역사의 기본단위는 문화들이다. 각 문화들은 자존능력을 지니고 있다. 즉 각 문화들은 그들 상호간의 상호의존성을 지니고 있는 것이 아니다. 각 문화들은 생물체가 독자적인 자존능력을 지니고 있는 것처럼 나름대로의 독자적인 형태를 가지고 있다는 것이다. 그러므로 역사철학의 목적은 문화의 비교형태학을 정립하는 것이다. 이런 이유로 슈펭글러는 여러 형태의 생물체의 생물학적 개념을 역사상의 기본문화들에 적용하고자 하였다.

그는 각 문화는 살아 있는 유기체들의 것과 비슷한 사이클을 통과하고 있다고 믿었다. 8개의 완전히 발전한 문화—이집트・바빌로니아・인도・중국・그리스-로마・아라비아・멕시코・서구—의 각각은 성장과 몰락의 동일한 사이클을 통과하였다. 문화는 탄생하고 성장해서 강해지고 쇠약하고 그리고 죽는다. 어떤 문화의 생명은 보다 길고 어떤 문화는 보다 강하였지만 그러나 그 모든 문화는 경직화되고 퇴폐의 시기로 빠져든다. 그것은 다시 상업화되고 통속화되어 해체되게 된다. 이 문명들의 유기체적 사이클은 대개 일년의 사계절과 비유해서 설명된다.

그러므로 슈펭글러에게 역사의 직선적 발전이란 있을 수 없다. 그에 따르면 우리 자신이 살고 있는 현대에 이르기까지 엄격하게 진보로 인도되어 온 직선적인 발전을 상상하게 하는 그러한 하나의 역사란 존재하지 않는다. 많은 문화의 많은 역사가 존재했으며 그것들은 각자가 그 나름대로의 이념들과 생명과 의지와 감성 그리고 그들 자체의 죽음을 지니고 있었다. 각 문화는 그 자체의 기초적인 세계관, 말하자면 기초적인 모델이나 그림을 가지고 있었다. 예컨대 그리스와 로마의 기초적인 세계관은 원자(atom)이며 우리 시대의 세계관은 무한성이다. 이 모델은 그 지평이 무제한적이라고 하는 현대인의 확신을 상징하고 있다.

슈펭글러의 분석에 따르면 서구문화의 역사에서 상이한 시대의 상이한 문화 사이에 발생한 사건들 속에서 서로 동시대적인(contemporaneous) 특징들을 찾을 수 있다는 것이다. 즉 나폴레옹은 형태학상 알렉산더 대왕과 동시대적이며 한니발의 포에니전쟁은 제1차 세계대전과 동시대적이라는 것이다. 이 분석에 따라 1918년 슈펭글러는 서구는 아직도 그의 줄리어스 시저를 기다리고 있다고 말하였다. 이 같은 형태학적 원리는 미래를 예견하는 데도 큰 도움이 되지만 알려져 있지 않은 과거사를 재구성하는데도 도움이 된다고 주장하였다. 이러한 슈펭글러의 역사관에 대한 비판을 살펴보자.

크리스토퍼 도슨(C. Dawson, 1889~1970)은 그의 『세계사의 동력』(*The Dynamics of World History*, 1957)에서 역사의 흐름은 하나의 문명이나 역사상의 특징이 시작되었다가 성장하여 몰락해서 없어지는 것이 아니라 새로운 요소는 앞서 있던 요소와 병존해 있으면서 점차적으로 새로운 요소의 것으로 전환된다고 주장한다. 즉 역사란 단절적인 것이 아니라 연속적인 것이며 어느 하나가 끝나고 새로운 것이 시작되는 것이 아니라 어느 것이 생성해 있으면서 그와 더불어 또는 그 속에서 새로운 다음의 문화나 문명을 잉태, 발전시켜 간다는 것이다. 예컨대 르네상스는 중세문화의 죽음 위에서 이룩된 것이 아니라 그것을 밑거름으로 해서 중세 속에 뿌리를 두고 성장한 중세문화의 변형인 것이다.

그러므로 계몽주의 시대니 낭만주의 시대니 하면서 명백한 선을 긋는 것은 지나친 인위적 조작이다. 계몽주의 시대의 일면에도 낭만주의가 자라고 있으며 낭만주의 시대의 일면에서도 비록 약화되기는 했어도 엄연히 계몽주의의 요소가 실재하고 있다. 따라서 서구의 몰락이라는 그의 경종에 대해 지나치게 고심할 이유는 없다. 왜냐하면 서구의 몰락은 몰락이 아니라 새로운 세계의 잉태, 즉 전 지구상에 단일한 문화권을 형성하기 위한 탈바꿈에 불과하기 때문이다.

소로킨(P.A. Sorokin, 1889~1968)도 서구가 위기상황에 처해 있음을 인정한다. 그러나 그는 슈펭글러가 활용한 생물학적 유추법을 반대한다. 즉 모든 문화와 사회가 유아기·성년기·노년기 그리고 사망의 단계를 통과해야 된다는 것을 요구하는 일반법칙이 있는 것은 아니라는 것이다. 그러므로 서구가 당면한 현재의 위기가 곧 서구문화와 사회를 죽음으로 몰고 가는 것은 아니라는 것이다, 당연히 그것은 돌이킬 수 없는 붕괴나 역사적 존재의 종말도 아닌 것이다. 서구의 문화와 사회가 당면하고 있는 위기란

종래의 그 문화와 사회를 지배해 오던 형태가 해체되고 새로운 형태로 탈바꿈을 하게 되는 시기를 뜻하는 것이라는 것이다. 그는 『현대의 위기: 사회문화적 조망』(*The Crisis of Our Ages: The Social and Cultural Outlook*, 1941)에서 다음과 같이 말한다. "모든 위대한 문화들은 실로 그것들이 살아남기 위해서는 바로 그러한 변환을 당한다. 다른 한편 정체되어 있고 경직되어 있고 비창조적인 문화와 사회는 그들의 형태를 변화시키지 않고 새 술과 그것을 위한 새 부대를 마련하지 않은 문화들이며 사회들인 것이다.

◆ 생각하기 ·································

1. 동양의 역사는 단지 '한 사람'만 자유로운 역사라고 하는 헤겔의 동양관을 비판해 보라.
2. 인도의 순환사관과 기독교의 직선사관의 차이를 밝혀 보라.
3. 마르크스주의의 주장처럼 역사 속의 수많은 위대한 예술적 성취도 빵을 얻기 위한 인간의 행위였는가?
4. 역사관은 윤리와 어떠한 관계가 있는가?

철학자의 도덕성 인간의 모든 고차적인 정신작용 및 문화기능을 우리는 보통 그에 상응하는 주관적 소질에 귀착시키는데 이른바 학문적 소질·예술적 소질·종교적 소질 등이 그러한 것이다. 더불어 우리는 해당 정신영역에서의 유효한 활동을 위한 필수적 전제인 하나의 '타고난' 능력을 생각하는데 예술에서 그러한 능력이 많이 발견되는 편이다. 왜냐하면 '천부적인 시인'(poeta nascitur)이라는 말속에 표현되어 있듯이 예술에서는 다른 영역보다 모든 성취가 고유한 소질과 특별한 재능에 의거하는 것처럼 보이기 때문이다.

따라서 특별한 철학적 소질이라는 말도 당연히 할 수가 있다. 왜냐하면 철학을 한다는 것도 예술의 창조와 이해가 그렇듯이 모든 사람이 할 수 있는 일은 아니기 때문이다. 철학자는 대부분의 사람들이 당연히 원래 그런 것이라고 생각하는 현상을 경이(驚異)에 찬 눈으로 체험하는 사람들이다. 쇼펜하우어(A. Schopenhauer, 1788～1860)가 적절하게 말했듯이

> 현존재의 수수께끼는 다만 소수의 사람들만을 그 온전한 진지성으로써 사로잡는다. … 마치 동물이 그의 '직접적' 욕구 외에는 더 이상 아무것도 살펴봄이 없이 살아가듯이 따라서 세계가 지금 존재하며 그것도 이 모습으로 존재한다는 것에 대해서 놀라워하지 않듯이 '철학적' 소질이 박약한 사람들은 세계에 대한 이렇다 할 경이를 느끼지 않고 살아간다. 그들은 모든 것을 극히 자연스러운 것으로 생각한다. 물론 어떤 하나의 이상한 현상이 그들을 덮치고 그들로 하여금 그 원인을 알고자 하는 욕구를 일으키기도 한다. 그러나 현상 전체 속에 놓여 있는 놀라운 것, 자기 자신의 현존재의 놀라움을 그들은 모른다. 그러므로 그들은 그것에 대해 놀라워하고 그것에 관해 숙고하고 그것을 탐구하는 사람들을 비웃는다. 그들은 자신들이 훨씬 더 진지한 일, 즉 자기 자신과 자기 가족들을 돌보는 일과 그리고 현상 상호간의 연관에 관한—그것을 유용하게 사용하기 위한—보다 자세한 연구를 꾀하고 있다고 생각한다.

이리하여 우리들은 철학적 소질, 즉 철학을 할 수 있는 특별한 능력에 관해 정당하게 언급할 수 있다. 그 소질이 특별히 강력하게 발달해 있는 사람을 우리는 철학적 천재라 일컫는다. 철학의 모든 위대한 업적은 그러한 천재적 소질에 의거한다. 철학의 천재들이 초시간적 의의와 타당성을 가진 위대한 저작들을 산출해 내었던 것이다. 천재로부터 나온 것이기에 영원히 타당한 바로 그러한 업적들을 볼 때 철학도 역시 특별한 정신적 소질을 전제로 하고 있음을 명백히 알 수 있다.

이처럼 주관적 의미에서 철학은 그 기원을 어떤 체험 가운데 갖고 있다. 철학의 전제조건은 철학적 소질이다. 그러나 그것으로써 철학적 활동이 의거하고 있는 모든 조건이 다 제시된 것은 결코 아니다. 철학적 활동은 정신을 주어진 것의 세계 위로 고양시키는 정신의 비상(飛上)을 의미한다. 그것은 철학적 행위에는 인간의 의지도 관여하고 있다는 것, 따라서 그 행위는 또한 의지의 성질, 즉 도덕적 조건들에도 의존한다는 것을 의미한다.

이에 대해 독일의 철학자 막스 셸러(Max Scheler, 1874~1928)는 철학자가 참된 철학에 도달하기 위해서는 세 가지의 기본적인 도덕적 행위가 요구된다고 주장하였다. 물론 그 세 가지 도덕적 행위는 인간에 있어 영원한 것을 추구하는 사람에게도 적용되는 것이기도 하다. 그것은 하나의 적극적인 종류의 근본행위와 두 가지의 소극적 경향의 근본행위로 구별되는데 이것들은 다만 통일적으로 함께 작용함으로써만 인간으로 하여금 철학의 본질적인 지식의 문턱에 도달케 한다. 그것들은 다음과 같은 것이다.

① 전체적인 정신적 인격의 절대적 가치 및 존재에 대한 **사랑** (Liebe)

② 자연적 자아(Ich)와 자기(Selbst)의 **겸손**(Verdemütigung)
③ **극기**(Selbstbeherrschung). 그리고 이를 통해 비로소 가능케 되는 본능충동의 대상화.

따라서 셸러의 세 가지 도덕적 근본행위는 바로 사랑·겸손(謙遜)·극기(克己)이다. 이들 근본도덕은 참된 철학을 획득하기까지의 복잡한 과정 가운데서 각각 예비적인 기능을 수행한다. 절대가치에 대한 사랑은 인간의 정신을 자신의 환경의 좁은 지평—우연적으로 존재하는 대상—을 넘어서서 존재 전체, 즉 절대자에게 향하게 한다. 겸손은 생득적인 자만심을 극복하고 우리를 우연적인 사물로부터 떠나 순수본질에 초점을 맞추게 한다. 겸손의 태도, 즉 내적인 개방성과 수용성의 태도에서 비로소 존재의 본질적 내용과 현실의 깊이가 우리들에게 제시된다. 마지막으로 극기는 자신을 억제하고 본능적 충동을 냉정하게 보는 것을 가능케 하고—즉 그것은 현실의 객관적 내용이 순수하게 왜곡되지 않은 채로 주관적 정신 속에 반영되게 하고—그리하여 우리를 불충분한 지식으로부터 충만하고 심오한 지식에 이르게 하는 것이다.

이 세 조건 중에서 극기가 가장 논란의 여지가 적을 것이다. '사물과 지성의 일치'(adaequatio rei et intellectus)라는 인식의 진리를 위한 필요불가결한 조건은 바로 정념과 충동의 극복인데 이것은 다만 진지하고 엄격한 자기 정화(katharsis)에 의해서만 도달할 수 있다. 그리하여 일찍이 소크라테스(Socrates, BC 469～399)나 플라톤(Platon, BC 427～347)은 철학자들에게 마음을 흐리게 하고 어지럽히는 모든 정열(pathos)로부터 해방될 것을 요구했던 것이다.

나아가 셸러는 참된 철학의 획득에 필요한 또 하나의 도덕적 조건으로서 사랑을 제시함으로써 플라톤의 에로스론에서 전형적으로 포함되어 있는 고대철학의 한 사상을 갱신하였다. 이에 대해 셸러는 플라톤이 인격의 핵심에 있는 역동성 혹은 본질의 세계로의 비약을 수행하는 인격 내에 있는 어떤 것을 에로스(eros)의 최고의 가장 순수한 형태로서 특징짓고 있음을 밝히고 있다. 그리고 이 에로스는 플라톤이 모든 불완전한 존재에 내재해 있는 완전한 존재로의 경향 또는 운동으로 혹은 '비존재'로부터 '참된 존재'로의 경향 또는 운동으로 규정한 어떤 것이다. 이렇게 규정함으로써 플라톤은 철학의 문을 모든 시대의 인간에게 열어 놓게 된다는 것이다.

세 번째 조건으로 셸러는 겸손을 들고 있다. 여기에서 그는 하나의 실질적인 사태를 기술한다기보다는 오히려 하나의 규범을 제시하고 있다고 보아야 할 것이다. 왜냐하면 여기에서 그가 생각하고 있는 철학은 역사적 사태로서 주어져 있는 것이 아니라 하나의 이상으로 떠오르는 철학이기 때문이다. 셸러는 겸손을 『덕의 복권』(*Zur Rehabilitierung der Tugend*, 1913)에서 다음과 같이 언급하고 있는데 아마도 지금까지 겸손에 대해 서술된 것 중에서 이보다 더 깊이 있고 감동적이며 아름다움을 느끼게 하는 것은 없을 것이다.

> 겸손은 유달리 공허한 자아를 고통에 가득 찬 교만으로 조르고 있는 단단한 얼음을 햇빛과 같은 강함으로 유일하게 녹일 수 있는 사랑의 한 양태이다. 사랑에 의해서 교만한 마음 가운데 겸손이 스며들어 마음이 열리고 용솟음치게 되는 경우만큼 더할 수 없이 우아한 것은 없는 것이다. […] 그리고 우리의 정신의 생득적인 몽매함을 벗고, 가능한 모든 가치의 충분한 빛을 우리의 내면에 비추는 것은 다만 세계와 신과 신으로부터 유래하는 사물에 대한 이러한 사랑 그리고 '신의 사랑'—스콜라 철학자가 말하는 '신과 신 안에 있는 세계의 사랑'(Amare Deum et mundum in Deo)—, 즉 아름답게 자기를 낮추는 이러한 태도뿐이다. …겸손은 세계의 모든 가치에 대해 정신의 눈을 뜨게 한다. 겸손이야말로 전혀 공로가 없이 모든 것이 은총이자 기적이라는 것에서 출발하여 모든 것을 획득하도록 하는 것이다! 겸손은 그 속에서 육신이 활동할 수 있는

> 공간이 왜 훌륭한 것이며, 육신이 훼손되지 않고서도 무엇인가를 소원할 수 있으며, 또한 공간 · 시간 · 빛과 공기 · 바다와 꽃이 존재하는 것, 아니 더욱이—그것들을 발견한다는 것은 항상 새로운 기쁨이 되는 것인데— 발과 손과 눈이 있다는 것이 희소한 것이어서 타인이 소유하고 있지 않은 경우에만 우리가 그 가치를 인정하는 것이 보통인 모든 사물 이상으로 얼마나 더 훌륭하고 더 감사해야할 것인가를 겸손은 느낄 수 있도록 해준다. 겸손하라! 그러면 그대는 즉각 부자가 되고 지배자가 될 것이다! 더 이상 그대에게는 '공로가 없기' 때문에 그대에게는 모든 것이 선사된 것이다! 왜냐하면 교만이 탐욕자의 덕인 것에 대해서 겸손은 부자의 덕이기 때문이다. 모든 교만은 '거지의 억지 자존심'(Bettelstolz)이다! 실제로 세계의 도처에 감정을 위한 은총의 흔적이 있고 오성을 위한 기적의 흔적이 있지만 정말로 자기의 공로로써가 아니면 '이떤 것도 선사 받으려 하지 않고' 인식에서도 어떤 것을 순수하게 받아들이려고 하지 않는 교만한 사람이 세계의 의미를 감지하고 이해할 수 있겠는가?

즉 셸러에 있어 겸손은 말하자면 "존재의 사유(Seins-Denken)에 선행하는 '존재의 감사'(Seins-Dank)"인 것이다.

◆ 생각하기 ································

1. 철학자에게 필요한 이 도덕성들은 오로지 철학자에게만 해당되는 것인가?

막스 셸러의 인간관

인간이란 무엇인가? 인간은 그가 인간으로서 존재하고 살아가는 한 자기 자신에게 물음을 던지지 않을 수 없는 존재이다. 왜냐하면 인간의 자기이해는 인간존재의 근거이자 인간의 삶의 지표가 되기 때문이다. 물론 이 경우 우리는 인간이 언제나 그리고 모두가 자기 자신에 관한 명백한 이해를 갖고 있다고 주장하지는 않는다. 때로는 인간의 자기이해가 명백하게 나타나는 수도 있지만 때로는 그것이 그렇지 않을 수도 있다. 전자는 의식적인 반성을 추구하는 소수의 철학자들의 경우인데 반해 후자는 대부분의 사람들의 경우이다.

그러나 인간의 자기이해는 비록 그것이 자각적으로 명백히 의식되어 있지 않다고 하더라도 언제나 인간의 모든 행위와 인간의 모든 삶의 영역을 규정하는 이념의 역할을 하는 데에는 변함이 없다. 그런데 인간의 자기이해는 고정불변한 것이 아니라 시대의 변천에 따라 변하는 것이다. 이런 이유로 인간에 대한 물음은 특별히 현대적인 물음이다. 또한 항상 현대적인 물음으로서 물어져 왔다. 왜냐하면 인간이란 무엇인가를 물을 때는 항상 당대를 살고 있는 인간존재를 묻기 때문이다. 특히 현대라는 시대는 인간존재 자체의 위기에 직면해 있다.

더욱이 인간은 자신뿐만 아니라 지구 생명 전체를 위기에 빠뜨리고 있다. 그 때문에 인간존재 그 자체가 자연 전체에서 보아 과연 긍정적인 존재인지에 대해 근본적인 의심이 싹트고 있는 것이다. 인간이 핵전쟁의 위기를 불러오고 물질 · 기계문명에 의한 자연파괴를 계속한다면 생명 전체를 위해서는 인간을 제외하는 것이 오히려 더 나을 것 같다는 생각이 들 정도이다. 따라서 인간문명의 발전이 지구생명 전체를 파괴하는 결과를 낳지 않게 하려면 인간과 자연에 대한 추상적인 구별에 대한 고집을 극복하는 인간관의 전회가 필요한 것이다.

그러나 이 전회(轉回)에는 인간과 사물의 구별과 대결에서 그 과제를 도출하고 있는 현대 휴머니즘으로부터의 탈각이 요구된다. 그런데 현대 휴머니즘을 비판하고 있는 구조주의에서는 종래의 개인적인 주체로서의 인간에 대해서는 죽음을 선고하고 언어의 지배가 강조되고 있다. 언어는 인간 간의 관계를 대표하고 있다. 따라서 이 시스템의 경우 인간 자체는 제대로 파악되고 있지 않고 따라서 개인들이나 사물들의 주체적인 역할도 간과되어 버린다. 말하자면 개체와 전체의 모순이 변증법적으로 파악되지 않고 있는 것이다.

인간관의 전회를 수행하기 위해서는 지금까지의 다양한 인간관을 정리하고 그 성과와 남겨진 문제를 명확하게 해 둘 필요가 있다. 이를 위해 막스 셸러에 의한 인간관의 다섯 가지 유형을 소개해보기로 하자. 그는 1926년에 저술한 저서 『인간과 역사』(*Mensch und Geschichte*)에서 당시 서구인들이 품고 있었던 인간관을 다섯 가지로 구별하였다. 이는 그 자신의 인간관인 '작은 신으로서의 인간'의 전개에 있어 도입부분에 해당된다.

① 종교적 인간(homo religiosus)의 이념 첫 번째 유형은 호모 렐리기오수스, 즉 종교적 인간관이다. 여기에서 종교는 서구의 종교이기 때문에 당연히 유대 - 기독교에 한정된다. 그러므로 종교적 인간관은 헤브라이즘의 정신적 전통이다. 『성서』에 기초하여 타락과 심판 · 초월신에 의한 직접적인 창조 등의 신화가 숙명적인 어두운 인간관을 형성해 왔다. 셸러에 의하면 "타락사상이 없는 모든 인격적 유신론은 넌센스이다." 왜냐하면 선한 전능의 신을 설정할 경우 타락사상이 없으면 악의 존재가 설명될 수 없기 때문이다. 셸러에 의하면 이것은 어디까지나 신화인데 서구인에게는 깊은 정신적인 영향을 끼치고 있다고 말한다. 즉 성서에 나타나 있는 객관적인 신앙내용 안에 그 역사적 근거를 가지는 인간의 자기의식 형태나 평가 나아가 인간의 자기감정은 서양에 있어서는 여전히 강력하게 존속하고 있다.

셸러는 『인간과 역사』에서 이러한 자기감정을 "인간의 인간으로서의 일종의 불치병인 좌절의 체험"이라고 부르고 있다. 그러나 이러한 인간관이 보편적인 것이라고는 간주되지 않는다. 예를 들면 『유고집』(*Nachlaß*)에 있어서는 다음과 같이 말해지고 있다. "이와 같은 불안이나 병의 감정은 인간의 본질에 속하지 않는다. 그것은 구성적이지 않다. 예를 들면 중국문화와 같이 그 감정을 알 수가 없는 위대한 문화가 존재하고 있다." 따라서 서구에서는 이러한 불안으로부터 인간을 자유롭게 해방시켜 주고 치료해 줄 수 있는 '역사의 정신분석가'가 없다는 것이 한탄스러운 점이다. 셸러는 인간에게 초월적 타자이며 심판자인 신의 존재를 거부하고 신을 인간 자신이 생성시킨 것으로서 주체적으로 파악하여 종교적 인간관으로부터의 해방을 지향했던 것이다.

② 이성적 인간(homo sapiens)의 이념 두 번째 유형은 이성적 인간관이다. 그는 호모 사피엔스를 이성을 가진 인간이라고 이해하고 있다. 종교적 인간관에서는 인간이 사물을 알고 그것을 자신들의 욕구충족을 위해 사용하는 것은 신으로부터 독립하여 멀어지는 것을 의미한다. 그것을 상징하는 것이 바로 에덴동산의 타락이다. 그 결과 인간은 신에게 심판받는 숙명에 처하게 된다. 그에 비해 이성적 인간관에서는 사물을 알고 그 법칙을 이용하는 것은 신에 대한 배반이 아니다. 왜냐하면 그러한 능력은 신이 인간에게만 베푼 것이기 때문이다.

이 이성은 원래 신의 섭리인데 자연은 바로 신의 섭리의 현현이다. 말하자면 즉자적으로 자연에는 당연히 신의 섭리가 존재하는 것이다. 이성은 따라서 자연을 관통하는 법칙성이다. 동물은 자연의 법칙에 따라서 살아가지만 자연법칙을 대상적으로 파악하고 그것을 이용할 수는 없다. 이 자연법칙, 즉 신의 섭리인 이성은 인간에게만 대상화되고 의식되는 것이다. 이러한 파악방식은 신이 우선 존재하고 그것이 자연에 이성으로서의 자기를 나타내는 것이다. 그래서 이 이성은 주어지는 것이며 그 때문에 항상 불변이다. 당연히 역사적인 사정이나 민족의 차이 또는 신분의 차이에 의해서 제약되는 것은 아닌 것이다. 즉 이성은 인간에게만 귀속하는 것으로서 인간을 동물로부터 구별하는 역할을 하는 것으로 여겨지고 있다. 이를 보다 구체적으로 다음 네 가지 명제로 요약할 수 있다.

㉠ 인간은 전 자연이 주관적으로는 포함하고 있지 않는 하나의 신적인 동기를 자신 안에 지니고 있다.
㉡ 이 동인은 세계를 세계로 영원히 만들고 형성하는(카오스・질료를 코스모스로 합리화하는) 것과 존재론상으로 혹은 원리상으로 동일하다.
㉢ 로고스(아리스토텔레스의 '실체적 형상'의 왕국) 및 인간이성으로서의 이 동인은, 인간이 동물과 공유하는 충동성과 감성이 없이도 그의 이념적 내용을 실현할 힘과 능력을 가지고 있다(정신의 힘・이념의 사력성).
㉣ 이 동인은 역사적・민족적・신분적으로 절대 불변이다.

셸러는 이 규정들이 아리스토텔레스로부터 칸트에 이르는 사상가 모두에게 공유되고 다만 이 중의 한 가지 요소인 고정성의 규정은 헤겔에 의해서 극복되어졌다고 간주하고 있다. 즉 헤겔의 위대함은 세계사를 인간정신이 주관적・범주적으로 스스로를 형성해 가는 과정으로서 파악한 점에 있다는 것이다. 그러므로 헤겔의 역사이론은 "호모 사피엔스의 인간학의 테두리 안에서 최종적인, 최고의, 그리고 가장 뚜렷한 역사이론"인 것이다. 이러한 이성은 셸러에 의하면 실제로는 그리스인의 발명품에 불과한 것인데 이 사실은 니체(F. Nietzsche, 1844～1900)・딜타이(W. Dilthey, 1833～1911)・트뢸취(E. Troeltsch, 1865～1923)에 의해서만 간파되었다. 이것은 헬레니즘의 정신적 전통이다.

이성적 인간관은 이성의 유무로 인간과 동물의 단절을 확실히 하고 있다. 이 점에서는 셸러와 일치한다. 그런데 신의 섭리로서의 이성이 인간에게 선재(先在)하고 있고 또한 인간에게만 주어진다는 구도는 셸러에게 인정되기 어려운 것이다. 신의 섭리, 신 자신으로서의 이성이 인간에게서 생성한다고 셸러는 주장하는 것이다. 그렇지만 셸러가 자연사물들이 각각의 관련 가운데서 다양한 인과관계를 형성하고 있는 것을 부정하고 있는 것은 아니다. 무기적 자연, 유기적 자연은 각각에 고유한 인과관계를 나타내고 있지만 그것들은 인간 특유의 이성적인 것은 아니라고 말하고 있는 것이다. 인간에게서 비로소 자연적인 것, 생명적인 것을 넘어선 정신적인 연관이 형성된다. 정신적인 것을 포함하지 않는 자연적인 것의 연관까지 이성적이라고 말할 수는 없다고 셸러는 생각한다.

천부적인 이성을 긍정하고 그것을 주체로 하여 세계를 인식하는 입장은 곧 이성적 인간관에 해당된다. 따라서 아낙사고라스(Anaxagoras, BC 500~428)의 이성(nous)을 단서로 하여 그리스의 이데아론적인 관념론이나 자연법사상 · 대륙 합리론 · 독일 관념론 등은 이 계보에 속한다고 셸러는 주장한다.

③ 도구적 인간(homo faber)의 이념 세 번째 유형은 호모 파베르, 즉 도구적 인간관이다. 셸러는 정신적인 것과 생명적인 것이 단절해 있다는 입장을 강조하고 있다. 그래서 그는 인간의 이성이 동물적인 지혜가 진화론적으로 발달함으로써 생성되었다고 말하는 것을 거부하였다. 셸러에 의하면 인간의 이성은 동물적인 지혜와는 전혀 다른 정신적 요소를 가지고 있다. 그래서 지혜가 어느 정도 발달하고 기호나 도구를 사용하는 데까지 발달하여도 그것은 욕망과 충동에 뿌리를 가진 동물적 기능의 일면적인 발달에 불과한 것이다.

이러한 이념에서는 인간에게 고유한 이성능력이 부정된다. 즉 인간과 동물 사이에는 본질적인 차이가 존재하지 않고 단지 단계적 차이만이 존재하고 있다고 간주되고 있는 것이다. 이러한 관점에서 본다면 인간은 충동적인 존재자에 불과하다고 할 수 있다. 즉 인간은 기호 · 도구 · 두뇌를 사용하는 동물인 것이다. 인간은 욕구충족을 위해 도구를 사용하는 존재일 뿐이며, 따라서 인간의 본령인 정신적인 성격은 무시되고 있다.

셸러는 베이컨(F. Bacon, 1561~1626) · 흄(D. Hume, 1711~76) · 밀(J.S. Mill, 1806~73) 등의 영국 경험론, 콩트(A. Comte, 1798~1857) · 스펜서(H. Spencer, 1820~1908) 등의 실증주의, 다윈(C. Darwin, 1809~82)과 라마르크(J.B. Lamarck, 1744~1829) 등의 진화론, 마르크스(K. Marx, 1818~83)의 유물사관, 프로이트(G. Freud, 1856~1939)의 정신분석학, 나아가서는 실용주의(Pragmatism) 철학 등을 이 도구적 인간관에 포함시키고 있다. 영국 경험론의 흐름에서는 인간을 자기보존 본능에 기초하여 쾌 · 불쾌의 원리로써 욕구를 충족하려고 하는 동물로 설명한다. 종(種)으로서의 욕구충족에 성공하여 환경에 적응할 수 있게 되면 종이 진화한다. 이것에 실패하면 종이 사라진다. 다윈은 이와 같이 자연도태(natural selection)에 의한 종의 진화를 설명하였다. 마르크스도 생물적인 충동에 역사를 환원시키고 있다고 셸러는 해석한다. 확실히 마르크스도 개체와 가족의 자기보존을 토대라고 생각하였다. 의식주와 생식을 위한 물질적인 생산과 그 관계를 토대로 하여 그 위에 정신적 문화와 정치적 기구 등이 구축되고 있음을 전제로 해야만 현실적인 논의가 가능함을 강조하였다. 그러나 그것은 정신을 단지 위장(胃腸)을 만족시키기 위한 작용으로 파악하고 있는 것에 불과하다.

프로이트는 노이로제의 원인을 억압된 성충동에서 찾고 있다. 셸러에 의하면 프로이트는 정신을 성충동으로 환원해 버린다. 프로이트는 정신이 신체의 기능인 이상, 신체가 가진 충동을 토대로 하고 있음을 강조하고 있는 것이다. 그렇다고 해도 그 위에 성립한 정신이 성충동인 것만은 아니다. 오히려 정신과 문화의 영역은 억압된 리비도(libido)를 비밀스러운 에너지원으로 삼으면서도 승화(昇華)가 되어 반대의 것으로 변화하고 있는 것이다. 프로이트의 경우 인간의 문화는 리비도의 억압 위에 성립한다는 특색을 가지고 있는 것이기 때문에 동물과의 단절을 부정하고 있는 것이 아니며 단지 그것이 어떻게 단절하고 있는가를 충동에 대한 규제에 의해 설명하고 있는 것이다.

셸러에 의하면 인간의 근원적인 충동으로 여겨지고 있는 것은 영양충동·생식충동·권력충동 세 가지인데 그 중 어느 것을 중심적인 것으로 파악하느냐에 따라서 이 인간관은 기본적으로 다음의 세 역사관의 유형으로 발전해 가게 된다.

㉠ 영양충동을 인간의 가장 기본적인 충동으로 간주하고 역사를 계급투쟁의 무대로 파악하는 경제학적 역사관(마르크스주의).
㉡ 생식충동 및 그 양적·질적 영향을 역사의 제1동인으로 생각하는 프로이트나 쇼펜하우어의 충동이론에 기초하여, 생식계의 변화를 모든 사건의 유일한 독립변수로 간주하는 견해(고비노·라첸호퍼·굼플로비츠).
㉢ 권력의지를 생명의 근원적 원동력으로 간주하는 니체나 아들러(A. Adler, 1870~1937)의 인간관에 기초하여 정치적 권력투쟁의 결과로 사건의 결정요인을 파악하는 권력 정치적 역사관(홉스·마키아벨리).

이러한 인간관과 역사관이 묘사하는 역사의 이미지는 매우 다양한데 쇼펜하우어를 제외하고는 그들 모두에 있어 "인류역사의 통일성·그 의미심장한 진화·하나의 위대하고 숭고한 목표를 향한 긍정적인 역사의 운동"이라는 신념이 공유되고 있고 이 점에서 이들은 기독교적 인간학의 역사관과 결부된다고 할 수 있다.

셸러는 동물이 세계와 단절해 있지 않고 인간만이 세계와 단절해 있다는 것에 관해, 동물은 감각적인 존재이며 환경세계를 넘어서지 않는데 반해 인간은 이성적이기 때문에 환경을 대상화할 수 있고 넘어설 수 있는 것이라고 한다. 여기에서 주의해야 할 것은 셸러에 의하면 지혜의 발달이나 언어의 사용은 정신적이라고는 말할 수 없는 것이다. 그는 거룩한 것을 추구하는 고귀한 감정을 전형으로 하여 가치감정이나 인간적 감동 등을 정신적인 것으로 생각하고 있다. 그것은 동물적인 지혜가 어느 정도 발달해도 정신적인 것은 생길 수 없음을 의미하는 것이다. 이것은 도구적 인간관에서는 결코 인간의 생성이 설명될 수 없다는 것을 의미한다. 그 성공여부는 어쨌든 셸러가 도구적 인간관으로 규정한 사람들의 시도 그 자체는 적극적으로 평가되어야 할 것이다. 왜냐하면 셸러 자신도 정신의 성립에 관해서는 설득력 있게 논증하지 못하고 있기 때문이다.

④ 퇴폐적 인간(homo dionysiacus)의 이념 네 번째 유형은 호모 디오니시아쿠스, 즉 퇴폐적 인간관이다. 이러한 인간관은 셸러의 시대에서는 레싱(G.E. Lessing, 1729～81)과 클라게스(L. Klages, 1872～1956)에 의해서 대표되어 왔다. 셸러에 의하면 인간은 "진정한 생명 특성과 생명 활동에 대한 인간의 단순한 대용물(언어 · 도구 등)에 의거하여 그의 자기감정의 병적인 고양(高揚) 속에서 허송세월을 보내고 있는 생명 일반의 도피자이며 생명의 근본적 가치나 생명의 법칙이나 생명의 신성한 우주적 의미로부터의 도피자"이다. 즉 여기에서 정신 혹은 이성은 생명에 항거하는 파괴적인 원리라는 지위를 부여받고 있다. 따라서 이러한 관점에서 본다면 이성적 존재자로서의 인간은 생명 일반의 막다른 골목(Sackgasse)이며 그 인간 자체가 하나의 병이라고 간주되는 것이다. 즉 인간이 두뇌로는 다른 생물보다 진화했을지 모르지만 생명력으로서는 발전의 막다른 골목이라고 생각한다는 것이다.

이성이 산출한 것은 이러한 생명력의 쇠퇴를 보충하고 대용하는 것인데 그 때문에 종의 쇠퇴를 숨기기 어렵다고 이 인간관은 경고한다. 말하자면 인간의 본질 가운데 필연적인 몰락(Dekadenz)을 보는 것인데 인간은 겔렌(A. Gehlen, 1904～76)의 말처럼 결여존재(Mängelwesen)이거나 미친 인간(homo demens)이라고 이 인간관에서는 주장하고 있다. 그런데 당연한 것이지만 이러한 범낭만주의(Panromantik)에서 역사의 황금시대는 태고의 시대로 설정되고 그 때문에 인간의 역사 전체가 불가피한 사멸로 향하는 과정이라는 극히 비관적인 역사관이 생기게 된다. 이러한 점에서는 기독교의 타락사상과 공통적이다. 더욱이 이 인간관은 생명과 정신을 구별하는 점에서 합리주의적 견해에 근접하는 한편, 정신이 경험적인 것에서 유래한다고 간주하는 점에서 자연주의와 공통적이기도 하다.

이 인간관에서 보면 다른 동물에게는 필요 없는 언어나 도구를 사용하지 않고서는 살아갈 수 없다는 것은 명백히 결함인 것이다. 수유기간과 육아기간이 긴 것이 인간의 특색이라고 말할 수 있는데 그 때문에 자연환경에 대한 본능적인 적응력이 약하여 다양한 도구나 옷을 짓고 가족과 사회를 만들어 종족보존을 꾀하고 있다는 해석도 있다. 성장기간이 길다는 것이 인간이 동물일반으로부터 구별되는 최대의 표지(標識)라는 주장은 실은 밀레토스학파의 아낙시만드로스(Anaximandros, BC 610~546) 이후의 계보가 있지만 캥거루 같은 경우도 있기 때문에 이것이 결정적이라고 말할 수는 없다. 그렇지만 성장기간이 길다는 등의 신체적 불리함이 도리어 지능에 의해서 보완되고 음성신호나 도구의 사용과 그 발달을 촉진시켰다고 생각된다. 그것이 또한 지능의 발전에 큰 자극이 되었을 것이다.

인간을 결함동물이라고 생각하는 사고방식은 본능적인 적응력의 우열이라는 동물적인 척도로 인간을 헤아리는 것이다. 인간은 본능적인 적응력에 의존하지 않아도 될 만큼 동물적인 한계를 넘어서 있다. 그것을 동물의 척도를 가지고 결함이라고 보는 것이 반드시 유효한 비판이라고는 볼 수 없다. 즉 진화가 이루어짐으로써 인간의 생명력이 약해지고 그 결과 지적 생산이 활발해졌다는 논리나 그 반대의 경우도 충분히 생각될 수 있기 때문에 설득력이 약한 것이다. 최근 이반 일리치(I. Illich, 1926~2002)가 그의 『학교 없는 사회』(*Deschooling Society*, 1971)에서 말하고 있는 것처럼 학교 때문에 오히려 사고력이 쇠퇴하고 병원 때문에 오히려 자연치유력이 훼손되는 일도 있는 것이다. 다른 동물에서는 새로운 환경에 적응하기 위한 노력을 통해 신체적인 변화가 종(種)의 규모로 일어나 새로운 종으로 진화한다. 그런데 인간의 경우 새로운 환경에 적응하기 위해서는 도구만 개량하면 되기 때문에 신체적인 변화는 필요가 없다. 우리는 인간이 지난 수만 년 동안 자연에 대한 적응능력을 비약적으로 증가시켜 왔음에도 불구하고 신체적인 진화가 거의 없다는 데 주목해야 한다. 인간의 경우에는 도구와 생산물을 포함한 인간적 자연 전체가 진화하고 있는 것이다.

신체적인 진화의 정지로부터 인간의 쇠퇴를 문제 삼는 사람은 대부분 사회적인 문제를 생물학적인 종의 쇠퇴의 문제로 대체하고 있는 것이다. 즉 기계문명의 발전에 의해 환경이 파괴되거나 거대한 기계나 기구 가운데서 개인의 주체성이 상실되어 가고 있는 것 등으로부터 시스템이나 기계는 진보해도 그 밑에 있는 인간개체는 쇠퇴하고 있다는 것은 사회학적 문제이지 생물학적 문제가 아닌 것이다. 이 인간관의 약점은 인간을 개체의 생리적 측면에서만 파악하고 있다는데 있다. 인간의 경우는 동물과 달리 인간의 신체뿐만 아니라 생산용구와 생산물, 그로부터 파생하여 산출된 기구들이나 다양한 문화들, 인간적 자연 전체의 재생산 구조를 포괄적으로 파악해야 한다.

이 결함존재의 지적에 의하면 언어는 그것이 사태에 직접적 · 생리적으로 대응할 수 없기 때문에 비로소 사용되기 시작한 것이다. 사태는 그것을 사물로서 대상화할 때, 즉 그것을 사물의 성질과 상태, 사물간의 관계로서 파악할 때 언어적으로 표현할 수 있는 것이다. 그러나 그 단계에서는 생의 제1차적 사태가 어긋나고 있다. 대상화하기 이전의 주관 · 객관이 미분화한 사태를 진실된 사태로 여긴다면 언어로 파악한 사물화 된 사태는 전도된 형태가 된다.

현대 프랑스 사상에서 '물상화'라고 말할 때 그것은 주로 이 언어에 의한 파악의 역전을 가리키고 있는 것이다. 확실히 동물의 사태에 대한 대응은 감각적 · 생리적인 대응이다. 즉 일정한 자극에 대해 일정한 반응이 개체와 류의 체험지식에 기초하여 선택되는 것이다. 대상적인 사물은 생리적인 자극으로 환원되고 있기 때문에 주관 · 객관 도식은 지양되고 있다. 이에 반해 인간은 감각적인 자극을 대상적인 사물의 속성으로서 감수하는 것이다. 그리하여 '무엇 무엇은 무엇 무엇이다.' 라는 주어 · 술어 구조를 이루는 언어적 인식이 성립하는 것이다.

그런데 제1차적 사태에 대해 직접적으로 반응하는 것이 자기보존이라는 생체윤리에서 보아 올바른지 어떤지는 의문이다. 베이컨은 감각의 배반을 강조하고 있는데 비슷한 사태를 구별하는 데는 사물을 대상화하여 파악할 필요가 있다. 만약 사태를 사태로서밖에 파악할 수 없다면 그에 대한 대응은 직접적이고 생리적인 것 밖에 되지 않는다. 어떠한 사태를 규정하고 개념적으로 파악할 수는 없다. 직접 그것에 대해 냉정하고 명확한 판단을 내릴 수는 없는 것이다. 사태가 사태로 그치는 것이라면 그것은 아직 어떠한 사태도 아닌 것이며 아직 확실한 존재로서 나타나고 있다고는 말할 수 없다. 그런 의미에서 사태의 제1차성에 고집하는 것은 올바르다고 할 수 없는 것이다.

환언하면 사물의 관계로서 비로소 사태는 나타나고 있는 것이며 그런 의미에서 사물의 제1차성도 인정되어야 한다. 언어에 의한 물상화를 일방적으로 전도된 것이라고 간주하는 것은 이성적이라고 말할 수 없다. 셸러는 이 퇴폐적인 인간관이 생명차원의 문제제기에 멈추어 있다고 그 한계를 지적하고 있다. 그는 인간정신이 생명차원을 넘어서 있다고 생각하기 때문에 이 문제제기를 중요하게 여기지 않고 있다.

⑤ 창조자적 인간(homo creator)의 이념　다섯 번째로 셸러가 취급하고 있는 것은 호모 크레아토르, 즉 창조자적 인간관이다. 그가 염두에 두고 있는 것은 니체와 하르트만(N. Hartmann, 1882～1950) 및 쾰러(W. Köhler, 1887～1967)이다. 이후에 활약한 사르트르(J.P. Sartre, 1905～80)도 물론

이 유형에 포함된다. 칸트는 실천이성의 요청(Postulat)으로서 '신'과 '영혼불멸'을 언급하였다. 즉 이론적으로 신 존재 증명이 불가능하다고 해서 신이 존재하지 않는다고 한다면 혹은 영혼이 육체와 함께 소멸해 버렸다고 한다면 육체의 경향성에 저항하여 당위를 지킬 의미가 약해진다고 할 수 있다. 칸트는 이론적으로는 신 · 영혼불멸을 확신하고 있지 않았지만 신과 영혼불멸에 대한 신앙을 보여 준다. 이론이성의 세계에서는 세계는 현상으로만 나타난다. 그리고 우리는 사물을 현상계의 인과법칙에 따라 인식할 뿐이다. 물자체(Ding an sich)는 마지막까지 모습을 드러내지 않을 것이다. 그리고 물자체가 존재하는 것도 이론이성에서 증명하는 것은 불가능하다. 실천이성의 세계에서도 현실의 행동은 물리적 · 생리적인 것에 영향을 받거나 혹은 사회적인 이해관계로 규제받고 있다. 서로의 인격을 목적으로 한 행위를 관철하는 것은 쉬운 일이 아니다. 그러나 물자체가 있는 것처럼 현상계를 넘어선 실재의 세계가 있고 그곳에 신이 존재하고 있어 영혼이 불멸이라고 한다면 경향성에 빠지지 않고 실천이성의 명령에 따를 수가 있는 것이다.

그런데 창조자적 인간관에서는 퇴폐적 인간관의 이념과는 전혀 반대로 인간의 자기의식을 일찍이 우리에게 알려진 그 밖의 어떠한 학설도 그렇게 한 적이 없을 만큼 아찔할 정도의 높은 경지로 비약시킨다. 즉 이러한 진지성과 책임성을 지닌 요청적 무신론은 니체의 초인(Übermensch) 이념에 대해 새로이 합리적 기초를 제공한 것이다. 이 견해에 의하면 신에 의해 계획된 세계 가운데서는 윤리적 존재자로서의 인간이 부정되기 때문에 이론적으로 그것이 어떠한가는 제쳐두고 인간의 자유와 책임 그리고 자립적인 실존의 의미를 위해서 신은 더 이상 존재하지 않을 뿐만 아니라 또한 존재해서도 안 된다고 간주된다. 따라서 "만약 신이 존재한다면 내 스스로가 신이 아닌 것을 내가 도대체 어떻게 참을 수 있을 것인가? 그러므로 신은 존재하지 않는다."는 『차라투스트라는 이렇게 말했다』(*Also sprach Zarathustra*, 1883/85) 중의 니체의 말은 셸러에 의하면 앞에서 언급한 "칸트의 요청적 유신론에 대한 가장 엄밀한 대립물인 요청적 무신론이 최초로 예리하게 표명된" 것이다. 이러한 인간관에서는 콩트와 같이 위대한 존재(Grand Étre)로서의 인류가 아니라 인격으로서의 인간에게 최대의 가치가 주어지게 될 것이다. 그러므로 셸러는 이 견해를 그릇된 것이라고 간주하는 한편으로 동시에 이 견해에는 역사적인 엄밀한 존재 및 가치의 인격주의가 아주 현저하게 심화되어 있음도 인정하고 있다.

그렇다면 신이 없어도 도덕은 성립하는가? 이에 답하기 위해서는 먼저 무신론자의 사회에서는 부도덕한 인간만 모여 있는지 어떤지를 생각해 보아야 한다. 강도 집단에도 엄격한 기준과 함께 동료 간의 우정이나 신의가 있다. 또한 두목에 대한 충성심도 가지고 있는 것이다. 두목도 수하에게 배당을 주고 그 공에 보답하는 것이다. 또한 그 집단에는 자애심과 이타심도 있다. 도덕성이나 인륜적 정신은 각각의 사회나 집단이 성립하고 존속해 가기 위해 그 사회나 집단 가운데서 개개인을 규제하는 규칙을 적극적으로 받아들이고 기꺼이 따르려고 하는 심정을 말한다. 구성원 다수가 그러한 태도를 채택하지 않으면 사회나 집단은 잘 운영되지 않는다. 그러므로 신을 믿지 않음에도 불구하고 도덕적 심성은 길러지는 것이다. 오히려 신의 이름을 빙자하여 옳다고 여겨진 것을 무비판적으로 수용하는 것이 훨씬 더 비도덕적이다. 자기 자신의 이성으로 판단하여 올바른 것을 관철하는 쪽이 보다 더 도덕적이라고 말할 수도 있다.

신앙인은 신이 어쨌든 절대자이며 신을 배신하면 영원히 고통을 받는다는 강박관념을 갖고 있기 때문에 비록 세계를 소멸시키라는 명령이라도 신의 명령이라면 따르는 것이 신앙인의 입장이다. 즉 종교는 궁극적으로 사회적인 선악의 피안에 있는 것이다. 이에 반해 구체적으로 자신이 속해 있는 사회나 집단을 위해 자신이 해야 한다고 판단한 것을 성실히 행하는 쪽이 보다 도덕적인 것이다. 왜냐하면 그것은 자신의 사적인 이해를 위해서만은 아니기 때문이다.

엄밀하게 생각하면 신앙인이 종교적 가르침에 따라 선을 행하는 것은 오히려 당연한 것이며 칸트적인 의무를 완수한다는 의미에서는 도덕적이지 않은 것이다. 다만 불신앙이 그에게 악을 행하게 할 뿐이다. 환언하면 신앙에 기초하여 신을 따르는 것이 선이며 그렇지 않은 것이 악이다. 이 정의에서는 참된 신앙생활을 하고 있다면 선을 행할 수밖에 없고 악을 행할 여지가 없는 것이다. 마르틴 루터(M. Luther, 1483~1546)는 『기독교인의 자유』(*Von der Freiheit eines Christenmenschen*, 1520)에서 기독교인은 자유롭게 자발적으로 선을 행하는 것이며 신에게 의롭다고 인정받기 위해 겉치레로 선을 행할 필요는 없다고 말한다. 즉 신의 의지에 따를 뿐이기 때문에 자기 자신의 주체적인 판단은 성립하지 않는다. 근대적인 주체의 입장에서 생각해 보면 신이 존재하는 주체가 소멸해 버렸기 때문에 신이 존재하지 않는 것으로 여길 수 있는 것이다.

그러나 루터의 신은 교회라는 외적 권위를 통해 나타나는 신이 아니라 내면적인 신앙을 통해서 나타나는 신이며 그런 만큼 주체적인 성격을 가지고 있다. 칸트는 이 내면의 신을 일반의지로 치환하여 루터의 문맥에서 파악하고 있다. '만인에게 타당한 행위의 준칙'에 따르는 의지인 실천이성의 명령에 따른다는 것이다. 이 실천이성은 선을 행하려고 하는 의지일 뿐만 아니라 주체의 판단에 의해 사회적으로 만인에 타당한 선을 행하려고 하는 의지이기 때문에 근대적 자아로서의 자기를 자각하고 있는 것이다. 여기에서 신은 보편타당성의 존재를 근거 짓는 것으로서 요청되고 있는 것이다. 그러므로 칸트의 경우 실천이성은 하나의 내적인 신을 주체화하여 그것을 자아의 핵심에 두는 것이라고 말할 수도 있을 것이다. 칸트는 보편타당성을 보호하기 위해 내면에서 그것을 정초하는 신의 존재를 버릴 수 없었던 것이다.

요청적 무신론에서는 보편타당성을 제공하는 신이 무(無)라는 것이 주체성의 근거가 된다. 왜냐하면 각각의 사회나 집단마다 보호해야 할 인륜성의 성격이 다르기 때문이다. 지역과 민족 그리고 국가 혹은 계급이나 세대 등에 따라 또한 다양한 입장에 따라 생활방식 · 사고방식 · 가치판단의 기준은 다양하다. 따라서 칸트적인 의미에서 '만인에게 보편타당한 행위의 준칙'을 요구하는 것은 곤란한 것이다. 그리하여 니체는 신의 죽음을 선언한 것이다.

요청적 무신론에서는 각각의 인격이 책임의식을 가지고 자기의 신념에 기초하여 행동하고 자기 자신의 삶의 가능성을 최대한으로 발휘할 것을 주장한다. 보편타당한 도덕이 불가능하고 각각의 사회관계로부터 규정된 상대적인 인륜밖에 존재하지 않는다면, 각각의 인간관계 · 사회관계에 자기를 투입시켜서는 안 되는 것이다. 보다 높은 가능성의 한계에 도전하기 위해서는 인륜에 자신을 못 박는 십자가를 극복해야만 하는 것이다. 상대적인 도덕을 절대화함으로써 인간은 자신의 삶의 가능성을 말살해 버린다. 이 생명에 대한 배반이야말로 가장 경멸해야 하는 것이다. 이리하여 개개인이 자기의 한계에 도전하고 그 때문에 패배하여 몰락해 가는 것이야말로 인간의 사명이라고 한다. 이 중첩이야말로 인간이 자신의 한계를 넘어서 인간 이상의 것으로 높여지는 조건을 산출한다고 생각하기 때문이다. 신이 죽은 이상 생명의 큰 밀물로서 인간이 자신을 보다 큰 가능성으로 높여 가는 것 자체가 최대의 목적이며 가치라고 단정하고 있다.

그런데 인간적인 가치들이나 도덕들의 상대화를 철저하게 밀고 나가면 자기의 가능성의 한계에 도전하거나 자기권력의 강화를 추구하기 때문에 윤리적인 관계들을 결코 간과해서는 안 될 것이다. 윤리적 관계가 간과되면 어떤 특정한 사회관계만이 중요시되고 다른 사회관계가 경시되는 일도 있을 수 있다. 또한 한 사람의 음험한 정치가가 초인(超人)으로 오인되어 그에 의한 전제지배를 가능케 하는 이데올로기로서 기능할 수도 있기 때문이다.

⑥ 작은 신(Mikrotheos)으로서의 인간의 이념 셸러는 요청적 무신론의 문제제기에 강한 공감을 나타내고 있는데, 보편타당한 가치, 내적인 신은 지금 바로 우리들이 공동으로 형성해가는 것이기 때문에 그것을 곧바로 부정할 필요는 없다. 「인간과 역사」를 발표한 1926년은 국제협력의 시대였다. 내부적으로 전후 처리에 불만인 나치즘의 대두를 주시하면서 모두가 영구 평화체제의 확립을 원하고 있었다. 인류 전체를 포괄하는 휴머니즘이 외쳐지고 있었던 것이다. 칸트는 실천이성의 요청으로 '신'과 '영혼불멸'을 믿는 태도를 취했는데 처음부터 그것은 논증될 수 없는 것이었다.

우리가 초월적인 신 존재에 의해 도덕적으로 정초되고 있다고 생각하는 것은 기독교인을 제외하고는 이미 받아들이기 쉽지 않은 시대에 살고 있다. 오늘날 우리는 신을 믿으며 살고 있다고 말은 하면서도 참으로 신앙인이라면 결코 범할 수 없는 죄를 짓고 있는 경우를 허다하게 목격한다. 대부분의 시민이 신의 뜻대로 살아가고 있다고는 생각하지 않는다. 그저 자신의 능력껏 살아가고 있는 셈이다. 그러므로 신을 죽여 놓고 어떻게든 경건한 신자인 체 하는 것은 자기기만인 것이다.

그럼에도 불구하고 우리의 심정에는 사랑이나 아름다움에 감동하고 자기의 가능성의 한계에 도전하며 인생의 의미를 추구하거나 자연 혹은 인간성의 위대함을 감지할 수 있는 것이 존재한다. 이러한 성스러운 감정은 인간만이 가진 것이다. 셸러는 동물적이고 수단적인 지혜가 아무리 발달하여도 경건하고 성스러운 심정에는 도달하지 못한다고 단정하고 있다. 인간에게서 비로소 정신적인 세계가 형성된다는 것이다. 신은 인간 안에서 생긴 종교적 감정을 초월적인 것으로 대상화하여 파악하는 것이라고 생각하는 것이다. 그리하여 신은 인간 가운데 있는 것이다. 정확하게는 인간에게 있어 정신적인 본연의 방식이 신인 것이다. 따라서 신과 인간의 이원론적인 파악은 부정되고 있다. 셸러는 「철학적 세계관」

(Philosophische Weltanschauung)이라는 논문에서 이렇게 말하고 있다.

> 인간은 소우주(Mikrokosmos), 즉 '소규모의 우주'이고 따라서 물리적·화학적·생명적·정신적 존재와 같은 모든 본질적 세대가 인간의 존재에서 서로 만나고 서로 교차되기 때문에 '대우주'(Makrokosmos)의 최고 근거도 또한 인간에게 있어 연구될 수 있다. 그러므로 인간존재는 '작은 신'으로서 신으로의 제1차적인 통로이다.

일반적으로 신과 인간의 동일성을 주장하는 것은 인간이 신에게 구원받을 때 인간의 한계를 넘어 불멸의 존재로 바뀌기 때문이다. 불멸은 사실 신의 속성이기 때문에 인간과 신은 영혼불멸에 의해 동일성을 가지고 있는 것이다. 그런데 셸러와 같이 영혼불멸을 주장하지 않는다면 신과 인간의 동일성은 오로지 정신성에 한정된다. 인간의 영혼은 신체와 함께 개인적으로는 소멸할 수밖에 없는 것이기 때문에 당연히 신일 수 없다. 셸러는 신 개념을 변화시키고 있는 것이며 물리적·생명적인 요소뿐만 아니라 정신적인 요소까지도 포함한 존재를 신의 정의로 삼고 있는 것이다. 그러므로 인간은 '작은 신'이 되는 것이다. 그러나 이것은 신의 속성이 아니라 원래 인간의 속성이다. 이와 같이 속성을 바꾸면 그에 대한 이유를 설득적으로 전개해야만 한다. 아마 셸러는 인간이 모든 요소를 가지고 있기 때문에 우주의 근거를 자기 안에 갖고 있다고 직관했을 것이다.

우주의 근거에 정신적인 것이 들어 간 것은 무엇 때문인가? 인간에게 우주의 근거가 있다면 어째서 물방울 가운데는 없는 것인가? 정신은 인간의 어느 곳에 있는 것인가? 전두엽(frontal lobe)에 가득 차 있는 것인가? 인간의 뇌를 아무리 현미경으로 보아도 정신은 보이지 않는다. 오히려 인간이 만들어내는 독특한 공기진동이나 다양한 생산물의 작용 가운데 정신의 내용이 발견되는 것이다. 인간을 인간의 신체에만 한정하여 파악할 수는 없다. 인간적인 자연 전체의 재생산 구조 전체를 인간으로서 다시금 파악할 필요가 있다.

그 가운데서 신체적인 개인이 어떻게 자기의 존재를 이해하며 살아갈 수 있는가를 물어야만 한다. 앞서 살펴본 것처럼 셸러의 인간관의 다섯 유형은 '인간은 작은 신이자 소우주'라는 자신의 독특한 인간관의 전제가 되는 것이어서 상당히 주관적으로 구분되어 있고 해석도 견강부회의 측면이 없지 않다. 그렇지만 격동과 불안의 시대였던 1 · 2차 세계대전 사이에서 기성종교와 형이상학의 파탄에 입각하여 충동적 · 도구적 이성의 타락을 극복하고 인간에 대한 불신과 절망을 넘어 사랑과 감동과 외경의 심정을 지속하는 인간성을 신뢰하여 위기의 시대에서도 사라지지 않을 귀중한 것을 산출하고자 했던 셸러의 의도는 충분히 의미가 있는 것이다.

◆ 생각하기 ································

1. '인간'이라는 말은 왜 이중성격의 의미를 갖는가?
2. 보편으로서의 '인류'가 자각된 것은 언제부터인가?
3. 셸러는 정신과 신체의 관계를 어떻게 설정하고 있는가?

기독교의 인간관

파스칼(B. Pascal, 1623~62)은 그의 『팡세』(*Pensées*)에서 인간에 대해 다음과 같은 정의를 내리고 있다.

> 인간이란 도대체 괴물 같은 것이 아닌가? 진기하기 이를 데 없고 무슨 괴물 · 무슨 혼돈 · 무슨 모순에 가득 찬 것 등이 무슨 놀라운 일들인가? 모든 것의 심판자이면서도 어리석은 흙 속의 지렁이에 불과한 것 · 진리를 맡은 자이면서도 불확실한 오류의 시궁창 · 우주의 영광이면서 우주의 쓰레기이다.

그가 이처럼 모순에 찬 정의를 내릴 만큼 인간 자체는 불가사의한 존재자이며 또 행위자이다. 한편 미국의 인본주의 심리학자 메이(R. May)는 인간을 잃어버린 참된 자아를 찾아서 순례하고 있는 존재라는 관점으로부터 인간의 모든 행위는 '영원의 모습 아래에서(sub specie aeternitatis) … 인간성을 향해 전진하는' 창조적 행위자로 정의하고 있다.

이러한 인간에 대해서 철학과 종교는 각각 고유한 인간학을 형성해 왔다. 그 인간학의 내용은 앞서 본 것처럼 일반적으로 '인간이란 무엇인가?'를 연구 대상으로 삼고 있다. 물론 최근에는 하비 콕스에 의해 주목할 만한 새로운 유형이 나타나고 있는데, 그것은 현대의 기술 문명에 함몰된 인간, 특히 개발이라는 이름하에 자연을 파괴하고 있는 현대적 도구인의 인간관과 대립하는 것으로, 축제 · 놀이 · 환상을 회복하여 인간성을 되찾으려고 하는 입장이다. 즉 인간은 원래 그 본성상 활동하고 생각할 뿐만 아니라 노래와 춤, 기도와 이야기를 즐기는 동물이기 때문에 제의적 인간(homo festivus)이며 꿈을 꾸고 신화를 만들어 내는 환상적 인간(homo fantasia)이라는 견해인데, 이것은 다시금 인간의 본질을 종교적 측면에서 관찰하고 있다.

그런데 다른 한편으로는 마르크스주의의 인간관도 있다. 이 인간관에 의하면 인간은 다만 노동을 통해서만 동물과 구별되는 존재이다. 그렇다면 '노동이 인간을 인간 자신으로 만든다.'고 할 수 있는 것이며 따라서 인간이 바야흐로 참된 의미에서의 인간이 된 것은 오로지 노동의 덕택이자 노동과정의 덕분인 것이다. 노동은 인간의 신체를 발달시키고 그 정신을 풍성하게 하며 지성을 완성시킨다는 것이다. 물론 이것은 사회주의 공동체 안에서만 인간의 발전이 있다는 것으로 전형적인 마르크스주의적 인간관의 주장이다.

그러나 기독교의 인간관은 "아, 나는 비참한 사람입니다. 누가 이 죽음의 몸에서 나를 건져 주겠습니까?"[「로마서」(Romans), 7:24] 라는 바울(Paulus, 4?~64)의 고백처럼 죽음을 근저로 한 문제를 취급하고 해결하려는 것이다. 포이어바하(L.A. Feuerbach, 1804~72)가 신학의 비밀은 인간학이라고 말하고 있는 것처럼 기독교의 신학적 인간관에서는 인간의 삶과 죽음을 포함한 인간전체가 철저하게 취급된다. 따라서 인간학의 내용은 인간의 자기의식 · 자기이해 · 자기완성이 논술의 대상이 된다. 기독교의 인간관은 신의 지배 → 인간의 창조 → 타락 → 예수 그리스도의 인간구원 → 인간의 완성 → 신의 완전지배라는 기독론적 방법으로 논술할 수가 있다.

우리가 기독교의 인간관을 논하려면 우선 '인간이란 무엇인가?' 라는 명제, 즉 「창세기」(Genesis)의 인간 창조 기사로부터 시작하여 인간의 완성이라는 신학적 방법에 따라 서술해야만 한다.

① 인간의 원초 상태(status originalis) 「창세기」에는 "주 하나님이 땅의 흙으로 사람을 지었다."[2:7a]고 기록되어 있다. '사람'이라는 말의 어원인 최초의 인간 아담(Adam)은 헤브라이어로 'ādhām인데 아다마('adhāmāh)는 '땅'을 의미하고 또한 라틴어에서도 인간(homo)은 대지 혹은 땅(humus)에서 유래한 것이다. 이러한 어원들은 인간이 신이 아닌 땅과

동일한 존재임을 의미하는 것이다. 그러나 땅을 재료로 하여 창조된 인간을 "하나님이 당신의 형상대로"[1:27a] 창조하셨고 그리하여 인간은 "생명체가 되었다"[2:7b]. 이처럼 인간은 신의 형상과 유사하게(similitudo) 창조되고 또 신의 생명을 받아 인간이 되었다. 따라서 최초의 인간은 '신의 형상'(imago Dei)을 보존하고 있었다.

② 타락의 상태(status corruptionis) 인간창조의 기사 가운데서 다음으로 인간의 타락(Fall)이 이야기되고 있다. 즉 신은 인간을 에덴동산에 거하게 한 후, 인간에게 다음과 같이 명하였다. "동산에 있는 모든 나무의 열매는, 네가 먹고 싶은 대로 먹어라. 그러나 선과 악을 알게 하는 나무의 열매만은 먹어서는 안 된다. 그것을 먹는 날에는, 너는 반드시 죽을 것이다"[2:16~17]. 그러나 "너희는 절대 죽지 않는다. 너희가 그 나무 열매를 먹으면 … 하나님처럼 되어서 선과 악을 알게 된다."는 간교한 뱀의 유혹에 먼저 빠진 여자가 남자를 종용하여 명령을 어기도록 만들었다. 이 타락 이야기 가운데서 죄의 원형, 즉 신의 명령에 대한 거역과 불순종의 발생을 볼 수가 있고 "죄의 삯은 사망"[「로마서」, 6:23]이라는 말처럼 신에 대한 불순종·거역의 죄로 인해 죽음 그 자체가 인간 안에 파고들어 올 수 있었다고 설명한다.

아우구스티누스(A. Augustinus, 354~430)는 이 타락을 인간의 원죄(peccatum originale)로 신학화하여 부르고 있다. 그리고 이 원죄는 최초의 인간으로부터의 '유전적 죄' 혹은 '상속적 죄'이며, 모든 인간이 계승하는 죽음에 이르는 병으로 설명한다. 우리가 인간 창조의 기사 가운데서 인간이 타락에 의해 '죽음을 향한 존재자'라고 인식했을 때, "누가 이 죽음의 몸을 건져 주겠는가?" 라는 구원의 문제가 제기된다. 구원에 대해 팩커(G. Fackre, 1926~)는 '그것은 죄·악과 죽음으로부터 해방되는 것'이라고 말한다. 이것은 신으로부터의 인간의 소외가 회복되고 은혜의 상태(status gratiae)에 들어가는 것을 의미하고 있다.

이 점에 관해서 에밀 브룬너(E. Brunner, 1889~1966)은 '신의 형상'을 '형식적인 신의 형상'과 '실질적인 신의 형상'으로 구분하고 타락에 의해 본래의 의미를 잃어버린 인간은 후자는 상실했지만 전자는 잃지 않았다고 한다. 이것은 신의 말씀에 응답할 수 있는 '형식적인 신의 형상'이 남아 있음을 의미하는 것이다. 여기에 인간 구원의 실마리가 있음을 브룬너는 발견하고 있다.

그런데 바르트(K. Barth, 1886~1968)는 이 점에 대해 브룬너와 견해를 달리 하고 있고 이러한 '신의 형상'에 대한 신학적 논의 가운데 구원은 없다고 생각하고 있다. 바르트의 인간 이해는 보다 기독론적이며 '신으로부터 멀어질 때 인간은 죄에 빠진다.'고 한다. 신의 형상은 이미 완전히 인간이 상실했다는 입장을 취하며 신에 관한 한 모든 선천적인 조건을 부정한다. 후천적으로 신이 예수 그리스도에게서 '자기계시'되기까지 인간은 참된 신을 알 수 없는 것이라고 논하고 있다. 그리고 신이 인간을 구원하고 완성시키는 방법은 다만 예수 그리스도의 사건, 즉 예수의 죽음 → 부활 → 승천 → 현 시점에서의 성령의 도우심 → 예수의 재림과 계속되는 그리스도의 일련의 사건 가운데 완전하고 구체적으로 나타난다는 신앙이다. 바르트의 인간이해와 인간완성은 브룬너보다 훨씬 철저하며 보다 기독론적인데 그 성서적 근거는 "사람은 이 일을 할 수 없으나, 하나님은 무슨 일이나 다 하실 수 있다."[『마태복음』(Matthew), 19:26]는 구절이다.

③ 예수 그리스도(완전한 인간, τέλεος ἄνθρωπος) 기독교에서 인간 구원과 완성의 방법을 신이 보여준 것이 바로 예수 그리스도의 오심이라는 것이 기독교의 입장이다. 성서는 타락한 인간에게 '완전한 인간'인 예수를 보고 '이 사람을 보라'(Ecce Homo)고 말한다. 바울은 "성경에 '첫 사람 아담은 산 영이 되었다.'고 기록한 바와 같이 마지막 아담은 생명을 주는 영이 되셨다."[「고린도전서」(1Corinthians), 15:45]고 말하고 예수 그리스도는 죄와 죽음을 극복하기 위해 신이 보낸 '해방자'라고 주장한다. 죄와

죽음으로부터 인간을 해방한다는 기독교의 인간관의 방법에 대해 팩커는 그의 저작 『기독교 이야기』(*The Christian Story*, 1978)에서 인간 해방(구원)과 인간 완성의 과정을 신 → 신의 인간 창조 → 타락 → 계약 → 예수 그리스도 → 구원 → 완성 → 신의 지배라는 신의 질서에서 신이 인간을 구원함으로써 완성된다고 서술하고 있다.

④ 예수 그리스도의 죄의 극복(Atonement) 신의 이 과정에 따라 그리스도에 의해 성취된 죄로부터의 구원에 대해 여기에서 서술해 보자. 인간론에서 죄의 극복 혹은 처리의 문제는 중대한 주제인데 바울은 "한 사람(아담)이 순종하지 않음으로 말미암아 많은 사람이 죄인으로 판정을 받았는데 이제는 한 사람(그리스도)이 순종함으로 말미암아 많은 사람이 의인으로 판정을 받을 것"[「로마서」, 5:19]이라고 말하고 있다. 즉 모든 인간이 아담으로부터 유전적으로 상속한 죄 그 자체를 그리스도가 십자가 위에서 돌아가심으로써 극복하여 인간의 타락 이래의 문제가 처리되고, 완성을 향해 나아가기 시작했다는 것이다. 이 십자가상의 죽음의 의미를 바울은 다음과 같이 전하고 있다. "우리가 아직 죄인으로 있을 때에, 그리스도께서는 우리를 위하여 죽으심으로써, 하나님께서 우리에게 주시는 사랑을 나타내셨습니다."[「로마서」, 5:8].

이로써 바울은 인간의 죄를 위해 신의 아들 그리스도가 인간을 대신하여 죄에 굴복한다는 형벌 대속설을 취하고 있다. 그로부터 인간의 죄에 대한 신의 '용서'가 생기고 있음을 발견할 수 있다. 이것은 신의 질서에서 보면 신 쪽에서 인간의 죄를 일방적으로 용서하는 행위이다. 마태는 예수의 말을 인용하여 "인자가 땅에서 죄를 용서하는 권세를 가지고 있음"[『마태복음』, 9:6]을 말하고 있고 바울은 "우리는 믿음으로 의롭게 하여 주심을 받았으니, 우리 주 예수 그리스도로 말미암아 하나님과 더불어 평화를 누립니다."[「로마서」, 5:1] 라고 고백하고 있다.

예수 그리스도의 속죄에는 두 가지의 큰 의미가 있는데 먼저 인간에게는 자신의 능력과 노력으로 모세의 십계명을 완수하고 신 앞에서 정의로운 인간이 되어 구원된다는 것은 전적으로 불가능하다는 것을 보여주고 있다. 두 번째 의미는 인간의 자력구원이 불가능하다고 이해된 단계에서 신의 특별 계시로서의 예수 그리스도의 행위 그 자체 안에 인간 구원과 완성의 방법이 신 쪽에서 무조건적으로 나타나고 있는 사실을 인식하는 것이다. 파울 틸리히(P. Tillich, 1886~1965)는 그의 존재론적 신학의 입장에서 죄란 신에 대한 불순종 때문에 생긴 '분리'이며 용서란 신의 '수용'이 된다고 설명하고 이것이 예수 그리스도의 십자가상의 속죄에서 일어나고 있다고 말한다.

⑤ 예수 그리스도의 부활(Resurrection) 그리스도가 인간을 완성으로 이끈 제2의 중대사는 인간의 죽음의 극복인데 그것은 그리스도가 신에 의해 죽음으로부터 부활했다는 신앙에 근거를 가지고 있다. 바울에게서는 만약 "그리스도께서 살아나지 않으셨다면 우리의 선교도 헛되고 여러분의 믿음도 헛될 것입니다."[「고린도전서」, 15:14] 라고 할 정도로 그의 신앙 전체가 여기에 뿌리박고 있다. 예수 그리스도가 신에 의해서 죽음으로부터 다시 살아났다는 것은 죄와 그 결과인 죽음이 극복되었음을 의미하고 기독교 인간학에서 본다면 "그리스도께서는 죽은 사람들 가운데서 살아나셔서 잠든 사람들의 첫 열매가 되셨다."[「고린도전서」, 15:20]는 것이 된다.

여기에는 종말론적 인간완성의 의미도 있는데 첫째로 "다시는 죽음이 그를 지배하지 못한다."[「로마서」, 6:9]는 인간상, 즉 '완전한 인간'을 그리스도 안에서 볼 수가 있다. 둘째로 이 죽음을 극복한 그리스도는 살아난 인간의 첫 열매이며 신에 의해 창조된 인간이 신의 질서 가운데서 살아갈 때 완성된 미래의 모범을 보이는 것이라고 이해할 수가 있다. 죽음의 극복의 종교적 의미를 단지 이성적 차원으로만 이해하려고 하면 이성의 강한 부정에 부딪치게 되지만 인간은 신의 창조물이라는 입장으로부터 초인격적 · 전인격적으로 인식할 때는 그리스도의 부활도 인간완성을 위한 불가결한 사건으로서 이해할 수 있게 된다. 왜냐하면 이것 외에는 기독교에서 인간 완성의 길은 전혀 존재하지 않기 때문이다.

⑥ 그리스도의 승천과 성령지배의 중간시기 누가는 부활한 그리스도에 대해서 "내가 내 아버지께서 약속하신 것을 너희에게 보낸다. 그러므로 너희는 위로부터 오는 능력을 입을 때까지 이 성에 머물러 있어라."[『누가복음』(Luke), 24:49]고 기록하고 "예수께서는 그들을 밖으로 베다니 까지 데리고 나가서 손을 들어 그들을 축복하셨다. 예수께서는 그들에게 축복하시면서 그들을 떠나 (하늘로 올라가셨다)"[『누가복음』, 24:50～51]고 전해 주고 있다. 부활한 그리스도는 제자들에게 나타난 후에 '위로부터의 능력' 즉 '성령'의 도움을 약속하였다. 나아가 요한은 창조자의 오른 편에 있는 그리스도가 "보혜사 곧 아버지께서 내 이름으로 보내실 성령"[「요한복음」, 14:26], 즉 '보혜사'(保惠師, paracletus)를 보내어 지배하고 이끄는 그리스도의 모습을 기록하고 있다.

이 성령은 '창조자인 아버지, 아들인 그리스도로부터 발생한다.'(qui ex Patre Filioque procedit)고 여겨지고 있고 그리스도의 승천 후에는 창조자와 그리스도로부터의 성령인 보혜사가 인간의 구원, 인간의 완성으로의 과정 중에서 커다란 능력을 발휘하고 있다. 이러한 신앙에서 '현재'는 모두를 완성시키는 때인 종말이 아직 도래하고 있지 않다는 의미에서 '중간 시기'(mid-term)로 설명되거나 혹은 종말 때의 인간 완성의 신비를 교회가 보유하고 있다는 의미에서 '교회의 시기'로도 불리고 있다. 따라서 현재에 있어서 교회의 사명은 큰 것이다. 그러나 완전히 인간이 완성되는 것은 그리스도의 재림에서 실현된다.

기독교에서 종말론(Eschatology)은 다시금 신의 완전한 지배가 행해지고 그 가운데서 인간 · 자연 · 역사 · 우주가 완성되는 것을 주장하는 것이다. 따라서 이러한 종말 때의 인간완성론은 우리에게는 이해하기 어려운 가르침일지도 모른다. 왜냐하면 오랜 불교적 전통 가운데 살아 온 사람들에게 그리스도를 매개로 하여 가능케 된다는 간접적 · 매개적 사고를 친숙하게 하기는 쉽지 않기 때문이다.

알트하우스(P. Althaus, 1888~1966)는 기독교의 종말에 대해 종말이란 인간의 힘으로는 막을 수 없는 힘에서 절대적으로 일어나는 '최후의 일'이며 그것은 그리스도의 재림에서 명확하게 된다. 우리는 '현재,' 그 최후의 것을 '신앙에 의해' 교회 안에서 만날 수가 있다. 즉 신앙을 가진 사람은 여기에서 현재 이미 영생을 가지고 있다는 것이다.

ⓐ 인간완성의 희망 예수 그리스도의 은혜는 큰 힘이다. 그러므로 "아들을 믿는 사람은 심판을 받지 않는다. 그러나 믿지 않는 사람은 이미 심판을 받았다. 그것은 하나님의 독생자의 이름을 믿지 않았기 때문이다" [「요한복음」, 3:18]. 따라서 여기에서 그리스도와 관계하는 사람은 이미 영생으로 심판되고 있다는 인간관이다. 이것을 신학적으로 표현하자면 현재적 종말론(realized eschatology)의 범주에 속하는 해석이다. 그러나 그리스도의 재림이 아직 현실이 아닌 현재, 인간 완성의 정점인 영생은 완전히 우리의 것이 되고 있지 않다. 지금은 오히려 "여러분은 이미 죽었고 여러분의 생명은 그리스도와 함께 하나님 안에 감추어져 있습니다."[『골로새서』(Colossians), 3:3] 라고 언급되고 있는 상태로 인간은 현실적으로는 여전히 죄와 죽음에 지배되고 있다. 바울은 나아가 "여러분 가운데서 선한 일을 시작하신 분이 그리스도 예수의 날까지 그 일을 완성하실 것입니다. 나는 이것을 확신합니다."[『빌립보서』(Philippians), 1:6] 라고 말하고 있다. 여기에서 구체적으로 '완성'이란 영생으로 약속된 '죽은 자들로부터의 부활'을 의미한다.

부활의 문제에 대해 바울은 다음과 같이 논의하고 있다. 즉 "죽은 사람이 어떻게 살아나며 어떤 몸으로 옵니까?"[「고린도전서」, 15:35] 라는 물음에 대해 "모든 살이 똑같은 살은 아닙니다. 사람의 살도 있고 짐승의 살도 있고 새의 살도 있고 물고기의 살도 있습니다. 하늘에 속한 몸도 있고 땅에 속한 몸도 있습니다. 하늘에 속한 몸들의 영광과 땅에 속한 몸들의 영광이 저마다 다릅니다. 해의 영광이 다르고 달의 영광이 다르고 별들의 영광이 다릅니다. 별마다 영광이 다릅니다. 죽은 사람들의 부활도 이와 같습니다. 썩는 것으로 심는데 썩지 않을 것으로 살아납니다. 비천한 것으로 심는데 영광스러운 것으로 살아납니다. 약한 것으로 심는데 강한 것으로 살아납니다. 자연의 몸으로 심는데 신령한 몸으로 살아납니다. 자연의 몸이 있으면 신령한 몸도 있습니다."[「고린도전서」, 15:39~44] 라고 논증하고 있다.

ⓑ 역사에서의 희망 니버(R. Niebuhr, 1892~1971)는 신앙에 있어 우리 인간이 종말을 향해 나아가고 있는 것과 마찬가지로 역사가 그 종국(finis)과 목적(telos)을 향해 나아가고 있다고 말한다. 그가 말한 것처럼 역사가 단순히 종국에 불과한 것이라면 인간의 역사적 삶에서 신앙이나 윤리적 노력은 공허한 것이 된다. 그러나 니버가 말한 것처럼 역사는 종국을 향해 있음과 동시에 목적을 향해 변증법적으로 서로 진행하고 있다. 역사 그 자체는 예수 그리스도에게서 나타나고 있는 신의 의지와 반역하는 움직임을 항상 취하고 있다. 인간의 역사는 보기에 따라서는 개인으로부터 국가에 이르기까지 부정과 불의 및 악마적인 힘들에 지배되고 있는 것처럼 생각되고 또한 일시적이나마 악마적인 힘이 승리를 거두는 경우가 많은 것도 사실이다. 그리고 이 역사 가운데는 실로 많은 큰 일이 일어나 인간을 반성케 하는데 전체적으로 보아 신의 의지대로 전진하고 있지 않는 것처럼 여겨진다.

그러나 그리스도가 재림할 때에는 "그리스도께서 모든 통치와 권위와 권력을 폐하시고 그 나라를 하나님 아버지께 바치실 것이다"[「고린도전서」, 15:24]. 즉 죄악·부정과 불의·악마적인 것은 모두 멸하도록 운명지어져 있다. 그리스도의 재림은 실로 역사의 종국이며 목적이다. 이상의 논의로부터 알 수 있는 것처럼 역사의 완성은 시대를 따라 진보 · 향상된다는 형태를 취하지 않고 오히려 격렬한 최종적 투쟁을 거쳐 이루어지는 것이다.

한마디로 재림신앙은 만물의 부흥 · 우주의 개조(改造) · 성도의 부활 · 정의의 승리 · 최후의 심판 · 신의 통치의 실현이며 이것들이 곧 우리의 희망인 것이다. 이것을 요약하면 첫째로 정의의 최종적 승리, 둘째로 죽음의 극복과 영생의 획득, 셋째로 자연 및 육체의 구원이다. "보아라, 내가 곧 가겠다. 나는 너희 각 사람에게 그 행위대로 갚아 주려고 상을 가지고 가겠다."[『요한계시록』, 22:12]고 예수는 말하였다. 따라서 이 세상에서 정의가 실현되지 못하고 인류가 타락으로 치달으며 불의가 횡행하는 것처럼 보이더라도 실망할 필요가 없는 것이다. 신의 완전지배의 때를 대망하기만 한다면.

인간의 완성이라는 것에 초점을 맞추어 인간론의 측면에서 기독교 신앙을 볼 때 신은 자신이 창조한 인간을 죄와 죽음으로부터 해방하고 나아가 완성시켜야 할 이유, 자연과 세계까지도 완성시켜야 할 이유가 충분히 존재한다. 그러나 이 일은 신앙이라는 파이프를 통해서만 이해하고 승인하고 믿을 수가 있는 것이다. 인간완성의 극치, 즉 최종적 신의 지배에 대해 사도 요한은 "나는 새 하늘과 새 땅을 보았습니다. 이전의 하늘과 이전의 땅이 사라지고 바다도 없어졌습니다."[『요한계시록』, 21:1] 라는 계시를 받고 있다. 그리고 신국의 상황을 "보아라, 하나님의 집이 사람들 가운데 있다. 하나님께서 그들과 함께 계실 것이요 그들은 하나님의 백성이 될 것이다. 그들의 눈에서 모든 눈물을 닦아주실 것이니 다시는 죽음이 없고 슬픔도 울부짖음도 고통도 없을 것이다. 이전 것들이 다 사라져 버렸기 때문이다."[『요한계시록』, 21:3~4] 라고 기록하고 있다. 그리고 그 새로운 신국에는 "속된 것은 무엇이나 그 도시에 들어가지 못하고 가증한 일과 거짓을 행하는 자도 절대로 거기에 들어가지 못합니다. 다만 어린양의 생명책에 기록되어 있는 사람들만이 들어갈 수 있습니다."[『요한 계시록』, 21:27] 라고 말하고 있는 것으로 보아서도 무조건적으로 모든 인간이 구원되어 다시 완성되는 것은 아님을 알 수 있다.

이로부터 신에 의한 인간의 창조 → 타락 → 계약 → 예수 그리스도의 대속 → 부활 → 승천 → 재림 → 최후의 심판 → 성도의 부활 → 영생이라는 과정을 통해 인간이 완성된다는 기독교 인간관이 성립하는 것이다.

◆ 생각하기 ································

1. 기독교의 인간관과 불교·유교의 인간관은 어떤 공통점과 차이점이 있는가? 기독교의 인간관 중에서 동양인들이 수용하기 어려운 요소는 무엇인가?
2. 기독교에서 구원의 범위는 모든 사람에게 미치는 '보편구원'인가 아니면 선택적인 '개별구원'인가?

불교의 인간관

불교는 다른 종교와 달리 인간의 문제를 인간 자체의 입장에서 해결하고자 한다. 불교는 초월자에 의해 주어진 도덕규범을 준수하려고 하기보다는 인간 자신의 심체(心體)에서 자연히 드러나는 의식의 능동적인 활동을 통해, 즉 인간의 자발적인 각성과 노력을 통해 본래적인 인간성을 회복하려고 하는 것이다. 이런 점에서 불교사상은 철저하게 인간중심적이라고 할 수 있다.

이처럼 불교의 인간관은 한 마디로 인간의 본성, 즉 본래부터 선천적으로 가진 성질을 회복하여 삶의 고뇌를 해탈하려는 데 그 중심성이 있다. 불교에서는 모든 인간이 불성(佛性)을 지닌 것으로 보고 있다. 그런데도 현실적으로 인간이 고통의 세계를 벗어날 수 없는 연기의 틀 속에 머무는 것은 무명(無明)이라는 무지에 의해 이를 깨닫지 못하기 때문이다. 그러므로 불교에서는 일체의 존재 현상을 연기(緣起)로 설명한다. 연기는 인간들이 가지고 있는 오류를 지적하고 그것을 통하여 참된 인간성을 발견하고자 하는 것이다.

무지란 탐욕이나 증오와 같은 그릇된 감정의 폐단을 아랑곳 하지 않고 그런 것에 빠져 있는 망상이다. 인간이 무지의 상태에 있다는 점은 우리가 현실을 냉철하게 응시하고 반성함으로써 납득할 수 있는 사실이다. 이 사실을 인정 할 때 무지는 인간이 스스로 짊어진 멍에이며 자신의 수행을 통해 자력으로 제거 할 수 있는 것으로 이해된다. 바로 여기에 불교 특유의 인간관이 있다. 인간이 무명으로 인해 촉발된 이러한 고뇌로부터 깨어나려면 우선 삼법인(三法印)을 알아야 한다. 즉 제행무상(諸行無常)・제법무아(諸法無我)・열반적정(涅槃寂靜)이 그것이다.

제행무상에서 제행이란 일체의 만들어진 것, 다시 말하면 물질적 정신적인 모든 현상을 가리킨다. 무상은 항상됨이 없이 변화하고 변천한다는 말이다. 결국 제행무상은 모든 현상은 변화무상해서 세상에는 고요히 상주하거나 영원불변한 사물이 없다는 말이다. 세간의 일체 사물과 현상은 영원히 생멸 변화하고 무시무종(無始無終)하다. 이러한 세계부정의 입장은 자연히 불교의 인간관에도 영향을 미친다.

제법무아는 모든 존재에는 고정 불변하는 실체적인 아(我), 즉 주재자가 없다는 의미이다. 모든 존재는 비실체적인 여러 가지 요소로 이루어져서 시시각각으로 변하면서 존재하는 것이기 때문에 그 속에 고정 불변한 실체적인 '아'가 없다는 것은 당연한 것이다. 불교는 인간이 고정불변한 본성이 없다는 데서부터 출발한다. 인간존재는 오온(五蘊)의 집합체에 불과하다. 즉 지수화풍(地水火風)으로 구성된 물질적 육체인 색(色)에 느낌(受)·생각(想)·작용(行)·식별(識)의 네 가지를 더하여 오온이라고 한다. 이러한 오온을 구성하고 있는 여덟 가지 요소가 인연을 다해 흩어지게 되면 자연적으로 영구불변한 실체로서의 아는 존재하지 않게 되고 결국은 무아가 되어버린다. 여기에서 결국 인생이란 무엇인가 라는 질문이 생기고 불교는 바로 이러한 덧없는 인생의 존재에 대해 답변하려고 한다.

열반적정은 긍정형식으로 논술되고 있다. 열반은 '불어서 끄다'는 말에서 나온 것으로 탐욕(貪)·분노(瞋)·어리석음(癡) 등 번뇌의 불을 끈 상태를 말한다. 열반의 상태는 번뇌를 멀리 떠나고 상(相)에 대한 얽매임을 끊으며 고요하고 괴로움이 없이 편안한 것으로 이를 적정이라고 표현한 것이다. 이것을 현대적으로 표현하면 최상의 행복을 의미하는 것이라고 할 수 있다. 열반은 불교에서 추구하는 궁극적 목적이자 최고의 이상이다. 불교의 모든 가르침은 결국 이 열반을 얻기 위한 것이다.

육체적인 것(色)과 정신적인 것(受·想·行·識)을 아라고 할 수 없다면 불교의 인간관에서 무엇이 진정한 아, 즉 진아(眞我)인가? 불교의 근본주제는 마음에 있다. 어떤 의미에서 마음(心)의 진정한 의미를 깨닫는 것이 불교의 처음이자 끝이다. 불교의 사상은 진아를 색계에 근거하지 않은 본래적인 심체(心體)의 회복에서 찾으려고 한다. 이것은 거짓된 나, 즉 가아(假我)를 버리고 진아를 회복하는 것을 말하는데 이 과정을 이해하기 위해서는 먼저 가아라 무엇인지를 알아야만 한다. 가아는 오온으로 구성된 것을 진아라고 오인하여 거기에 집착하는 것을 의미하기도 하고 중생심(衆生心)으로 뒤덮인 아를 말하기도 한다. 중생심은 실상을 제대로 파악하지 못하고 인연화합에서 생겨난 허상을 마치 그것이 참으로 존재하는 것처럼 여겨 집착하는 마음을 말한다. 따라서 이런 허상들을 먼저 부정하는 것이 진아를 찾는 일차적인 과제이다.

이 같은 허상들을 끊어버리는 것을 불교에서는 공화(空化)라고 한다. 인간관과 연관하여 공 사상을 이해하기 위해서는 상(相)에 대해 이해할 필요가 있다. 색은 마음과는 달리 물질적 속성을 지니는, 즉 일정한 형태를 갖는 대상세계인 반면에 상은 이 대상세계와 관련하여 마음속에서 일어나는 속성을 지닌다. 그러므로 상은 구체적 형상을 지니고 있는 색과 달리 마음속에서 일어나는 어떤 것이기 때문에 매우 은밀하고 무형상적·무규정적이다. 불교에서는 상의 이러한 속성 때문에 색에 대한 집착은 쉽게 끊을 수 있어도 상에 대한 집착은 끊기 어렵다고 말한다. 왜냐하면 색을 받아들이지 않았다 하더라도 색을 통해 형성된 상은 그대로 마음속에 머무르고 있어 색에 대한 집착이 없어졌다고 할 수 없기 때문이다.

불교에서 진아는 결국 이러한 색과 상에 대한 모든 집착을 끊어버리는 공화를 통해 발견된다고 할 수 있다. 이를 위해 마음을 맑게 하여 진정한 나를 회복하는 선(禪)이라는 독특한 방편을 사용한다. 참선을 통해 본래면목(本來面目)으로서의 마음을 얻고자 하는데 이러한 본래적인 심체를 말할 때 흔히 불교는 모든 세계가 한 마음에서 벌어진 것이라는 의미의 일심법계(一心法界)라는 말을 쓴다. 인간이 본래면목의 심체를 회복하여 이러한 일심법계에 도달하는 것은 불교에 의하면 수행이나 인연을 닦지 않고 하루아침에 이루어지는 것이 아니다. 불위(佛位)의 성취는 큰 뜻을 품은 긴 수행의 과정을 통해서만 이루어진다.

사실 불교의 세계에서 인간의 위상은 윤회의 양태를 보면 알 수 있다.

인간이 물론 최고의 위치를 차지하고 있지는 않다. 육도(六道)로 불리는 윤회의 여섯 가지 양태는 지옥(地獄)·아귀(餓鬼)·축생(畜生)·아수라(阿修羅)·인간(人間)·천(天)이라는 중생 세계이다. 낮은 단계에서 높은 단계로 배열한 이 양태에서 인간은 천보다 낮은 단계에 위치한다. 천이란 천상세계에 사는 신과 같은 존재이며 해탈하지 못한 인간, 즉 부처가 되지 못한 인간이 얻을 수 있는 최상의 상태이다.

이러한 윤회의 양태로 보면 중생은 인간으로 태어나서야 천상세계로 가거나 붓다(Buddha)가 될 수 있다. 인간이 존귀하고 인간으로 태어난 것은 큰 행운인 이유가 여기에 있다. 모든 중생에 대한 자비를 중시하는 불교에서는 인간이 최고의 생명체라는 생각을 애써 내세우려 하지 않는다. 그러나 인간의 몸을 받기는 어렵다고 말하여 인간으로 태어난다는 것이 매우 희귀한 일이라는 점을 강조한다. 인간으로 태어나는 것은 희귀한 행운이지만 이 행운은 결코 우연이 아니라는 것이 불교의 가르침이다.

지금까지의 논의를 통해 우선 불교는 인간과 세계를 기본적으로 부정적 입장에서 보고 있음을 알 수 있다. 이 때문에 인간과 세계의 허상들을 끊어버리고 부정할 것을 주장했던 것이다. 그러나 다른 한편으로 인간은 자신을 스스로 구제할 수 있는 능력을 지닌 존재로 보고 있다. 인간은 고통이 결국 자기 자신에서 유래 한다는 사실을 인정하고 그 궁극적 원인이 무지라고 깨달을 때 스스로 무지에서 벗어나고자 노력한다.

인간은 자신의 문제를 스스로 해결하는 능력을 지니고 있는데 이 능력은 인간의 순수한 본성을 깨닫는데서 발휘된다. 대승불교는 인간이 지닌 이 능력을 불성 또는 여래장(如來藏)으로 파악한다. 불성이나 여래장은 한 마디로 말해서 무지를 극복하는 본래의 능력이다. 인간 스스로의 노력으로 열반에 이를 수도 있고 붓다가 될 수도 있다고 생각하는 점에서 보면 불교는 낙천적인 인간관을 가지고 있다고 볼 수도 있다.

◆ 생각하기 ································

1. 타 종교도 불교처럼 진아(眞我)와 가아(假我)를 대립시키는 구조를 가지고 있는가?
2. 불교의 인간관에 따르면 눈앞에 있는 현재의 우리는 허상이 아닌가?

유교의 인간관 유교의 인간관은 인간관계의 적절한 여러 원리들을 도출하여 사회의 안정을 도모하는데 그 주안점이 있다고 볼 수 있는데 그것은 바로 공자(孔子, BC 552~479)의 사고방식이기도 하다. 그렇다면 공자가 주장한 핵심은 무엇이었던가?

그 핵심사상은 인(仁)이었다. 인은 무엇인가? 사람이 마땅히 갖추어야 할 덕(德)을 말함이다. 더욱 쉬운 말로 하면 사람이면 누구나 간직해야 할 정신적인 자세를 말함이다. 공자는 사회가 혼란한 까닭은 사람들이 모두 사람다운 자세를 가지지 못하기 때문이라고 생각하였다. 만약 모든 사람들이 각기 사람다운 자세를 가지고 서로 어울리게 되면 인간사회는 질서 있는 사회가 된다고 생각한 것이다. 그 사람다움의 내용을 공자는 인이라는 말로 표현하였다. 그러므로 공자의 사상은 한 마디로 표현하면 바람직한 인간상의 확립이라고 할 수 있다. 인간이 과연 무엇인가? 그리고 인간은 어떻게 행동해야 참으로 인간다운 인간 구실을 할 수 있는가? 우리는 이것을 알지 못한다. 그런데 공자는 인이라는 인간상을 내걸어 만인에게 인간은 이러해야 한다고 분명하게 가르쳐 주었다. 여기에 공자의 위대성이 있다.

공자는 사람들이 서로 원활하게 지내지 못하는 이유는 각기 자기 욕심대로 하고 싶기 때문이라고 생각하였다. 그러므로 제자인 안회(顔回, BC 521~490)가 공자에게 인간다운 자세, 즉 인이 무엇인가를 물었을 때 "자기 하고 싶은 대로의 욕심을 억누르고 이치대로 행동하면 된다."고 하였다. 또 공자는 사람이 남들과 잘 어울릴 수 있는 방법으로서 다음과 같이 가르쳤다. "남이 내게 행하는 것이 내 마음에 들지 않거든 그런 방식으로 남에게 대하지 말라."고 하기도 하고 이를 좀 더 적극적으로 표현하여 "내가 서고 싶은 자리이거든 남을 그 자리에 세워 주고 내가 그렇게 되고 싶거든 남을 그렇게 되게 해 주라."고 하였다.

이에 대한 그 구체적 실천방안으로 공자는 부자유친(父子有親) · 군신유의(君臣有義)·부부유별(夫婦有別)·장유유서(長幼有序)·붕우유신(朋友有信)의 오륜(五倫)과 인의예지신(仁義禮智信) 오상(五常)을 들고 있다. 오륜은 부모와 자녀·임금과 신하·남편과 아내·어른과 아이 그리고 벗 사이에 화(和)와 질서가 성립되면 사회는 안정되고 평화가 온다는 주장이다. 공자는 이러한 분위기가 사회전반에 확산되고 정착되려면 오상이 일상화되어야 한다고 주장한다.

이러한 공자의 사상을 계승한 맹자(孟子, BC 372~289)에 의하면 인간에게는 오관과 감각적 욕구라는 일차적 욕구도 있지만 그 이외에 이차적인 문화적·도덕적 욕구가 있다. 그는 인과 의를 모두 내재적 도덕성으로 파악하고 이들을 인간의 본성에 갖추어진 것으로서 자연히 외부로 발산하도록 되어 있다고 생각하였다. 이러한 내면적인 본성의 선(善) 때문에 맹자는 인간의 본성이 선천적으로 선하다고 보았다.

그렇다면 사람이 이러한 선한 본성을 타고났음을 어떻게 증명할 수 있는가? 『맹자』, 「공손추」(公孫丑) 장구에서 맹자는 인간이 본능적으로 측은(惻隱, 다른 사람의 불행을 불쌍히 여김)·수오(羞惡, 악한 일을 부끄러워하고 미워함)·사양(辭讓, 양보하는 마음)·시비(是非, 일의 옳고 그름을 판단함)라는 네 가지의 정(情)을 갖추고 있다고 말한다.

> 사람이 다 사람에게 차마 못하는 마음이 있다고 하는 것은, 지금 어떤 사람이 어린아이가 우물에 빠지려는 것을 본다면, 누구나 놀라며 측은히 여기는 마음을 갖게 될 것이다. … 이것으로 보아 측은한 마음이 없으면 사람이 아니요, 부끄러워하고 미워하는 마음이 없으면 사람이 아니요, 사양하는 마음이 없으면 사람이 아니요, 옳고 그름의 마음이 없으면 사람이 아니다. 곧 측은한 마음은 인(仁)의 실마리요, 부끄러워하고 미워하는 마음은 의(義)의 실마리요, 사양하는 마음은 례(禮)의 실마리요, 옳고 그름을 가리는 마음은 지(智)의 실마리다. 사람이 이 사단(四端)을 가진 것은 마치 사지(四肢)를 가진 것과 같다.

이 네 가지의 정(情)을 기르면 각각 인(仁)・의(義)・예(禮)・지(智) 라는 네 가지 덕이 되어 완성된다고 한다. 따라서 인간은 본능적・생득적으로 선하게 될 가능성을 갖추고 있는 것이 되고 그 본성은 선이 된다. 사람은 누구나 나면서부터 이 보배로운 본성을 타고났으면서도 그 보배로움을 알지 못하고 육신적인 욕망에 이끌리어 함부로 행동하기 마련이다. 맹자는 이 점을 지극히 안타까워하였다. 맹자는 말하기를 "집에 기르는 강아지나 병아리가 해가 저물어도 돌아오지 아니하면 온 동리가 소란스럽게 찾아다니면서도 막상 제 보배로운 본성을 잃어버리고서는 이를 찾으려 하지 아니하니 참으로 슬픈 일이다." 라고 탄식하였다. 그러므로 맹자의 사상은 보배로운 본성을 되찾고 이를 크게 드러내는 일이 중심사상이다.

이와 같이 사람이 비록 배우지 아니하고도 알 수 있고(良知) 행할 수 있는(良能) 본성을 가지고 태어났다 할지라도 어떻게 하면 이 본성을 온전히 발휘할 수 있을 것인가? 이를 위해서는 응분의 노력이 있어야 한다. 맹자는 주장하기를 이 본래의 마음을 놓치지 말고 내 몸에 간직해 있어야 한다(存心)고 하였다. 마음을 꾸준히 간직해 있으면 그 가운데서 본성이 점차 드러나게 된다(養性)고 하였다. 맹자는 마음을 간직하는 방법을 설명하기를 너무 서둘러도 안 되고 너무 소홀히 해도 안 되고 또 억지로 하려고 애써도 안 된다고 하였다. 생명이 자라나듯 자연스럽게 마음을 보듬어 간직해야 한다고 가르쳤다. 이 마음 간직하기를 온전히 하고 그 마음 쓰기를 극진히 하면 자연히 그 마음속에 깃든 본성이 어떤 것인가를 알게 된다고 하였다.

사람은 서로 공통성이 있으므로 나의 본성을 온전히 알게 되면 따라서 남의 본성도 알게 된다는 것이다. 그리고 이 우주 간에 생겨난 만물은 다같이 우주의 이법을 타고 난 것이므로 인간의 본성을 알게 되면 그를 미루어 만물의 본성을 알 수도 있다는 것이다. 만물의 본성이 어떠한 것인가를 알게 되면 마침내 우주(天)의 본질이 무엇인가를 알게 된다는 것이다.

한 인간으로 태어나서 제 본성을 꿰뚫어 알고 나아가서 만물의 본성을 꿰뚫어 보고 그리하여 마침내 대우주와 합일될 수 있는 경지(天人合一)를 맹자는 제시해 주었던 것이다.

그렇다면 그 본성이 선해야 할 인간이 종종 악한 일을 하는 것은 무엇 때문인가? 그것은 인간이 처해 있는 환경 때문이다. 예를 들면 흉년에 도둑이 기승을 부리는 현상이 생기는데 이것은 배고픔이라는 환경이 본성이 선한 인간을 악하게 만드는 증거이다. 경제적인 조건까지 잘 해 놓으면 인간은 자연적으로 선량해질 것이다. 이것은 근대사회주의의 견해와 유사한 면이 있어서 이러한 입장을 취하는 사람들은 암암리에 맹자 식의 성선설(性善說)을 전제로 하고 있다고 말할 수 있다.

그러나 문제가 되는 것은 아무리 외부의 환경 때문이라고는 해도 환경에 따라 악하게 된다면 결국 인간성 안에 악으로의 성향이 존재하는 것이 될 것이다. 왜냐하면 만약 인간이 악으로의 성향을 전혀 갖고 있지 않다면 어떠한 환경에 놓이더라도 악한 행동을 하지는 않을 것이기 때문이다. 이 곤란한 물음에 대한 해답을 불행히도 맹자로부터는 들을 수 없다. 즉 맹자의 성선설로는 악의 기원을 충분히 설명할 수가 없는 것이다.

성선설을 주장한 맹자와는 달리 인간의 본성은 본래부터 악하다고 보고 성악설(性惡說)을 주장한 사람은 순자(荀子, BC 315~236)이다. 순자에 의하면 자연 그대로의 인간은 무한한 욕망을 가진 존재이다. 만약 이것을 방임해 두면 인간간의 욕망이 서로 충돌하고 사회는 큰 혼란에 빠진다. 그리하여 고대의 군주, 즉 선왕(先王)은 이 혼란을 건지기 위해 그 사람의 신분에 상응하는 욕망의 분수를 정하였다. 이 분수를 정하는 것이 바로 예이다. 예는 신분의 차별을 규정함과 동시에 그 신분에 따른 권리·의무를 규정하는 것이다. 이 예를 지킴으로써 사회는 비로소 안정된 질서를 유지할 수가 있는 것이다. 이 예가 선왕의 인위로부터 생겼다는 순자의 주장에서 중요한 결과가 생긴다. 그것은 자연보다도 인위를 존중하고 인위를 자연보다도 우위에 둔다는 순자 특유의 사상이 생겼다는 것이다. 이 인위 우위의 사고방식은 그의 일관적인 사상으로 성악설의 토대가 되고 있다.

자연 그대로의 인간은 무한한 욕망을 가진다. 만약 이 욕망을 방임해 두면 타인의 욕망과의 충돌을 초래하게 되고 사회는 혼란에 빠질 것이다. 이로부터도 알 수 있는 것처럼 인간의 자연적인 본성을 방임하면 반드시 악으로 향하는 것이다. 인간의 본성은 악인 것이다. 이 본성이 악한 인간을 선으로 인도하기 위해서는 의식적인 작위·인위에 의해서 이것을 조절할 필요가 있다. 선왕이 예를 창작하여 민의 욕망을 조절했던 것은 바로 인위에 의해서 자연을 제어한 것이다.

성선설을 제창한 맹자는 "인간이 학문 수양을 하려고 하는 마음을 가진 것은 그 성이 선한 증거이다."라고 말했는데 이것은 성(性)과 위(僞)를 알지 못한 것에서 나온 잘못이다. 성이란 천(天)으로부터 자연에게 제공된 것이며 배운다는 의식적인 작위를 필요로 하지 않는 것이다. 이에 대해서 '위'란 인위이며 학문과 수양 등 노력을 필요로 하는 것은 모두 '위'에 속한다. 만약 인간의 본성이 선하다면 학문과 수양 등의 '위'는 불필요하게 되지 않겠는가? 학문 수양이 필요하다는 것은 바로 인간의 본성이 악하기 때문이다.

또한 맹자는 "인간의 본성은 선한데 외부의 환경과 조건에 따라서 그 본성을 잃고 그 결과로서 악을 행하는 것이다." 라고 말한다. 이것 또한 잘못이다. 원래 자연의 성은 외부의 환경에 의해서 상실되거나 하는 것이 아니다. 예를 들면 눈과 귀의 자연적인 작용은 어떠한 환경에 놓여도 상실될 수 없다. 환경에 따라 악한 일을 한다는 것은 그 잠재적인 본성의 악이 표면으로 떠오른 것이다.

이상이 『순자』의 「성악편」(性惡篇)에 보이는 성악설의 윤곽이다. 이것만을 보면 순자의 성악설이 일견 기독교의 원죄설과 유사한 것처럼 보이는데 사실은 그렇지 않다. 「성악편」에서는 맹자의 성악설과의 대결을 강하게 의식했기 때문에 자연히 성을 악으로서 규정했던 것이지 순자의 본의는 반드시 그렇지 않았다. 같은 책 「예론편」(禮論篇)이나 「정명편」(正名篇)을 보면 확실히 알 수 있다.

「예론편」에 의하면 자연적 본성은 가공되기 이전의 소재와 같은 것이며 이에 반해 인위는 이 소재를 가공하여 아름다운 물건으로 만든 것이다. 만약 인위의 가공이 없다면 자연적 본성은 아름다운 물건이 될 수 없는데 그러나 소재가 되는 성이 없다면 인위도 가할 수가 없다. 따라서 성과 인위가 합함으로써 비로소 태어난다고 말한다. 이 설에 의하면 성은 악이 아니라 가치중립적인 것이며 더욱이 인위(예)를 행하기 위해서는 필요불가결한 소재라는 것이 된다.

또한 「정명편」에서는 다음과 같이 논한다. 세간에 나라를 다스리기 위해서는 무욕(無慾)과 과욕(寡慾)이 필요하다고 설하는 자—노자(老子)—가 있다. 그러나 욕망은 하늘로부터 주어진 것이므로 없애거나 줄이는 것은 불가능할 뿐만 아니라 오히려 다욕(多慾)에 빠진다는 역효과를 초래한다. 대체로 욕망의 많고 적음은 개인의 성격에 기초하는 것으로 국가의 치세나 난세와는 무관하다. 정치에서 중요한 것은 욕망을 없애거나 줄이는 것이 아니라 욕망을 조절하는 것, 즉 절욕(節慾)이라고 말한다. 여기에서도 자연적인 욕망 그 자체를 악으로 여기는 것이 아니고 가치중립적으로 보고 있는 것이 명확하다.

따라서 순자의 성악설은 이것을 문자 그대로 이해해서는 안 되고 그 참된 의미는 자연적 본성이 선이 아니라 가치중립적인 것이며 이것을 조절하고 꾸미는 인위적인 예에 높은 가치를 인정하는 데 있다고 말할 수 있다. 이와 같이 순자의 성악설은 인간본성의 가치중립성을 주장했던 것으로 보이는데 그러나 그렇다고 하더라도 성선설이 아니었던 것은 확실하다.

여기에서 우리나라의 대표적인 유학자인 퇴계(退溪) 이황(李滉, (1501~70)의 인간관을 살펴보자. 퇴계의 인간관은 퇴계의 우주관과 밀접하게 관련되어 있다. 인간은 우주내의 존재이고 따라서 우주의 이법에서 벗어날 수 없기 때문이다. 그러면 퇴계는 우주의 근본원리를 어떻게 파악했던 것일까? 그는 『천명도설』(天命圖說) 제1절 '논천명지리'(論天命之理)에서 "천은 곧 리(理)인데 그 덕(德)에 네 가지가 있으니 원형이정(元亨利貞)이다." 라고 말하였다.

천은 여러 가지로 이해되나 한 마디로 표현하면 우주를 뜻한다고 할 수 있다. 따라서 퇴계는 우주의 근원을 리로 파악하였다. 그리고 이 리의 전개를 원형이정이라고 규정하고 그 덕을 다시 설명하기를 "원은 시작하는 리이고, 형은 형통하는 리이고, 이는 이루는 이이고, 정은 완성하는 리이다." 라고 하였다. 그러면 이 사덕(四德)은 어떻게 작용하는가? 그는 또 밝히기를 "이오(二五)가 유행하는 때에 있어서 네 가지가 항상 그 가운데 깃들어서 사물에 대하여 명하는 근원이 되는 것이니 이러므로 모든 사물이 음양오행의 기를 받아서 형체를 이룩할 때 모두 원형이정의 리를 간직하지 않음이 없는 것이다." 라고 하였다.

이에서 알 수 있듯이 퇴계는 우주의 근원적인 원리를 원형이정의 리로서 파악하고 그 리가 음양오행의 기와 어울려 유행한다고 생각했던 것이다. 주자철학을 흔히 이기이원론(理氣二元論)이라 하는데 주자를 받드는 퇴계도 우주의 근원을 이기로서 파악했던 것이다. 리는 만물에 법칙성을 부여하는 이법적 존재이고 기는 만물에 형기를 부여하는 질료적 존재로서 파악한 것이다.

그러면 이 리와 기는 어떠한 관계에 있는가? 이에 대하여 퇴계는 리와 기는 서로를 요구하는 존재(相須的)로서 서로 떠날 수 없는 관계(不相離)에 있다는 것이다. 제2절 '논음양지기'(論陰陽之氣)에서 "천지사이에는 리와 기가 있으니 리가 있게 되자 곧 기가 있게 되고 기가 있게 되자 곧

리가 따르게 된다."고 하였다. 이와 같이 리와 기는 서로 떠날 수 없는 상즉적(相卽的) 존재이나 그 본질에서는 판연히 구별되는 두 존재(不可雜)라고 보는 것이 퇴계의 이기관이다. 제2절 '논이기지분'(論理氣之分)에서 "리 외에 기가 없고 기 외에 리가 없으니 진실로 서로 떨어질 수 없는 것이나 그 본질에서는 서로 뒤섞여 구별이 없는 것은 아니다." 라고 하고 또 리와 기의 가치적 능력적인 면에 대하여 "리는 기의 장수이고 기는 리의 졸개" 라고 하여 리의 존귀성을 인정하였다.

퇴계의 이기관은 리기를 두 근원적인 실제로 보되 일반적으로 이기를 공존적이고 상즉적으로 보려는 혼륜간(渾淪看)에 국한되지 않고 그 본질상 이기는 판연히 구별되는 두 존재라고 보는 분개간(分開看)의 입장을 특히 강조하였고 또 기보다는 리를 존귀하게 보는 입장을 취하였다. 퇴계의 이기설의 입장을 주리설(主理說)이라고 하는 까닭도 여기에 있는 것이다.

그러면 퇴계의 이기철학은 그의 우주론에서 어떻게 적용되는 것일까? 앞에서 보았듯이 리는 원형지정의 사덕을 나타나고 기는 음양오행으로 나타나게 된다. 그런데 사덕과 오행이 어떻게 조합되는가? 제2절 '논오행지기'(論五行之氣)에서 "원이 시물(始物)의 리가 되면 목(木)의 기가 이를 이어 받아서 생하고 형이 통물(通物)의 리가 되면 화(火)의 기가 이를 받아서 자라게 되고 리가 수물(遂物)의 리가 되면 금(金)의 기가 이를 받아서 거두게 되고 정이 성물(成物)의 리가 되면 수(水)의 기가 이를 받아서 이를 갈무리하게 된다. 토(土)의 기는 사계절에 걸쳐 작용하게 된다. 이것이 천이 사덕과 오행을 갖추어서 그 도를 이룩하는 원리이다." 라고 하였다. 이상이 퇴계가 설명한 우주론의 대략이다.

이처럼 퇴계가 파악한 인간의 기본구조는 그의 우주론에 바탕하여 설명된다. 우주가 리와 기로 구성되듯이 사람도 리와 기로써 구성된다. 리는 사람의 본성이 되고 기는 사람의 육신을 구성한다. 그렇다면 사람의 본성은 구체적으로 어떠한 것인가? 제1절 '논천명지리'에서 "무릇 만물이 음양오행의 기를 받아 형체를 이룬 것은 모두 원형이정의 리로써 성으로 삼는다. 그 성에는 다섯 가지가 있으니 인의예지신이다. 그러므로 사덕과 오상이 상하로 한 리이니 천인의 분(分)에 간극(間隙)이 없는 것이다." 라고 하여 천지의 원형이정의 사덕이 인간에 부여되면 곧 인의예지신의 오상이 된다는 것이다. 그러므로 천지의 덕과 인간의 성은 한 리로써 일관된다는 것이다. 그리고 사람의 육신은 앞에서 보았듯이 음양오행의 기로써 구성된다는 것이다.

이와 같이 인간은 누구나 태어날 때 다 같이 천으로부터 인의예지의 리를 타고났는데 어찌하여 현실적으로 그 재능과 덕성에 있어서 엄청난 차별이 있는 것일까? 퇴계는 그 이유를 제9절 '논기질지품'(論氣質之稟)에서 이를 설명하고 있다. "사람과 만물이 생겨남에 있어 음양의 바른 기를 받은 것은 사람이 되고 음양의 편벽된 기를 받은 것은 인간 이외의 모든 존재가 된다. [···] 금수와 초목을 두고 말하면 금수는 편벽된 기 가운데서는 그래도 바른 기를 타고났고 초목은 편벽된 기 가운데서도 편벽된 것을 타고난 것이다." 라고 하였다. 퇴계는 이와 같은 차별성의 이론에 근거하여 인간의 차별성을 설명하였다.

퇴계는 인간을 상지(上智) · 중인(中人) · 하우(下愚)의 3등급으로 분류하여 차별성 이론을 적용하였다. 사람을 3등급으로 분류하는 것은 공자에서 비롯된 유학의 일반적인 분류방식이다. 퇴계는 이들 3등급의 차별이 생겨나는 이유를 설명하기를 "사람이 태어남에 있어 천에서 기를 받게 되는데 천의 기에는 맑은 기와 탁한 기가 있다. 그리고 기에서 질을 받게 되는데 질에는 순수한 것과 잡박한 것이 있다. 그러므로 맑은 기와 순수한 질을 타고 난 사람은 상지가 되는데 상지의 사람은 천리에 대하여 분명하게 알고 또 이를 철저하게 실천하여 천리와 완전히 합치하는 사람이다. 다음으로 맑은 기를 타고나기는 했으나 질을 잡박하게 타고났거나 기는 탁하게 타고났으나 질을 순수하게 타고난 사람은 중인이 되는데 중인은 천리에 대하여 앎은 충분하나 실천이 부족할 수 있고 앎은 부족하나 실천은 잘 할 수 있어서 천리와 합치하기도 하고 어긋나기도 하는 사람이다. 그리고 탁한 기와 잡박한 질을 타고난 사람인 하우는 천리에 대하여 알지도 못하고 실천하지도 못하여 천리에 아주 어그러지는 사람이다." 라고 하였다. 이것이 퇴계가 본 인간의 차별의 이유이다.

퇴계는 인간을 3등급으로 분류하였으나 그 분류가 고정불변의 차별성은 아니었다. 비록 훌륭한 기질을 타고났다고 할지라도 자칫하면 저속한 인간으로 전락할 수 있고 노력여하에 따라서는 얼마든지 높은 경지로 발전할 수 있는 가능성을 가졌다고 인정하였다. 천리를 바르게 알고 실천하는 것, 그것은 다름 아닌 도덕이다. 인간의 목적이 이 도덕의 실현에 있다고 한다면 퇴계의 인간관은 도덕적 인간관이라고 결론지을 수가 있다.

◆ 생각하기 ••••••••••••••••••••••••••••••

1. 인(仁)은 무엇으로부터 나온 덕목인가? 공자의 인간관에서 볼 때 인간이라고 할 수 없는 사람은 인간 사회를 떠난 사람 외에 어떤 사람을 들 수 있는가?
2. 공자는 '인생을 어떻게 올바르게 살아갈 것인가?' 라는 도덕론에 주로 관심을 갖고 있다. 따라서 유가는 '인생을 어떻게 하면 행복하게 살 것인가?' 라는 문제에 대해서는 관심이 부족하였다. 유가는 이러한 점에서 커다란 결함을 가지고 있다고 평가된다. 인간에게 올바르게 존재하고 싶다는 원망과 함께 행복하게 존재하고 싶다는 원망은 똑 같은 권리를 가져야 한다. 그러나 현실의 입장에서 본다면 이 양립은 불가능하다 할 수 있다. 그렇다면 바람직한 삶의 태도는 과연 어떠한 것인가?
3. 악의 기원을 설명할 수 없음에도 불구하고 왜 맹자는 성선설을 제창하고자 했던 것인가? 그 동기는 무엇인가?

4. 맹자 이전에 주(周)의 세석(世碩)이 이미 인성의 유선유악(有善有惡)을 말하였고 맹자 이후로는 순자의 성악설, 양웅(楊雄, BC 53~AD 18)의 성선악혼설(性善惡混說), 한유(韓愈, 768~824)의 성삼품설(性三品說)이 각각 다른 견해를 주장하여 논의의 일치를 보지 못했었는데 송대 이후 맹자의 성선설이 독존의 지위를 차지하게 된 이유가 무엇인가?
5. 맹자는 인간은 오직 의를 따라 살아야 하며 이익을 따라 살아서는 안 된다고 강조하고 있다. 그리하여 이익을 가장 많이 추구하는 상업을 가장 낮은 직업으로 평가하였다. 이러한 태도는 올바른 것인가?
6. 순자가 성선설을 부정했던 참된 이유는 무엇인가?
7. 퇴계와 율곡(栗谷) 이이(李珥, 1536~84)의 사상에 대한 광암(曠庵) 이벽(李檗, 1754~86)의 다음과 같은 평가를 논평해 보라. "이이의 구상은 세계를 멀찍이서 바라보는 행복한 입설이다. 그렇지만 세계를 가까이서 느끼는 실존의 현실은 그런 소극적 낙관론에 머물 수 없게 한다. 인간의 현실은 영혼(性靈)과 육신(形軀)이 갈등하는 처절한 갈등의 무대이다. 이황은 세계의 포괄적 구도 이전에 이 같은 절실한 삶의 현실을 문제 삼고 있다."

방법으로서의 윤리

윤리와 세계

올바른 것만이 선이다.
sola bona quae honesta.

Carl Ludwig, *Graf zu Hochenlohe.*

윤리와 도덕의 말뜻

윤리문제의 터전은 고립적 개인의 의식이 아니라 바로 사람과 사람과의 관계에 있다. 그러므로 윤리학은 인간의 학이다. 사람과 사람과의 관계가 문제가 아니라면 행위의 선악 · 의무 · 책임 · 덕도 참으로 해명되지 않는다. 하지만 우리는 이것을 가장 손쉽게 지금 여기서 우리가 문제로 삼고 있는 '윤리'라는 개념 자체에서 분명하게 할 수 있다.

윤리의 개념은 윤리(倫理)라는 말에 의해 표현되고 있다. 그런데 말은 인간이 만들어 낸 것 가운데서 가장 신기한 것 중의 하나이다. 어떠한 사람도 스스로 말을 만들어 내었다고 말하는 이는 없다. 그런데도 말은 그 누구에게나 자기의 말이다. 이와 같은 말의 성격은 말이 인간의 주체적 연관을 노에마적인 의미로 전환하는 용광로라고 하는 데 기인한다. 그것을 다른 말로 하면 의식 이전의 존재의 의식화이다. 그런데 이 존재는 어디까지나 대상적일 수 없는 주체적 현실임과 아울러 이미 실천적이고 행위적인 연관이다. 따라서 그것이 의식화될 경우 그것은 개인적 의식의 내용임에도 불구하고 개인적 존재만을 근원으로 하는 것이 아니라는 구조를 갖는다. 이러한 의미에서 말도 역시 인간의 주체적 존재의 한 표현이며 우리에게 주체적 존재로의 통로를 제공한다. 윤리의 개념을 명확히 하는 데 먼저 말을 실마리로 하는 것은 이러한 이유에 기인한 것이라 하겠다.

서양에서 윤리에 해당하는 영어의 ethics나 독일어의 Ethik은 원래 한 집단의 관습 · 습관 · 습속을 의미하는 고대 그리스어 에토스(ethos)에서 유래하여 객관적인 사회규범을 뜻하게 된 것이다. 그런데 동양의 경우는 어떠한가? 윤리의 '륜'(倫)은 글자의 뜻으로 볼 때 사람 인(亻)과 둥글 륜(侖) 자의 결합으로 생긴 것이다. 륜은 죽간으로 된 책(冊)과 그것을 덮은 글자, 즉 합(合)자에서 입 구(口)가 빠진 모양인 '모으다'는 의미를 드러내는 글자가 합성된 것이다. 그래서 륜은 '대나무 패를 가지런히 정리해 놓은 모습'을 나타낸다. 그런데 륜(倫)은 사람 인(亻) 변이 있으므로 '질서가 잘 잡힌 인간관계'를 의미한다. 동시에 륜은 '무리'를 뜻하는 류(類) · 배(輩) · 군(群)과도 통한다. 무리가 있으면 관습 · 습관 · 습속을 통해 자연스럽게 질서가 생겨나기 마련이다. 그래서 사실 '륜'자는 이미 그 자체로서 조리(條理) · 이법(理法)을 의미하고 있다. '리'(理)는 원래 '원리 · 조리 · 이법'을 뜻한다. 이미 그 자체로도 조리 · 이법을 의미하는 '륜'자 뒤에 하필 리 자가 붙은 것일까? 그것은 인간관계에 질서가 잡히고 조리가 있는 것을 강조한 것으로 볼 수 있다. 이렇게 해서 윤리는 <객관적인 사회규범으로서의 인륜(人倫)의 이법 · 원리>를 의미한다.

그렇다면 도덕(道德)이란 무엇인가? 도덕에 해당하는 영어의 morality나 독일어의 Moralität는 집단의 관습 · 습관 · 습속을 의미하는 고대 그리스어의 모레스(mores)에서 유래하였다. 따라서 객관적인 사회규범인 윤리와 거의 같은 뜻으로 쓰인다. 동양에서 말하는 도덕은 도에 중점이 놓일 경우와 덕에 중점이 놓일 경우에 의미가 약간 다르다.

먼저 도에 중점이 놓일 경우부터 보자. 흔히 도는 존재의 궁극적 원리(이치) · 법칙 · 사물의 본연의 모습 · 천지만물이 운행되는 길을 의미한다. 글자 뜻을 살펴보면 도는 '책받침'(辶)과 '머리 수'(首) 자를 합한 글자이다. 책받침은 '쉬엄쉬엄 갈' 착(辵)과 같은 글자이다. 다시 착은 위에 '십자로'를 나타내는 글자(╬)를 생략한 형태인 '터럭' 삼(彡)과 밑에 발을 의미하는 지(止) 자를 결합한 것이다. 따라서 도는 기본적으로 '머리를 돌려서 길을 걸어가는 것', '도로를 걷는다.'의 뜻이었다. 여기서 '도로 · 길'의 의미로 바뀌게 된다. 또 도는 리(理) · 통(通) · 유(由) · 언(言) · 치(治) · 술(術) 등의 뜻으로도 사용된다. 철학적으로는 『주역』(周易), 「계사전」(繫辭傳)의 '일음일양지위도'(一陰一陽之謂道)에서 나타나듯이 도는 존재하는 것의 원리나 이법이다. 천지자연의 이법은 하늘의 길 천도(天道)이며 그것을 계승하는 인간세계의 이법은 인간의 길 인도(人道)이다. 그런데 우리들이 걸어 다니는 길는 구체적으로 눈에 보인다. 하지만 천지자연이 운행되는 원리 · 이치인 도는 형이상(形而上)의 개념으로서 말로 표현하거나 느끼고 인식하는 것이 불가능하다. 결국 도덕에서 '도'에 중점이 놓일 경우에는 객관적인 사회규범으로서의 인륜의 이법 · 원리, 즉 윤리와 거의 같은 의미로 혼동되어 쓰인다.

이어서 덕에 중점이 놓일 경우를 보자. 덕의 옛 글자는 悳이다. 글자 뜻으로는 직(直)과 심(心)이 합성된 것이다. 즉 곧게(곧바로) 발휘되는 마음, 즉 곧은 마음을 의미한다. 물론 덕 자도 간다는 의미의 '조금 걸을' 척(彳)과 '곧을' 직(直) 그리고 '마음' 심(心) 자가 합성된 것이다.

그래서 덕은 곧게 나아갈 수 있는 마음의 능력을 말한다. 인간의 본성이 도에 따라 굴절됨이 없이 곧게 발휘 될 수 있는 능력을 뜻한다. 오경(五經) 중의 하나인 『예기』(禮記)를 보면 '덕은 얻는 것이다.'(德, 得也), '덕은 몸에서 얻은 것이다.'(德, 得於身也) 라고 말하고 있다. 이처럼 덕은 도를 몸에 품어 지니는 것, 도를 체득하고 체인하는 것을 말한다. 덕이 득의 관념과 결부됨으로써 이득 · 복의 관념과 관련되어 복과 덕은 하나로 합쳐진다는 이른바 복덕합일(福德合一)의 관념도 생겨난다.

『논어』의 「이인편」(里仁篇)에 나오는 '덕 있는 자는 외롭지 않고 반드시 더불어 줄 이웃이 있다.'(德不孤, 必有隣)는 표현도 이 한 예이다. 결국 덕에 중점이 놓일 경우에는 도를 구체적 현실에서 드러내려는 인간의 주체적 태도 내지 현실적 노력이 전면에 부각된다. 그러므로 이것은 앞서 설명한 대로 도덕이 '도'에 중점이 놓일 경우에 '객관적인 사회규범으로서의 인륜의 이법 · 원리'인 윤리와 거의 같은 의미로 쓰이는 것과는 내용이 조금 달라지게 된다.

이처럼 윤리와 도덕은 단순한 지식 습득의 문제도 맹목적인 실천의 문제도 아니다. 그것은 윤리 도덕적인 앎과 그 실천적 행위의 합일 · 통일에 의해서 드러나는 것이다. 윤은 '한 무리'를 의미함과 아울러 또한 인간존재의 일정한 행위적 연관의 방식을 의미한다. 그로 인해 윤은 인간존재에서 규정 · 형태, 즉 질서를 의미하게 된다. 그것이 '인간의 도'로 생각되는 것이다.

이와 같은 행위적 연관의 방식은 행위적 연관과 떨어져서 그 자체로 있는 것이 아니다. 그것은 어디까지나 인간의 행위방식으로 행위적 연관을 따라서만 존재한다. 그러나 동적인 인간존재가 끊임없이 되풀이하여 일정한 방식으로 실현되어 갈 때 우리는 언제나 나타나는 이러한 방식을 그것의 동적 존재의 지반에서 분리하여 파악할 수가 있다. 그것이 노에마적인 의미로 바뀐 윤 혹은 '오륜 · 오상'과 같은 것이다. 윤과 결합되어 있는 리라는 말은 이치 · 도리를 의미하며 주로 이상과 같은 행위의 방식, 질서를 강하게 표현하기 위하여 부가되었다. 따라서 윤리는 바로 인간의 공동적 존재가 그것으로써 나타내는 질서 · 도리이다. 바꾸어 말하면 윤리란 사회존재의 이법이다.

◆ 생각하기 ································

1. 그렇다면 윤리는 이미 실현된 것이어서 당위로서의 의미를 갖지 않는 것인가?
2. '윤리'와 '도덕'은 동의어로 사용할 수 있는 개념인가?

윤리와 윤리학

관습과 습속은 단지 성격의 육성 같은 개인적인 문제에 영향을 미치는 것만은 아니다. 습속은 무엇보다도 공동체에 속한 인간들의 행동방식을 규정하는 것으로 사회적인 것이다. 또한 여러 대에 걸쳐 형성되어 온 역사의 산물이기도 하다. 습속에는 공동체의 생활을 조율하는 다양한 예의범절이나 예식은 물론 관습·법률 등도 포함된다. 따라서 객관적으로 말하면 이 습속 안에는 그 사회를 이루고 있는 법칙이 숨어있다고 할 수 있다. 또한 주관적으로 말하면 습속 가운데는 사회를 살아가는 인간이 오랜 기간에 걸친 생활경험을 통해 획득한 생활의 지혜가 작용하고 있다고 할 수 있다. 이 사회생활을 성립시키는 법칙 혹은 이법이 윤리이며 이 윤리의 자각이 바로 도덕의식이다. 이와 같이 인간정신의 원초적인 단계에서는 개인의 도덕의식과 공동체의 이법으로서의 윤리는 습속의 세계와 밀접한 관계에 있다. 어원적으로 '도덕'과 '윤리'라는 말이 습속과 깊은 관계에 있는 것도 이유가 있는 것이다.

도덕·법률·습속 우리는 좋고 싫음에 관계없이 어떤 공동체의 구성원으로서 생활하고 있다. 공동체에는 반드시 그 공동체에 특유한 생활방식과 규칙이 있다. 그 원초적인 형태가 습속임은 앞서 말한 것과 같다. 공동체의 구성원은 이 습속에 따르지 않고는 공동체 가운데서 생활할 수가 없다. 이런 의미에서 습속은 우리에게 이미 위로부터 부과되어 있는 것이다. 그러나 습속은 이것을 부과하는 공동체 쪽에서나 부과되는 우리 쪽에서도 말하자면 무의식적으로 존재하고 있는 것이다. 습속에 세계에서는 사회와 개인의 구별이 아직 명확하지 않다. 양자는 일체를 이루고 있는 것인데 습속의 강제력은 매우 뿌리가 깊어 개인은 공동체 안에 있는 한 어떠한 이유에서도 그것에 반항할 수 없다. 이것은 다른 한편으로 개인이 어떤 저항도 없이 스스로 습속에 따르고 있는 것이기도 하다.

이렇게 무의식적으로 유지되고 있던 습속에 대해 개인이 비판적인 시각을 가질 때, 즉 사회와 개인의 구별이 생길 때 습속은 도덕과 법률(nomos)

로 분화된다. 우선 개인이 습속의 규칙을 자기 정신과의 내면적 연관에서 고찰하게 되었을 때 습속에서 도덕의 단계로 들어간다. 주어진 규칙에 앞서 자기의 부덕에 대한 반성 혹은 규칙 그 자체에 대한 회의 같은 윤리적인 고민이 생기는 것은 이 단계에서이다. 한편 이와 대응하여 사회의 발전도 자각적으로 사회의 존립을 확보하려는 단계로 나아간다. 여기에서 습속의 규칙 안에 있는 무의식적인 모순이 정리되고 습속은 체계적 · 정합적으로 순화된다. 습속은 이리하여 법률의 단계로 들어간다. 이런 한 도덕과 법률은 표리(表裏)를 이룬다. 하나는 내면적이고 다른 하나는 외면적이라는 차이는 있지만 똑같이 개인에 대해 행위의 원칙을 주는 것이다. 즉 양자는 사회가 그 질서와 존립을 위해 개인에게 부과하는 요구이다. 그리고 개인은 또한 그에 응함으로써 자기를 육성해 가는 것이다.

그러나 사회는 개인을 떠나서 존재할 수 없다. 도덕과 법률도 개인을 통해서만 실현되는 것이기 때문에 참되게 윤리적으로 살기 위해서는 단지 도덕과 법률에 맹종할 것이 아니라 그 의미내용을 반성할 필요가 있다. 사실 같은 사회규범이라 하더라도 시대의 변화와 함께 그 의미내용이 변할 수밖에 없다. 특히 시대의 변화가 급속하면 할수록 사회가 무엇을 요구하고 있고 이에 대한 개인의 태도는 어떠해야 하는가 라는 것에 관해 더한층 깊이 반성하고 진실로 필요하다면 새로운 사회규범을 수립할 결의를 가지는 것이 중요하다.

윤리학(Ethics) 이로써 윤리가 대강 어떠한 것인가는 명확해졌다고 할 수 있다. 윤리학은 바로 이 윤리, 즉 인륜의 이법의 이론적 자각 · 학문적 반성이다. 윤리는 인간관계의 이법이기 때문에 당연히 인간행위의 원리를 나타내는 것이다. 윤리학은 이런 의미에서 실천적인 것의 반성 · 실천의 이론이다.

그렇다면 이 윤리학은 일반적인 학문의 분류에서 어떠한 지위를 점하고 있는가? 학문 분류의 가장 고전적인 형태는 고대 스토아학파의 학문의 삼분법이다. 학문은 논리학 · 자연학 · 윤리학으로 나뉜다. 이 입장을 근대 철학의 입장에서 재정립한 것은 칸트이다. 그의 『도덕형이상학 원론』(*Grundlegung zur Metaphysik der Sitten*, 1785)은 스토아학파의 삼분법이 학문을 세 가지로 나눈 근거를 보여주고 있다. 그 근거는 형식적인 것과 실질적인 것의 구별, 또 하나는 순수한 것과 경험적인 것의 구별이다. 형식적이라는 것은 특정한 대상과 무관하게 사유일반의 보편적인 규칙을 취급한다는 의미이다.

그런 의미에서 형식적 철학은 '논리학'이다. 이에 반해 실질적이라는 것은 어떤 일정한 대상과 그 법칙을 취급한다는 의미인데 법칙은 자연의 법칙이거나 자유의 법칙이기 때문에 실질적 철학은 전자에 관한 '자연학'과 후자에 관한 '윤리학'으로 구분된다. 다음으로 순수한 것과 경험적인 것의 구별에서 보면 논리학은 보편적 · 필연적인 사유의 법칙을 다루는 것이기 때문에 경험적 부문을 가지는 것이 아니다. 사유의 법칙이 경험에 유래하는 것이라면 보편성과 필연성을 가질 수 없기 때문이다. 이에 반해 자연학과 윤리학에서는 순수한 선험적 부문과 경험적인 부문이 고찰된다. 그리하여 자연학은 자연 형이상학과 경험적 자연과학으로, 윤리학은 도덕 형이상학과 실천적 인간학으로 구분된다.

칸트의 이러한 삼분법은 고대의 삼분법을 되살려 윤리학을 자연에 관한 학문과 대립시켜 생각하는 것으로 매우 적절한 구분이다. 그러나 이 경우에도 논리학과 윤리학의 관계에 대해서는 충분한 설명이 없다. 논리학은 일정한 대상을 가지지 않지만 대상일반과는 관계를 가지며 그에 따라 대상과 전적으로 무관한 것은 아니기 때문에 윤리학과의 관계에서 여전히 문제가 남는다. 또한 19세기 이후가 되어 정신과학 · 문화과학 · 역사과학, 특히 사회과학 등의 과학들이 분화되고 발전해 왔는데 이 학문들과 윤리학의 관계도 고려해야만 할 것이다. 그러나 여기에서는 일단 칸트의 학문 분류에서 윤리학의 위치를 소개하는데 그치기로 한다.

윤리학의 특징 윤리학에 있어 무엇보다도 특징적인 것은 윤리학이 인간의 행위원리에 관한 반성이라는 것, 즉 실천의 이론이라는 것이다. 이 경우 실천이라고 할 때 그 실천에는 고찰하는 자 자신의 실천이 포함되고 있다. 자연학의 경우 학문의 대상(자연)은 고찰하는 자와 일단 다른 존재이다. 그런데 윤리학의 경우에는 고찰하는 자 자신이 고찰의 대상이기도 하다. 윤리학이라는 이론은 그 대상인 실천과 완전히 단절된 이론이 아니다. 고찰하는 자 자신이 그 이론에 따라서 실천할 수 없다면 윤리학 이론은 참된 의미에서 이론이라고 할 수 없다. 따라서 이론이 단지 이론에 그치지 않고 실천적인 의의를 가지고 있다. 말하자면 객관적인 이론이 주체적인 실천과 밀접히 결부되어 있다고 말해도 좋을 것이다. 이로부터 윤리학에 관한 다음과 같은 특성이 지적되는 것이다.

윤리학은 인륜의 이법의 학이다. 그런데 인륜의 이법은 항상 현실사회를 성립시키는 것으로 사회 안에서 생긴다. 이 이법을 파악하는 윤리학은 그런 의미에서 하나의 사실학이다. 그러나 이 사실은 단순한 사실에 그치지 않고 인간이 따라야 할 규범으로서의 사실이다. 그래서 사실을 파악하는 경우에도 주관적인 해석이 들어가기 쉽고 사실을 학문적으로 파악하는 입장에 서면서 실은 윤리학자 자신의 입장에서의 규범이 알게 모르게 투입되곤 하는 것이다. 따라서 윤리학은 단순히 존재하는 것에 대한 서술에 그치는 것이 아니고 개인이나 사회를 선도하려는 의도를 숨기고 있다. 말하자면 윤리학은 존재하는 과거의 유산으로서의 규범을 취급할 뿐만 아니라 미래에 대한 전망을 수립하는 것이기도 하다. 이것은 윤리학이 인륜의 이법의 '인식'을 지향할 뿐만 아니라 새로운 이법을 '창조'한다는 측면도 가지고 있음을 의미한다.

이법의 인식과 창조 중 어디에 역점을 두는가는 사실 그 윤리학이 어떠한 입장에서 당대 사회의 윤리적 과제를 파악하고 어떻게 그것에 응답하려고 하는가 라는 점과 밀접한 관계를 가지고 있다. 이런 의미에서 보면 윤리학은 어디까지나 역사적 · 상대적인 학문이다. 그리고 또한 인륜의 이법을 드러내어 인간이 어떻게 살아야 하는가에 답하는 윤리학이 이와 같이 역사적 · 상대적인 것은 인간이 끊임없이 사회 안에 있으면서도 사회 안에 매몰되지 않고 항상 사회의 중심인 자기를 <문제>로 삼아 인간존재의 의미를 물어왔음을 의미한다. 사회질서가 안정되고 사회가 번영하고 있을 때라면 사람들은 현 상황에 만족하고 현재의 윤리를 그대로 영원하다고 믿을 것이다. 그러나 일단 질서가 붕괴되고 사회불안이 증대되면 사람들은 새로운 윤리를 요구하게 될 것이다.

◆ 생각하기 ································

1. 덕 · 도덕 · 윤리 · 윤리학은 구체적으로 어떠한 관계를 가지고 있는가?
2. 우리 사회에서 윤리와 법이 왜 잘 지켜지지 않는지 다산(茶山) 정약용(丁若鏞, 1762~1836)의 『목민심서』(牧民心書)에 나오는 원목(原牧)을 읽고 토론해 보자.

백성을 위하여 목(牧)이 존재하는가, 백성이 목을 위해 태어났는가? 백성들은 곡식과 피륙을 내어 목을 섬기고 수레와 말을 내어 따르면서 목을 영송(迎送)하며 고혈(膏血)을 다하여 목을 살찌게 하니 백성들이 목을 위해서 태어난 것인가?

태고 시절에는 백성만이 있었을 뿐이니 어찌 목이 존재했겠는가? 백성들은 한가로이 마을을 이루어 모여 살았다. 그런데 그들 사이에 분쟁이 일어났을 때 이를 판결할 수 없었다. 이때 한 노인이 있어 공평한 말을 잘 하였기 때문에 그들은 그 노인에게 가서 판정을 받았고 모든 이웃 사람들도 판정에 복종하였다. 그리하여 그들은 노인을 추대하여 **이정**(里正)이라고 불렀다. 역시 몇 개의 리 사이에 분쟁이 일어나 해결하지 못하고 있을 때 한 노인이 어질고 덕이 있었기 때문에 모두 그에게 가서 판정을 받고 복종하였다. 그리하여 함께 그를 추대하여 당정(黨正)이라고 불렀다. 역시 몇 개의 당 사이에 분쟁이 일어나 해결하지 못하고 있을 때 한 노인이 어질고 덕이 있었기 때문에 모두 그에게 가서 판정을 받고 복종하였다. 그리하여 그를 추대하여 주장(州長)이라고 불렀다.

이와 마찬가지로 몇 개의 주의 주장들이 한 사람을 추대하여 우두머리로 삼아 국군(國君)이라 하고 여러 국군들이 한 사람을 추대하여 우두머리로 삼아 방백(方伯)이라 하며 사방의 방백들이 한 사람을 추대하여 가장 높은 우두머리로 삼아 황왕(皇王)이라 불렀다. 그러므로 황왕의 근본은 이정에서 나온 것이다. 한편 이정은 백성들의 희망을 좇아 법을 제정하여 당정에게 올리고 당정은 백성들의 여망을 좇아 법을 제정하여 주장에게 올렸다. 역시 주장은 이를 국군에게 올렸으며 국군은 다시 황왕에게 올렸다. 그러므로 그 법은 모두 백성을 편안하게 하는 것이다.

그런데 후세에는 어느 한 사람이 스스로 황제가 되어 자기의 자제와 종복들을 제후(諸侯)로 삼고 제후는 자기 심복을 뽑아 주장을 삼으며 주장 역시 자기 심복을 가려 당정·이정으로 삼았다. 그러므로 황제는 자기 욕망을 좇아 법을 제정하여 제후에게 내리고 제후는 다시 자신의 욕망대로 법을 제정하여 주장에게 내린다. 이와 같이 주장은 당정에게 당정은 다시 이정에게 내리니 그 법은 통치자를 존숭(尊崇)하고 백성을 비하하며 아랫사람에게는 각박하고 윗사람에게는 너그럽게 되었다. 이렇듯 백성은 한결같이 목을 위하여 태어난 것처럼 되어 버렸다.

오늘날 수령들은 옛날의 제후와 같아져 궁실과 수레, 의복과 음식, 그리고 좌우의 시종을 거느린 것이 마치 국군의 그것에 비길 만하다. 또 그들의 권능은 넉넉히 다른 사람을 경복(慶福) 할 만하고 그들의 형률과 위엄은 충분히 사람들을 두렵게 할 만하다. 결국 수령들은 오만스럽게 자신을 뽐내고, 태평스럽게 스스로 안일에 빠져서 자신이 목이라는 것을 망각하고 만다. 사람들이 분쟁을 일으켜 찾아가 판결을 구하면 번거로워하면서 "왜 이렇게 시끄러우냐?" 하고 굶어 죽는 사람이 있으면 "제 스스로 죽은 것일 뿐이다."라고 한다. 곡식과 피륙을 바쳐서 섬기지 않으면

곤장을 치고 몽둥이질을 하여 피가 흘러서야 그친다. 날마다 거둬들인 돈 꾸러미를 헤아려 낱낱이 기록하고 돈과 피륙을 부과하여 전답과 주택을 장만하며 권세 있는 재상가에 뇌물을 보내 뒷날의 이익을 기다린다. 이러고서야 백성이 목을 위하여 태어난 것이니 어찌 이것이 타당한 이치이겠는가?

도덕과 예절 사전에서 도덕을 찾아보면 '사회생활의 질서를 지키기 위해 모든 사람이 지켜야 할 행위의 기준'이라고 적혀 있다. 이것은 단순한 습관이나 사회생활의 질서를 지키기 위한 것이 아니라면 도덕이 될 수 없다는 것 그리고 지켜야 할 기준이 애매하여 모든 사람의 행동이 제멋대로일 때도 도덕적인 사회가 되지 않는다는 것을 의미한다.

그 동안 우리 사회가 추구해 온 중요한 목표 중의 하나는 우리 사회를 경제적으로나 도덕적으로 성숙하게 하는 것이었다. 그를 위해 우리는 그 동안 많은 노력을 기울여 왔다. 그럼에도 불구하고 '오늘날 도덕이 땅에 떨어졌다.'고 한탄할 정도로 심각한 사회적 · 윤리적 문제가 우리의 미래를 어둡게 하고 있다는 것도 엄연한 사실이다. 사회질서를 위해 지켜야 할 기준이 애매하여 혼란스러울 때가 한두 번이 아닌 것이다. 그렇다면 도덕은 땅에 떨어졌는가?

우리는 평소에 도덕(morality)과 예절(etiquette)을 잘 알고 있는 것처럼 생각한다. 그러나 실제로는 그렇지 못하다. 대체로 사람들은 도덕과 예절을 명확히 구분하는 일을 사소하고 진부한 것으로 여기는데 깊이 생각해 보면 그것은 매우 중요하고 의미 있는 작업임을 알 수 있다. 왜냐하면 그것이 무엇인지 제대로 알지 못하면 우리의 현실 도덕을 보다 명백하게 진단하고 처방하기가 어렵기 때문이다. 실제로 우리나라 사람들은 도덕과 예절을 곧잘 혼동하기 때문에 문제를 근본적으로 해결하지 못하는 경우가 비일비재하다.

도덕에 대한 정의는 다양하지만 우리는 오늘날 가장 타당성을 인정받고 있는 몇 가지 정의를 살펴보자. 우선 가장 간략하게 도덕은 '인간이 지켜야 할 도리 및 그에 준한 행위'라고 정의된다. 좀 더 구체적으로 말하자면 '사회생활에서 인간이 자연적 · 문화적으로 또는 물질적 · 정신적으로 발전하는 요구와 욕망을 보다 더 충족시키기 위하여 어떻게 행동할 것인가를 나타내는 규범기준'으로 정의될 수 있다.

또한 미국의 현대 윤리학자인 테일러(P.W. Taylor)는 그의 『윤리학의 기본원리』(*Principles of Ethics*, 1975)에서 '도덕은 행위에 대한 도덕적 판단, 표준 그리고 규칙을 가리키는 일반적인 이름'이라고 정의한다. 그러나 여기에서 우리는 작업 가설적으로 <도덕이란 자유 · 평등 · 정의 · 사랑(자비 · 仁) · 효도 · 성(性) 등에 대한 문제를 보편화 가능성과 처방성의 형식적 조건에 맞추어 조정함으로써 인간이 처한 곤경을 줄이는 것>으로 정의해 두자.

다음으로 예의범절의 줄임말인 예절은 사전적으로 '공동체의 노모스(nomos)' 혹은 '인간 상호간의 사귐에서 상대방에게 예를 나타내는 몸가짐이나 관습 및 행위의 총체'라고 정의되고 있다. 구체적인 예로 인사하는 법, 식사하는 법, 존댓말을 쓰는 법, 그리고 관혼상제에서 쓰이는 관습이 예절에 속한다고 할 수 있다. 이처럼 예절은 그것이 사회의 규범인 점에서는 도덕이나 법률과 별로 다르지 않다. 그러나 예절은 다음 몇 가지 면에서 도덕과 구별될 수 있다.

첫째로 도덕의 덕목은 시대와 공간에 별 관계없이 높은 수준의 보편성을 가지고 있다. 그러나 이에 비해 예절은 시대와 문화 및 지역에 따라 현저히 다를 수 있는 문화 상대적인 것이라 할 수 있다. 왜냐하면 어느 문화권을 막론하고 자유 · 평등 · 정의 · 사랑 · 정직 등의 덕목이 올바르게 지켜지지 않으면 도덕적 비난을 받게 되지만, 예절은 문화권에 따라 크게 달라질 수 있기 때문이다.

둘째로 도덕은 내면적이고 본질적인데 반해 예절은 외형적이고 부차적인 것이라고 할 수 있다. 도덕성이 결여된 채 지나치게 예절을 중시했을 경우 위선과 허례허식이 판을 치게 되는데 조선 중기 이후의 시대 상황이 그것을 잘 드러내 주고 있다.

셋째로 도덕과 예절이 모두 중요하지만 둘 중에서 역시 도덕이 더 중요하다고 할 수 있다. 도덕은 근본적이고 내면적인 것이므로 더 중시되어야 마땅한 것이다. 우리는 지난 수 백 년 동안 자유 · 평등 · 정의 등의 도덕보다는 인사법 · 어법 등과 같은 외형적 예절을 기준으로 인물을 평가하는 경우가 많았다. 이것이 바로 우리 사회가 안고 있는 심각한 도덕적 문제의 요인임을 새로이 자각해야 할 것이다.

그렇다면 이를 토대로 오늘의 도덕과 예절을 조선조로 대표되는 과거의 도덕과 예절에 비교해 보자. 우선 도덕의 여러 항목 중에서 자유와 평등의 항목을 기준으로 해서 비교해 보면 매우 보수적인 사람이나 예절을 도덕으로 착각하는 사람들이 쉽사리 도덕의 추락을 이야기하는데 이들은 자유와 평등에 대한 깊은 반성이 부족하여 그런 말을 하는 것으로 여겨진다.

다음으로 정의와 정직을 기준으로 비교해 보자. 조선 시대의 백성들은 분명 오늘날의 사람들보다 소박하고 정직했을 것으로 여겨질 수 있다. 그러나 사회정의도 그랬을까?

이어서 사랑과 효도의 차원에서 비교해 보자. 오늘날 우리의 사랑과 자비와 효의 도덕은 과거보다 훨씬 더 나빠진 것처럼 보인다. 그러나 국가나 사회의 경제적 · 정치적 · 구조적 모순을 떠나 이야기 될 수 있을 것인가? 그리고 패륜은 그 책임이 오로지 자식들에게만 있는 것인가?

또한 성도덕을 기준으로 생각해 보자. 만약 오늘의 성도덕이 옛날에 비해 나아진 점이 있다면 그것은 남녀 간의 성의 개방이 더 자유롭게 또 더 평등하게 되었다는 점일 것이다. 그러나 이것을 제외하고는 거의 모든 점에서 더 나빠졌다고 할 수 있을 것이다. 수치스럽게도 성매매 행위가 세계에서도 상위에 있는 악명 높은 위치에까지 와 있다. 그런데 그것이 사회의 구조적 모순을 떠나 여성들에게만 책임을 전가할 수 있는 것인가? 자신이 원해서 성매매 행위를 하는 사람이 과연 몇이나 되는가?

끝으로 예절의 차원에서 비교해 보자. 결론적으로 말하자면 오늘날의 예절은 이전보다 훨씬 무난해졌다고 할 수 있다. 그러나 간과해서는 안

될 것은 예절의 타락이 곧 도덕의 타락은 아니라는 것이다. 가장 바람직한 것은 도덕은 엄격하게 지키고 예절은 융통성을 발휘하는 것이라고 할 수 있다.

◆ 생각하기 ••••••••••••••••••••••••••••••••

1. 정직과 정의 · 자유와 평등 · 사랑과 효 등의 도덕 덕목을 주변국가의 사례와 비교하여 살펴보자.
2. 우리 사회에 가장 절실한 도덕 덕목이 무엇인지 자신의 입장에서 검토해 보라.

서양윤리 사상의 흐름

윤리사상이란 한마디로 윤리적 문제를 중심으로 한 사상사—물론 좁게 정의하면 종교·예술·사회사상 등이 제외되겠지만—라고 할 수 있다. 각 시대의 윤리사상은 역사적·사회적 조건에 제약되어 있기 때문에 현상적으로 관찰해 가면 유형적인 차별을 낳는다. 예를 들면 서양 고대의 윤리사상은 폴리스적 인간의, 중세적 윤리사상은 교회적 인간의, 근대의 윤리사상은 자유인의 윤리사상으로서 각각 특징지을 수 있다. 그러나 윤리사상에서 가장 중요하게 취급되는 것은 항상 인간이다. 따라서 인간성의 자각의 발전과정으로서 본다면 일관된 흐름이 발견된다.

고대 그리스를 중심으로 하는 고대사상의 특징은 인간의 감성의 힘을 믿는 태도 및 질서와 조화를 중시하는 정신이다. 그리스 문명은 폴리스(polis)를 모태로 발전하였다. 폴리스는 여러 곳에서 이주해 온 민족들에 의해 조성되었기 때문에 시민총회인 민회(agora)와 같은 민주적 운영 제도가 일찍부터 발달하여 동방의 전제정치와 뚜렷한 대조를 보인다. 또한 그들은 문자와 책을 신성시하는 동방의 관습과 달리 대화를 존중하고 문자는 언어의 그림자에 불과하다고 생각하였다. 따라서 폴리스의 법률과 관습은 전제군주의 의지나 신이 하사한 경전으로부터 나온 것이 아니라 사람들 간의 대화로부터 생긴 것이다. 이러한 폴리스의 관습으로부터 고대인은 윤리를 자각했던 것이다.

그런데 전통적인 신들의 권위가 쇠퇴하고 이를 대신하여 이오니아에서 철학자들의 학문적 사고방식이 나타난다. 신들은 각각의 폴리스의 지배자일 뿐인데 반해 철학자가 찾는 원리(arche)는 세계의 모든 현상의 원인이었다. 이리하여 윤리적 자각은 폴리스의 통제력이 약화된 시대에 오히려 강하게 일어났다. 페르시아 전쟁 이후 사회와 문명의 발전은 폴리스의 좁은 테두리를 넘어서게 되었다. 이러한 폴리스의 한계를 넘어선 자유로운 사고방식은 윤리사상의 측면에서는 우선 비극으로 나타난다. 극은 원래 신들에 대한 찬양으로부터 생긴 것으로 공동체의 법률과 관습에 충성을 맹세한 사람들의 의지를 나타낸 것이다. 그러나 이른바 삼대 시인의 작품에서는 폴리스의 관습에 대항하여 자신의 의지를 관철하려고 하는 영웅의 비극이 묘사되고 있다. 자유로운 사고방식과 개체의 자각이 생김에 따라 인간생활을 조율하는 공동체의 질서에 대한 반성이 생겼던 것이다.

엄밀한 의미에서 윤리사상은 소피스트의 계몽운동으로부터 시작된다. 그들은 인간생활의 문제들을 결정하는 것은 신들이 아니라 인간이라는 것 따라서 법률과 관습의 담당자, 즉 윤리적 행위의 주체인 인간을 문제로 삼았다. 소크라테스가 바로 그 대표자이다. 그는 인간의 본성을 진선미의 원형인 이데아계에 향하려고 하는 인식과 실천의 노력에서 파악한다. 이러한 윤리적 노력은 에로스로 불리는데 그것은 타인과의 대화, 즉 변증법을 통해서 이루어진다. 윤리는 인간과 인간의 교제로부터 생긴다. 플라톤은 국가를 윤리적 질서의 실현으로 이해하고 지혜 · 용기 · 절제라는 개인적 덕을 계급적인 사회도덕에까지 전개하여 전체의 조화에서 최고의 덕인 사회 정의가 실현된다고 하였다. 아리스토텔레스는 인간을 폴리스적 동물(zoon politikon)이라고 불렀는데 이것은 사회적 존재라는 의미이다. 폴리스중심의 윤리사상은 그에게서 완결된 모습을 보이고 있다.

그리스의 윤리는 인간과 인간의 대화이며 중세의 인간과 신의 대화(신앙)나 근세의 인간과 자연의 대화(탐구) 같은 색채가 없다. 따라서 고독한 개별자가 없다. 또한 질서를 지탱하는 원리와 반성도 심각하지 않다. 개별자와 전체 사이에는 결국 아름다운 조화가 지배한다고 여겨지고 있다. 이러한 세계의 조화를 인식하는 관조적 생활(theoria)이 그들의 이상이었다. 그러나 폴리스의 정치적 독립이 무너지고 알렉산더 제국에서 로마시대로 나아감에 따라 윤리학은 현저하게 개인적 색채를 띠게 된다. 전 세계가 하나의 제국이 된다면 폴리스를 통해서 개인을 파악할 수가 없다. 국가나 계급, 민족 차별을 넘어선 인간의 일반적 본성이 중심문제가 된다. 그리스말기의 소크라테스학파(퀴니코스학파와 퀴레네학파) 중에는 이미 개인주의의 경향이 존재하였는데 로마시대에 번성했던 스토아학파는 세속적 질서의 가치를 낮추고 만인에게 공통적인 최고선의 이상을 제시하였다. 개별자의 의미는 반성을 깊어지게 했지만, 윤리적 질서의 의미는 명료함을 상실하였다.

중세는 기독교사상의 시대이다. 그리스말기의 사상이 헬레니즘(Hellenism)이라고 불린 데 반해 기독교사상은 그 모태가 된 민족의 이름을 따서 헤브라이즘(Hebraism)이라고 불린다. 서양의 정신사는 종종 이 양자의 대립・교체로 도식화된다. 기독교의 원류인 유대교의 특색은 명료한 유일신교의 주장 및 신과 인간의 계약에 의해 율법이 정해진다는 사상에 있다. 그리스의 다신교 혹은 폴리스의 법률이 인간들의 교제에 의해 정해진다는 사상과는 대조적이다. 이스라엘의 예언자들은 나아가 단순한 형식에 치우친 의식이나 제의를 부정하고 신의 정의나 사랑을 실천하는 것이 인간의 의무라고 선포하였다.

로마시대에는 폴리스의 속박을 벗어난 개인적 윤리가 전개되었지만 만인의 평등이라든가 현세계의 질서의 의미에 대해 반성이 불충분하였다. 기독교는 아가페(agape)라는 신의 사랑을 선포한다. 그것은 자비로운 아버지가 방탕한 자식을 기꺼이 받아들이는 것처럼 민족이나 신분・재능 등의 차별을 넘어서서 만인에게 구원을 베푸는 사랑이다. 이것은 어떠한 인간이라도 모든 사람이 평등하게 가진 인격의 절대적 가치를 인정하는 사상으로 해석할 수가 있다.

또한 그리스에서 폴리스의 법률은 정의를 실현하는 것이었는데 그 정의는 폴리스의 수만큼 있다. 아테네인 소크라테스는 아테네의 법에 죽었지만 스타기라의 철학자 아리스토텔레스는 죽음을 피하였다. 법률은 인간의 약속이기 때문이다. 그러나 신으로부터 부여받은 율법은 만인에게 타당한 것이다. 중세 가톨릭교회는 로마법(lex romana)과 로마제국의 통치제도를 받아들여 교회법(lex ecclesiae)을 정하였다. 당시 로마의 판도는 서구인들에게 있어서 전 세계와 같았다. 제국의 법률제도 밖에서는 생활할 수 없는 것처럼 교회가 명하는 율법은 모든 사람들을 구속한다. 그로부터 정의는 유일한 정의이며 윤리는 만인에게 타당한 보편성을 가진다는 사상이 생기게 되었다.

로마가 망한 후에도 교회의 조직은 존속하였고 기독교로 개종한 게르만족들의 봉건제도를 종교에 의해 정초하는 역할을 하였다. 스콜라철학이 바로 그것이다. 안셀무스(Anselm of Canterbury, 1033~1109)나 토마스 아퀴나스(Thomas Aquinas, 1225~74)는 신앙과 이성의 일치를 주장하였다. 신의 나라에 참여하는 신앙의 노력과 지상의 국가를 유지하고 형성하는 이성적 행위는 목적과 수단의 관계로서 상보적이다. 신은 선의지로써 인간과 세계를 창조했기 때문에 세계의 본래 모습을 전개시키는 윤리적 노력은 신의 영광을 지상에 실현하는 것을 의미한다. 이때 개별과 보편은 어느 것이 우선하는가 라는 문제가 생긴다. 상위의 것이 하위의 것을 지배하는 관계를 근본으로 하는 봉건제도 하에서는 당연히 보편자를 우선시하는 실념론(Realism)이 우위를 점하였다.

고대인은 인간과 인간의 대화로부터 인격과 윤리를 자각하였는데 중세인은 신과 인간의 대화(신앙과 은총)로부터 생긴 신인(神人)의 결합을 통해 윤리와 인격을 자각한다. 윤리를 지탱하는 것은 개인의 도덕적 의지를 넘어선 초월자의 소리이다. 따라서 그들의 이상은 신앙적 생활이며 그리스의 사주덕(virtus cardinales) 위에 믿음 · 소망 · 사랑이라는 대신덕(virtus theologica)이 놓인다. 그러나 중세말기에는 신앙과 이성의 이질성을 주장하고 또한 보편은 단순한 명목에 불과하다는 유명론(Nominalism)이 나타난다. 이것은 봉건제도가 무너지고 시민이 대두하게 되는 상황을 반영한다.

근대인의 윤리사상의 근본적 특징은 모든 외재적 권위를 거부하고 인간이 자기 자신의 힘으로 세계의 주인이 된다는 실천적 태도이다. 고대인과 중세인에게서 윤리는 자기의 바깥에서 발견되는 것인데 근대인에게서는 자기 가운데서 만들어지는 것이다.

근대는 르네상스(Renaissance)로부터 시작한다. 르네상스는 인간과 세계를 새롭게 발견하였다. 그것은 그리스문화의 부활로 불리는데 단순한 재생은 아니다. 르네상스의 예술은 그리스와 마찬가지로 나체의 인간의 아름다움을 찬미하고 있는데 그것은 아름다움만이 아니라 힘으로 충일해 있다. 그 이상형은 레오나르도 다빈치 (Leonardo da Vinci, 1452∼1519)와 같은 '독립자존의 인간'이며 이상적인 삶은 고대의 관조적 삶이 아니라 실천적 삶(vita activa)이다. 종교개혁은 세속적 직업을 긍정하고 개개인의 양심에 의한 신앙을 중시하였다. 근대시민의 전형인 대사업가(captain of industry)는 이러한 자유로운 신앙을 가진 신교도로부터 생겼다. 또한 폴과 헨리 왕자에게서 시작된 지리적 발견 그리고 코페르니쿠스(N. Copernicus, 1473∼1543)와 케플러(J. Kepler, 1571∼1630)를 선구자로 하는 천문학적 발견은 새로운 세계로의 창을 열었고 그 정신은 근대과학에 수용된다. 근대과학은 칸트가 말한 것처럼 실험에 의해 피고를 심문하는 심판관과 같이 미지의 세계를 탐구하고 정복하는 태도에 기초하여 성립한다. 따라서 세계는 외부에서 발견된다기보다 인간의 손으로 열리고 형성되는 것이다.

인간은 자유롭고 독립적인 자연인으로서 세계에 작용하고 세계는 인간의 손으로 창출된다는 관계가 윤리사상에도 반영된다. 윤리학에서 계몽을 통해 마술을 추방하고 자유를 획득한 것은 영국에서 제일 먼저 개화하였다. 스미스(A. Smith, 1723∼90)의 자유방임 사상은 새로운 자유인의 윤리를 경제의 측면으로 구체화하였다. 또한 근대 자연법학과 국가계약설은 국가가 자연인 상호의 자유로운 계약에서 생긴다고 한다. 당시의 사회질서의 설명으로서는 옳지 않지만 그들이 창조하려고 했던 새로운 정치제도는 이러한 이념에 기초한다. 미국의 독립과 프랑스혁명은 그 완성이다.

근대윤리학의 완성자인 칸트의 근본사상은 인간이 자기입법자라는 데 있다. 개개의 인간은 나약하지만 그 내적인 인간성은 절대적 가치를 가지고 있다. 윤리적 질서는 이러한 인격적 관계로 지탱된다. 도덕적 의지는 자기 자신의 중심인 인간성에 충실하려고 하는 자유인의 욕구인 것이다. 윤리는 다시 신으로부터 인간의 손으로 옮겨진다. 다만 고대와 같이 개인의 외부가 아니라 개인 안에 존재하는 것으로서 말이다.

19세기 이후는 근대문명의 급속한 발전이 보이는 반면 폐해도 적지 않아 그 극복이 요구되게 되었다. 시민사회는 자본주의의 발달에 따라 자유와 평등의 괴리 · 빈부의 격차를 초래하고 근대과학은 기술과 결부하여 인간 그 자체까지도 기계부품으로 전락시켰다. 이 때문에 세계의 주인으로서의 인간의 존엄과 인류역사의 끊임없는 진보의 신앙은 퇴색하고 허무주의가 운명이 되었다. 인간성의 상실이 문제가 되고 그 회복이 요구되기에 이르렀던 것이다. 이미 19세기 초 헤겔철학은 근대를 정신의 소외태(疏外態)로 자각하고 그 극복을 주요한 과제로 삼고 있었는데 현대사상은 헤겔철학의 사변적 관념론적 입장을 비판하고 그 문제의식을 적극적으로 부각시킴으로써 등장하고 있다.

마르크스는 헤겔의 시민사회 비판과 인륜의 사상을 자기의 것으로 하면서 이 실현을 근대사회 자신이 만들어 낸 노동자 계급의 혁명적 실천에 의한 공산주의 사회의 건설 속에서 발견한다. 또한 자신의 내면을 직시한 키르케고르는 현실을 이성논리에 의해서는 불가통약적(不可通約的)인 것으로 자각하고 생의 악무한(惡無限)은 선택과 비약을 통해서 절대적인 신에게 자기의 존재를 정초시키는 정열적인 신앙에 의해서만 극복될 수 있다고 주장하였다. 그는 현대를 인간이 자기의 내면적 문제를 망각하고 대중으로서 살아가는 수평화의 시대라고 비판하였다. 나아가 벤덤의 공리주의(Utilitarianism)를 발전시킨 영국의 밀이나 프랑스의 콩트의 실증주의는 18세기 계몽운동의 연장선상에 서면서도 근대과학을 떠받치는 합리주의와 실증적 정신을 적극적으로 강조함으로써 사회의 재조직을 구상한다.

현대사상은 이와 같이 1830년대에 시작된 세 가지의 리얼리즘을 원천으로 하여 발전하고 있다. 확실히 우선 마르크스의 사회체제의 측면에서의 근대비판은 마르크스주의 그리고 널리 사회주의의 윤리사상을 관통하는 것이며 다음으로 키르케고르가 선 근대 합리주의 비판과 인간의 현실적 생의 직시는 권력의지에 의한 허무주의의 극복을 설하는 니체의 사상과 결부하여 생철학부터 오늘날의 실존철학을 관통하는 것이다. 그리고 끝으로 밀과 콩트가 섰던 과학적 지성에 기초한 사회개량과 인간개조의 입장은 오늘날의 실용주의 그리고 어떤 의미에서는 분석철학을 포함한 현대 영미의 윤리사상과 연결되는 것이다.

이러한 현대사상의 분열 자체 · 현대의 인간관 · 가치관의 분열을 보이는 것이 현대의 문제 상황인데 이런 의미에서 여기에 도출된 사회적 연대성 · 실존적 자유 · 과학적 지성은 현대의 휴머니즘이 갖추어야 할 계기들을 보여주는 것이다. 오늘날의 문제는 이들 계기를 어떻게 종합하는가에 달려 있다고 할 수 있다. 즉 현대에 요구되는 윤리는 첫째로 근대적 개인주의의 결함을 반성하여 인간관계의 연대성을 자각하는 것이다. 현대사회에서 개인은 무력하고 집단의 힘이 중요한데 그만큼 노사간 · 국가간 · 기타 여러 집단 상호간의 협력이 필요하게 된다. 그러나 개인주의의 긍정적인 측면을 말살해서는 안 된다. 각자가 개인의 인격가치에 눈뜨고 자기의 행위에 깊은 사명감과 결단을 가지는 것은 사회기능이 복잡화한 오늘날이야말로 더욱 더 요구되기 때문이다.

이런 이유로 고대 폴리스적 윤리나 중세의 신앙적 인간상은 새롭게 고찰되어야 할 것이다. 또한 근대문명의 결점을 지적하면서 그 기술적 성과와 윤리의 조화도 지향하는 것이 바람직하다. 과학만능주의는 비판되어야만 하지만 과학적 지성에 기초하여 합리적으로 해결되어야 할 문제도 현대에는 많기 때문이다. 그리고 여기에서 요구되는 오늘날의 새로운 윤리의 창조는 단지 현대 서구의 과제일 뿐만 아니라 세계사적인 과제이기도 하다.

◆ 생각하기 ································

1. 191970년대의 윤리학은 정치철학의 충격을 받아 한편으로는 정의·공정·평등이라는 이른바 사회윤리를 둘러싼 규범적 윤리학과 다른 한편으로는 의사소통적인 언어행위의 조건의 구명을 통해서 '합의에 기초한 규범의 정초'의 가능성을 묻는 메타윤리학의 논의가 진행된 시대였다. 말하자면 <정의론>과 <담론윤리>가 191970년대 윤리학 이론의 주요 과제였던 것이다. 그렇다면 1980년대 이후의 윤리학의 조류는 어떠한가?

아리스토텔레스의 덕론

윤리학은 "우리는 무엇을 해야 하는가?" 라는 우리 행위의 규범 또는 삶의 궁극목적에 관한 당위의 학이다. 우리가 인간으로서 실현해야 할 최고의 목적 혹은 행위의 옳고 그름을 판단할 기준이 될 도덕 법칙이 무엇인가에 대해서는 다양한 견해가 있지만 조지 무어(G.E. Moore, 1873~1958)는 그의 『윤리학 원리』(*Principia Ethica*, 1903)에서 그러한 목적이나 법칙의 발견에 관한 방법론을 기준으로 지금까지의 윤리학을 크게 세 가지로 나누고 있다. 즉 형이상학적 윤리학 · 자연주의적 윤리학 · 직관적 윤리학이 그것이다.

형이상학적 윤리학은 형이상학을 토대로 하여 전개된 이론으로 통상 다음과 같은 공통점을 지닌다. ① 윤리학의 기본 원리를 이끌어 내는 토대로서 형이상학적 원리를 사용한다. ② 형이상학적 진리로부터 윤리학적 진리가 논리적으로 추론된다. ③ 최고선을 형이상학적 언어로 기술한다. 형이상학적 윤리학에는 이데아만이 영원한 실재라는 이론을 토대로 인간적인 선은 되도록 이데아로 접근함 또는 이데아를 모방함이라고 단정한 플라톤; 질료와 형상, 가능태와 현실태라는 두 쌍의 원리로 설명되는 목적론적 세계관을 기초로 인간의 최고선은 이성의 기능을 완전하게 발휘하는 것이라고 주장한 아리스토텔레스; '신 즉 자연'(deus sive natura)으로서의 우주는 필연의 세계라는 이론으로부터 인간의 행복은 만물을 '영원의 상(相) 하에서'(sub specie aeternitatis) 관조하여 모든 정념(情念)에서 해방되어 자유롭게 되는데 있으며 이는 곧 '신에 대한 지적 사랑'(amor Dei intellectualis)이라고 주장한 스피노자(B. Spinoza, 1632~77) 등의 윤리학이 있다.

형이상학적 윤리학의 대표자이며 윤리학을 하나의 학문으로서 주제적으로 다룬 최초의 철학자는 말할 것도 없이 아리스토텔레스이다. 그에게 있어 정치학과 윤리학은 모두 인간의 선(善)을 목표로 한다는 점에서 별개의 것이 아니다. 왜냐하면 시민이 훌륭한 삶을 누리도록 최선의 조건을 제공해 주는 것이 정치의 목적이며 이러한 목적을 달성하기 위해 정치가는 선을 탐구하고 인식해야 하기 때문이다. 또한 개인의 도덕적인 덕도 추상적으로 그것만 독립해서 달성될 수 없다. 그것은 그가 속해 있는 사회 환경 안에서의 도덕적 행위를 요구한다. 이런 뜻에서 아리스토텔레스에 있어서 윤리학은 정치학의 한 분야이다. 개인의 선을 달성하는 것도 중요하지만 사회와 국가의 선을 달성하는 것은 더욱 고귀하고 신적인 것이다.

『니코마코스 윤리학』(*Nichomachean Ethics*)은 "선이란 모든 것이 목표로 하는 것"이라는 말로 시작된다. 이것은 아리스토텔레스 윤리학의 중심적 방향을 암시하는 중요한 구절인데 우리는 여기에서 이미 그의 형이상학 이론이 윤리학의 토대가 되고 있음을 볼 수 있다. 아리스토텔레스의 목적론적 세계관이 인간의 행위 문제와 관계될 때 삶의 최고 목적의 추구가 윤리학의 과제로 등장함은 매우 당연한 일이며 모든 행위가 목표로 하는 것은 바로 선이므로 인간의 최고 목표는 최고선 즉 절대적인 선을 달성하는데 있다고 한 것은 자연스러운 논리적인 귀결이다.

그러므로 윤리학의 문제는 이러한 '궁극목적으로서의 선이 무엇인가' 하는 것이다. 아리스토텔레스는 궁극목적이라는 개념을 분석하여 그 속성으로서 자기목적성과 자족성을 도출하고 최고선이 가져야 할 이러한 성질에 부합하는 것은 행복(eudaimonia)이라고 주장한다. 그러나 세상 사람들이 생각하는 행복, 즉 쾌락 · 명예 · 재산 · 덕 등은 진정한 의미의 행복이 아니다. 왜냐하면 그런 것들은 그 자체가 목적이 될 수 없고 또 자족적인 것도 아니기 때문이다. 그렇다면 행복이란 무엇인가? 아리스토텔레스는 인간의 기능이 무엇인지를 알면 그 답을 얻을 수 있다고 말한다.

행복하다는 것은 '잘 산다'는 뜻이다. '잘 산다'는 것은 어떻게 사는 것인가? 아리스토텔레스는 '~을 잘 한다'는 말을 분석한다. '잘 한다'는 것은 그 행위자가 자기의 기능을 탁월하게 발휘하는 것이다. 그렇다면

'~하는 사람'으로서가 아니라 단순히 '인간'으로서의 인간에게도 어떤 기능이 있을 것이고 이 인간의 기능을 잘 발휘하는 것이 인간으로서 '잘 하는' 길이며 이것이 곧 '잘 사는 삶' 즉 행복이 아니겠느냐는 것이다. 그렇다면 인간의 기능은 무엇인가? 그는 인간의 기능을 세 가지로 나누는데 이 중에서 영양 섭취 및 생식의 기능, 감각과 욕구의 기능은 각각 식물과 동물도 가지고 있는 기능이므로 인간에게 고유한 기능 즉 인간의 기능은 이성에 속하며 행위에서 나타나는 기능이라고 생각한다. 즉 인간의 기능은 삶의 어떤 형식, 즉 이성적 원리 내지 행위의 합리적 근거와 결부되어 수행된 정신의 활동이라고 한다. 그런데 이러한 기능은 그것이 탁월하게 수행될 때 잘 수행되는 것이므로 결국 인간의 행복, 인간의 궁극적 선은 〈덕에 일치하는 정신의 활동〉 이라는 결론이 나온다.

그렇다면 덕이란 무엇인가? 아리스토텔레스에 의하면 덕(arete)은 '인간의 기능을 잘 발휘하도록 하는 성품'(hexis)이다. 그러므로 덕 그 자체가 행복은 아니지만 그것은 행복을 위한 불가피한 토대가 된다. 그런데 영혼에는 ㉠ 이성의 지배를 받지 않는 불합리한 부분, ㉡ 이성의 지배를 받는 불합리한 부분, 그리고 ㉢ 이성적인 합리적인 부분이 있으므로 이에 따라 탁월성도 세 부분으로 나뉜다. ㉠에 관계되는 탁월성은 자연적인 탁월성으로 미모·건강 등 운과 요행의 결과로 주어진 것이기 때문에 이를 덕이라고 부를 수는 없다. 그리하여 덕에는 ㉡에 관계되는 도덕적인 덕과 ㉢에 관계되는 지적인 덕 두 종류가 있게 된다.

도덕적인 덕은 도덕적(ethike)이라는 말이 습관을 뜻하는 에토스(ethos)에서 온 것으로 알 수 있듯이 본성적으로 우리에게 갖추어져 있는 것이 아니라 부단한 실천을 통한 습관의 결과로 생긴 것이다. 덕은 행위에 존재하고(virtus actione consistit), 덕만은 선물로 주어지지 않는다(sola virtus nemini datir dono). 정직한 행동을 하면 정직한 사람이 되는데 물론 이러한 실천이 한두 번 이루어졌다고 곧 유덕한 사람이 되는 것은 아니고 그런 행위가 늘 수행되어 습관이 된 사람만이 유덕한 사람인 것이다. 덕은 인간의 기능을 잘 발휘하게 하는 성품이라고 하였다. 이런 성품은 어떤 성질의 성품인가? 그런 성품으로서 덕이란 어떤 성질의 것인가? 여기에서 아리스토텔레스는 중용(mesotes)의 개념을 도입한다.

중용(中庸)은 지나침과 부족의 중간이다. 그러나 그 중간은 양극에서 똑같은 거리에 있는 중간인 산술 평균적인 중간을 의미하지는 않는다. 중용은 이러한 대상 자체에 있어서의 중간 즉 절대적 중용이 아니라 우리와의 관계에 있어서의 중간 즉 상대적 중용이다. 이러한 상대적 중용은 지나치지도 모자라지도 않은 상태로서 그때 그 경우에 꼭 알맞은 상태로서 최선의 상태인 것이다. 그러므로 이러한 중용을 발견하는 일은 쉬운 일이 아니다. 지나치면 무모하고 모자라면 비겁하므로 그 중용을 취하는 것이 용기라고 하지만 구체적인 경우를 당하여 과연 어떻게 행동하는 것이 용기 있는 것인가를 알아내는 것은 매우 어려운 일이다. 상대적인 중용을 발견할 수 있는 어떤 기준 같은 것은 없다. 극단을 피하고 우리가 가장 잘 빠지기 쉬운 일을 고찰하며 쾌락을 가져오는 것을 경계하는 등의 중용에 이르는 몇 가지 보조적인 수단만 있을 뿐이다.

그러므로 결국 중용의 발견은 직관에 호소할 수밖에 없을 것이다. 중용을 직관적으로 발견한다는 것은 누구에게나 쉬운 일은 아니다. 그래서 높은 식견(pronesis)이 필요하다. 요컨대 도덕적 선은 우리에게 자연적으로 갖추어져 있는 것이 아니라 부단한 실천을 통한 습관에 의해 생기는 것으로서 행위와 정의(情意)에서 중용을 지키는 영혼의 성품이라 할 수 있을 것이다. 덕과 중용이 동일한 것은 아니지만 덕은 중용을 목표로 하기 때문에 일종의 중용이라고 할 수도 있다. 그러나 중용으로서의 도덕적인 덕을 획득하기 위해서는 높은 식견이 필요하므로 인간의 행복은 도덕적인 덕만으로 달성될 수는 없다고 보아야 할 것이며 이 점에서 아리스토텔레스가 지적인 덕을 도덕적인 덕보다 높이 평가했다고 볼 수 있는 것이다.

인간의 행동이 덕을 따르는 정신의 활동이라면 그것은 최고의 덕을 따르는 활동이어야 할 것이며 이 최고의 덕은 인간의 최고의 기능인 이성의 덕, 즉 지적인 덕이라야 할 것이다. 진리를 파악하고 관조하는 일이 인간의 최고의 행복이라는 것을 아리스토텔레스는 다음 몇 가지 근거로 설명하고 있다: ⓐ 이성의 능력이 인간의 능력 중 최고의 능력이며 그 대상도 최고의 대상이므로 관조는 최고의 활동이다. ⓑ 관조는 자족적이다. ⓒ 지속적이다. ⓓ 쾌락을 준다. 이러한 활동이 전 생애에 걸쳐 수행된다면 그것이야말로 인간의 완전한 행복일 것이다. 이런 생활은 인간으로서 달성하기 어려운 것일지 모르지만, 이성이 우리의 가장 훌륭한 부분이요 신적인 부분이라면 그에 따라 사는 삶이 가장 훌륭한 삶이요 가장 행복한 삶이라고 할 것이다.

이처럼 서양사상에 있어 덕은 자기 자신을 교육시켜 인간적으로 탁월한 인격으로 만들려는 이상이다. 덕은 모든 자연발생적 경향의 억압이나 세상을 등진 금욕적인 삶으로 후퇴하는 것을 의미하지도 않고, 역사적으로 시대에 뒤진 행동규범을 고집하거나 도구적 행동규범을 과대평가하는 태도와도 무관하다. 덕은 지속적인 훈련을 통해 획득된 삶의 태도, 즉 도덕적 선을 추구할 수 있는 정서적 · 인지적 능력과 힘의 소질(성격)이다. 그렇기 때문에 도덕적 선은 우연의 산물도 습관이나 사회적 강제의 산물도 아니고 자유의 산물이지만—어느 정도는 필연적으로—도덕적으로 도야(陶冶)된 인격이 가진 능력과 (자아의) 힘의 산물이기도 하다.

덕이 있다는 것은 자기충동, 즉 자연발생적인 욕구와 열정의 노리개가 되지 않는 것이며 나아가 사회적인 역할을 수행할 때 사람들이 기대하는 바에 따라 좌우되지 않는 것이다. 오히려 덕은 이러한 요소들과 비판적인 관계를 유지하면서 다른 사람의 목적과 조화를 이룰 수 있으며 서로 상충되지 않는 목적을 자발적으로 설정하여 목적 지향적이고 신중하게 추구하는 자연적 · 사회적 노력을 기울이는 삶을 의미한다. 덕이 있다는 것은 시종일관 자기 자신과 이웃에 대한 책임에 입각하여 삶이 자아실현에 이바지하고 삶을 기쁨의 최고 형태인 자아실현과 결합되도록 한다는 것을 뜻한다. 덕은 특별한 영웅적 행위를 통해 완성되는 것이 아니라 상이한 국면과 영역으로 나뉘어 있는 삶 전체에서 그 가치를 드러내는 것이다.

우리는 도덕적인 삶의 한 태도인 덕을 상이한 관점에서 고찰할 수도 있고 다수의 덕에 대해 말할 수도 있다. 플라톤 이후로 서양의 윤리의식은 네 가지로 분류되는 근본태도, 즉 사주덕(virtus cardinales)을 표준으로 삼고 있다. 먼저 ① <지성의 덕>인 실천적 지혜는 지금 여기에서 올바른 방도와 수단을 인식하고—이데올로기적 기만 및 자기 기만 등에 대항하여—비판과 현실 감각을 통해 도덕적 선을 상황에 맞게 규정할 수 있는 능력이자 확고한 자세이다. 다른 세 가지 주요 덕목은 <도덕적 덕>으로서—실천적 지혜를 필연적으로 보완하면서—단호하고도 전력을 다해 자신의 의욕과 행위의 지향을 도덕적 선에 맞출 수 있는 능력과 준비태세를 갖도록 인간을 유지시켜 준다.

이 덕에 대한 근본적 규정은 앞서 본 것처럼 아리스토텔레스로 소급된다. 그에 따르면 도덕적 선은 불변하거나 객관적으로 산정할 수 있는 행동모형이 아니라 기질과 능력과 상황의 차이에 대해 열려있는 마음 자세, 즉 그때그때의 사회 문화적 · 개인적 상황에서 새롭게 그리고 항상 양극단 사이에서 중용을—예컨대 인간이 저지르는 부정의 원천인 과잉과 부족 사이에서 중용을—발견하려는 마음 자세이다.

② 정의는 자기 자신과 이웃의 존엄을 존중하는 태도, 즉 부정을 행하는 것과 부정을 당하는 것을 모두 배척하는 태도이다. ③ 용기는 비겁뿐만 아니라 만용까지도 거부하는 태도로서 물리적 · 사회적 또는 정치적 위협에 대항해서라도 자신의 삶과 자신의 신념을 책임지겠다는 각오이다. 따라서 용기는 고통 · 박해 · 중병 속에서도 자신의 생명과 그것의 존엄을 지키겠다는 각오이기도 하다. ④ 절제(극기)는 인간이 가진 충동의 무절제

한 만족뿐만 아니라 그것에 대한 억압도 거부한다. 절제는 먹는 것 · 마시는 것 · 성적 쾌락 · 부유함 · 사회적 명망에 대한 인간의 욕망 및 아픔과 고통에 대한 혐오가 아무런 제약도 없이 활개치지 못하게 하고 다양한 감각적 · 비감각적 쾌락이 조화롭게 충족될 수 있도록 정돈하여 궁극적으로는 행복을 실현할 수 있게 해준다.

칸트는 자유를 자율로 이해하기 때문에 덕은 자신의 의무를 준수할 수 있는 도덕적 힘이라고 규정한다. 이 힘은 결코 관습에 얽매이지 않고—항상 완전히 새롭게 그리고 근원적으로—사고하는 방식에서 생긴다고 한다. 가난한 사람과 억압받는 사람을 돕겠다는 각오인 연대(連帶), 다른 종류의 관점과 행위 양식을 존중하는 관용(寬容), 그리고 세계와 이웃을 이해하고 적절한 행위의 시점을 기다려 적절한 행위의 정도를 가늠하는 능력을 일컫는 평정(平靜)도 오늘날 중요하게 여기는 덕목이다.

윤리학의 철학적 토대에 관한 최근의 논쟁에서는 덕의 개념을 다시 주목하고 있다. 보편적인 규칙과 의무의 이행 또는 행위의 결과를 기준으로 하는 윤리학과 달리 덕 윤리에서는 개별적 행위에 대한 가치 평가가 아니라 행위 하는 인격에 대한 가치 평가를 중요시한다. 덕 윤리에 따르면 우리의 행위는 유덕한 자의 행위일 때 선하다. 의무의 이행이나 행위 결과에 대한 개념과 달리 덕의 개념에는 올바른 행위는 올바른 동기에서 비롯해야 한다는 요구 조건이 이미 함축되어 있다. 다시 말해서 순수하고 유덕한 심성은 오직 즐거운 마음으로 행위 하는 가운데서만 표현되기 때문에—그러한 마음이 없다면 우리는 결코 선을 자기의 준칙으로 받아들였다고 장담할 수 없다(칸트)—우리는 선한 행위를 자발적으로 그리고 흔쾌히 해야만 한다는 것이다(아리스토텔레스). 특히 오늘날에는 특수한 상황이 제기하는 요구와 견주어 볼 경우 보편적 의무만을 고집할 때는 여전히 해결되지 않은 문제가 된다. 그러나 덕은 모든 개별적 상황에서 올바르고 적절한 결단 또는 의사 결정을 내릴 수 있게 해준다는 사실이 부각되었다.

덕의 개념이 원칙적으로 행위자의 이익을 무시해야 한다는 요구를 제기하지 않는다는 점도 덕 윤리가 가진 또 하나의 장점으로 간주되었다. 우선은 다른 사람들에게 도움이 되는 덕을 추구할 때에도 행위자는 항상 자기 자신의 안녕과 행복에 관심을 갖고 있다. 덕을 특정한 목표의 달성과 관련하여 도구로 파악하는데 그치지 않고 가치 그 자체로, 즉 선한 삶의 한 구성 요소로 평가할 때에도 마찬가지이다.

◆ 생각하기 ································

1. 오늘날 우리사회에서 가장 요구되는 덕은 무엇이라고 생각하는가?

칸트의 윤리학

도덕률은 모든 사람에 대해서 이렇게 또는 저렇게 하여야 한다고 명령하는 보편적인 법칙이다. 그것은 개개의 주관에 의해 마음대로 생각되어진, 보편타당성을 갖지 않은 주관적인 원칙인 준칙(Maxim)으로부터 명확히 구별되어야만 한다. 예컨대 우리는 "나에게 욕을 하면 가만두지 않겠다."는 것을 준칙으로 삼을 수 있을 것이다. 그러나 이와 달리 도덕률은 결코 개개인의 자의적인 선택을 허용하지 않는 것이다.

그렇다면 도덕률이 이와 같은 보편타당성을 가질 수 있는 것은 무엇 때문인가? 칸트에 의하면 만일 도덕률이 경험적인 원리에서 도출된 것이라면 그것은 결코 보편타당성을 가질 수 없는 것이다. 그러므로 그것은 선천적인(a priori) 원리이다. 그런데 욕구능력의 대상(質料)을 의지의 규정원리로 예상하는 실천적인 원리는 모두가 경험적이다. 그것들은 모두 대상에 의해 야기되는 쾌 · 불쾌의 감정에 기초를 둔 것으로 결국 자애나 자기의 행복을 목표로 삼고 있다고 말할 수 있다. 설령 이와 같은 질료적인 실천적 원리에 대해 모든 사람의 의견이 일치하고 있다고 가정하더라도 거기에는 결코 보편타당한 법칙이 성립하지 않는다. 왜냐하면 그 일치는 단지 우연적인 것이고, 일치해야 할 필연성은 조금도 존재하지 않기 때문이다. 그러므로 참으로 도덕률로 될 수 있는 실천적 원리는 질료적 · 경험적인 것을 의지의 규정원리로 예상하지 않고 그 자체로 의지의 규정원리가 되는 것이어야만 한다. 즉 그것은 의지의 대상에 관계하는 것이 아니라 오직 의지의 형식에만 관계하는 것이다.

이에 반해 질료적인 실천적 원리는 행복의 획득을 목적으로 삼고 있고 이 목적을 달성하기 위한 수단으로 이러이러한 행위를 하라고 명령한다. 즉 그것은 "만일 ~하고자 한다면 무엇 무엇을 하라."고 하는 가언명령(hypothetical imperative)에 불과하다. 이에 반해 도덕률의 경우에는 어떤 다른 목적을 위한 수단으로서가 아닌 바로 도덕률 그 자체가 목적이고 따라서 그것은 조건부가 아니고 절대적으로 그의 준수를 사람들에게 명령한다. 즉 그것은 단적으로 "무엇 무엇을 하라."고 명령하는 정언명령(categorical imperative)이다.

그런데 이러한 도덕률이 실천이성의 사실로서 우리에게 주어져 있고 우리의 의지에 대한 명령이 될 수 있다는 사실로부터 우리는 의지가 단지 자연 인과율에 의해 규정되어버리는 것이 아니라는 것을 알 수 있다. 만일 그렇다고 한다면 여기에는 처음부터 모든 의지의 대상, 즉 모든 경험적인 것을 추상해버린 정언적 명령이 성립할 수 없을 것이다. 따라서 의지가 단지 현상계에 속해있다고 해서 그 자연법칙에 의해 결정된다고 생각할 수는 없다. 의지는 자기 스스로를 결정할 수 있어야만 한다. 즉 자유로워야만 한다. 여기에서 우리는 도덕률의 존재라는 사실에서 드디어 자유의 존재를 알 수 있게 된 것이다.

물론 우리는 어떻게 해서 자유가 가능한가를 이론적으로 인식할 수는 없다. 그러나 어쨌든 자유가 존재한다는 것은 도덕률의 존재가 의심할 수 없는 것인 이상 의심할 수 없는 것이다. 자유는 도덕률의 가능성의 제약이기 때문이다. 이리하여 우리 인간은 한편으로는 현상계에 속하면서도 다른 한편으로는 자유의지를 가진 존재로서 또한 물자체계에도 속한다고 말할 수 있다.

이리하여 의지의 자유에 근거하는 도덕률, 즉 실천이성의 근본법칙인 정언적 명법을 구체적으로 말한다면 그것은 "너의 의지의 준칙이 항상 동시에 보편적 입법의 원리로서 타당할 수 있도록 행위 하라."는 것이다. 이와 같이 의지가 모든 질료에서 독립해 있고 그러면서 동시에 실천이성의 자기입법으로서의 보편적 법칙과 일치된 준칙에 의해 규정되는 것을 칸트는 의지의 자율(Autonomie)이라고 불렀다. 이에 반해 모든 질료적인 도덕원리에서는 의지가 의지 이외의 것—행복이나 쾌락 등—에 의해 규정되어버리기 때문에 이것을 의지의 타율(Heteronomie)이라고 한다.

이처럼 도덕률의 존재라는 사실로부터 이론이성에 의해서는 결국 그 가능성을 증명할 수 없었던 자유의 존재를 알 수 있게 되었던 것이다. 이를 통해 그가 『순수이성비판』(*Kritik der reinen Vernunft*, 1781/87)의 「선험적 변증론」에서 부정했던 세 가지 형이상학적 이념들—영혼불멸 · 자유 · 신—중에서 자유의 이념에 대해서 새로운 정초를 할 수 있게 된 셈이다. 그러나 칸트는 여기에 머물지 않고 다시 더 나아가서 영혼의 불멸과 신의 존재도 또한 실천적 입장에서 긍정하려고 했던 것이다.

그런데 칸트에 의하면 실천이성은 최고선(summum bonum)의 실현을 끊임없이 추구한다. 최고라는 개념은 최상이라는 것과 완전이라는 것을 의미하고 있는데 최상선(supreme good)이란 도덕률을 무조건 준수하는 덕이다. 그러나 이러한 최상선은 아직 완전이라는 의미에서 최고선이 아니다. 물론 최고선은 최상선 없이는 성립하지 못한다. 그러나 최고선은 최상선뿐만 아니라 그것에 근거해서 또한 행복이 실현되기를 요구하는 것이다.

행복이 도덕법칙의 규정원리일 수 없다는 것은 칸트가 늘 강조하는 것이다. 우리는 행복이라는 것을 도외시하고 오로지 선을 위한 선을 행해야만 한다. 물론 우리가 도덕적인 생활을 한 결과로 행복을 누린다면 그것은 결코 도덕률과 상반되는 것이 아니다. 오히려 인간의 이성은 이러한 덕과 행복의 일치를 희망하고 있다. 그리하여 그것은 최상선에 머물지 않고 더 한층 나아가 최고선도 요구하게 된다. 그러나 이러한 덕과 행복의 일치가 현실에서 언제나 실현되는 것은 아니다. 덕은 도덕적인 의지에 관한 것인데 반해 행복은 감성계의 영역이므로 양자 사이에는 필연적인 인과관계가 존재하지 않는 것이다. 그렇다면 덕과 행복의 일치인 최고선을 추구하는 것은 전적으로 무의미한 것인가?

그러나 칸트에 의하면 최고선을 추구하는 것이 결코 원리적으로 불가능한 것은 아니다. 우리 인간이 단순히 감성적 존재자일 뿐이라면 덕과 행복의 일치는 불가능할 것이다. 하지만 인간은 단순한 감성적 존재자가 아니라 예지계에 속하는 존재자이기도 하다. 그러므로 이러한 예지적 존재자로서의 인간에게는 덕과 행복의 일치가 결코 불가능한 것은 아니다. 이런 이유로 최고선은 실천이성의 최고의 목적으로서 그 의의를 갖는 것이다.

그렇다면 최고선이 실현되기 위해서는 어떠한 조건이 필요한가? 최고선이 실현되기 위해서는 의지가 도덕률과 일치하는 최상선이 완전히 실현되는 것이 필요하다. 그러나 감성계에 종속되어 그 종속을 벗어날 수 없는 인간에게 최상선의 실현은 현실적으로 불가능하다. 최상선의 실현은 실천적이고도 필연적으로 요구되어지기 때문에 이 완전한 일치를 향하여 무한하게 나아가는 진행을 생각해야만 한다. 그런데 이 무한한 진행은 인간이 인격적 존재자로서 무한히 존속한다는 것, 즉 영혼의 불멸을 전제하고서만 비로소 가능한 것이다. 이리하여 영혼불멸은 도덕률과 불가분하게 결합되어 있는 것이며 실천이성의 요청(Postulat)인 것이다.

또한 이렇게 해서 최상선이 실현되었다 하더라도 최고선이 반드시 실현된다는 보장은 없다. 더욱이 덕과 행복의 일치는 인간의 힘으로는 결코 실현시킬 수 없는 것이기도 하다. 그럼에도 불구하고 덕과 행복의 일치는 필연적으로 요구되는 것이므로 우리는 이러한 일치의 실현을 가능케 하는 자로서 전능한 신의 존재를 생각하지 않을 수 없다. 이렇게 해서 신의 존재를 상정하는 것은 도덕적으로 필연적인 것이다.

이와 같이 칸트는 영혼의 불멸과 신의 존재를 실천이성의 요청으로서 인정하였다. 물론 이런 것들은 결코 인식의 대상으로 될 수 있는 것이 아니고 다만 실천이성의 요청에 불과하다. 그러나 적어도 실천이성의 범위 내에서는 이들 개념의 절대성에 대해 칸트는 조금도 의심하지 않았던 것이다. 물론 칸트는 결코 신에 의해서 도덕을 정초하려 하지 않았으며 오히려 도덕에서 출발하여 신을 요청하였다. 여기에 어디까지나 유한자로서의 인간의 입장을 떠나지 않으려는 칸트의 정신이 명백하게 나타나 있는 것이다.

◆ 생각하기 ••••••••••••••••••••••••••••••••••••

1. 칸트가 제시한 정언명령을 모두 들어 보라.
2. 실천이성이 이론이성에 대해 우위(Primat)를 가지고 있는 이유는 무엇인가?

칸트의 근본악

칸트(I. Kant, 1844~97)는 당시 기독교계와의 갈등으로 인해 우여곡절 끝에 출판한 『단순한 이성의 한계 안에서의 종교』(*Religion innerhalb der Grenzen der bloßen Vernunft*, 1793)에서 "인간이 본성적으로 악하다."고 말한다. 인간의 본성 안에는 '악으로의 성향'이 일반적으로 존재한다고도 말한다. 성향(Hang)은 획득되어진 것으로 인간일반에 본성으로서 인정된 것이다. 또한 칸트는 "인간 본성 안에 있는 선으로의 근원적 소질(Anlage)"에 대해서도 언급한다.

그렇다면 도대체 인간은 그 본성상 도덕적으로 선한 존재인가 아니면 악한 존재인가? 이 문제를 처음 제기함에 있어 칸트는 엄숙주의자(Rigoristen)의 입장과 자유방임주의자(Latitudinarier)의 입장을 비교하여 전자의 입장에 선다. 피셔(K. Fischer, 1824~1907)가 이 논의를 훌륭하게 요약하고 있는데, 그에 의하면 선과 악의 기본적 관계는 대략 다음의 두 가지로 고찰될 수 있다. 그것은 선언적인(disjunktiv) 관계와 연언적인(konjunktiv) 관계이다.

제1의 입장은 인간이 본성상 선하거나 혹은 악하다는 아주 좁은 견해로 칸트는 이것을 '엄숙주의적'이라고 부르고, 제2의 입장은 그 양쪽을 모두 인정하는 넓은 견해로 칸트는 이를 '자유 방임주의적'이라고 불렀다. 후자는 나아가 긍정적인 것과 부정적인 것으로 나뉜다. 긍정적인 형식은 인간이 선하기도 하고 악하기도 하다는 것이며, 부정적인 형식은 인간이 선하지도 악하지도 않다는 것이다. 전자는 통상 '혼합주의'(Synkretismus)라고 불리고 후자는 '무관심주의'(Indifferentismus)라고 불린다.

칸트는 인간의 도덕적인 본성에 관해 혼합주의도 무관심주의도 아닌 엄숙주의적 입장을 취한다. 그 이유를 한마디로 말한다면 인간을 도덕적 본성에서 볼 경우 선악에는 중간이 있어서는 안 되기 때문이라는 것이다. 그런데 경험적으로는 인간의 행위가 선악 양극의 중간을 보이는 경우가 많다. 그러나 '도덕적으로 무관심한 행위'가 있다면 그것은 자연법칙에서 결과하는 단순한 행위일 뿐 도덕법과는 아무런 관련도 없는 행위라는 것이다. 하지만 그러한 것은 이미 참된 의미의 행위가 아니며 행위가 인간의 자유로운 의지에 기초한 행위인 한 중간이 있을 수 없다는 것이 칸트의 생각이었다.

그러나 또한 그에 의하면 "한 인간이 악하다고 불리는 것은 그가 악한 (범법적인) 행위를 하기 때문이 아니고 그의 행위들이 그의 마음속에 악한 준칙들을 추론할 수 있게 하는 성질의 것이기 때문이다." 그러므로 선악 모두 단순한 행위의 문제이기보다는 오히려 본래 그 행위의 근거를 이루는 의지의 준칙의 문제이며 이 준칙을 채용하는 '심성'의 문제이다. 준칙이란 칸트에 의하면 각자의 의지에 있어서 타당한 주관적인 실천적 원리, 즉 '의지가 자기의 자유 사용을 위하여 스스로 결정하는 규칙'이다. 보다 쉽게 말하자면 행위에 있어 우리가 선택할 때마다의 원칙이라고 할 수 있을 것이다.

인간의 의지는 이와 같이 그 준칙에 의해서만 선 또는 악이라고 판정되는 것이기 때문에 인간이 본성상 악하다는 것은 인간이 그 본성상 언제나 악한 준칙을 그 의지에 받아들인다는 것을 의미한다. 이 경우 악이란 바로 도덕률을 배반하는 것이기 때문에 악한 준칙이란 도덕률을 배반하는 준칙이다. '악으로의 성향'이라는 것은 그러나 항상 도덕률에 반하는 것을 의지의 준칙으로 선택하는 성향인데 습관이 된 욕망인 경향성에 영향을 미치고 무반성적으로 반법칙적인 동기를 의지에 혼입시키는 경우의 성향이라고 말한다. 왜냐하면 칸트에 의하면 성향(propentio)은 '인간에 대해 우연적인 것으로서의 경향성(concupiscentia)을 가능케 하는 주관적 근거'를 의미하는 것이기 때문이다.

칸트는 이 '인간의 본성 안에 있는 악으로의 성향'에 세 단계를 들고 있다. 첫째 단계는 채택된 준칙 일반을 따를 때의 인간심정의 연약성 혹은 허약성(fragilitas)이고 둘째 단계는 도덕적 동기와 비도덕적 동기를 혼합시키는 인간심정의 불순성(impritas)이며 셋째는 의도적으로 악한 준칙을 채용하려는 인간심정의 사악성(pravitas)이다.

제1의 성향은 이념적으로는 선한 준칙을 선택하여 그것을 따르려고 하면서도 실제적으로는 경향성에 의거한 다른 동기에 압도되어 그것을 실행하지 못하는 심정의 허약성이다. 이것은 「로마서」 7장 19절에 있는 사도 바울(Paulus, 4?~64)의 한탄 속에서 다음과 같이 표현되고 있다. "마음으로는 원이로되, 실천이 어렵습니다."

제2의 성향은 준칙을 선하게 가지고 그 실행까지도 허약함이 없이 그것을 추종하지만 그것이 순수하게 도덕적이지 못한 것은 법칙만을 충분한 동기로 받아들이지 않고 다른 동기들을 함께 받아들이기 때문이며 이로써 결과적으로는 의무에 합당한 행위일지라도 순수하게 의무에서만 나온 행위가 아니게 된다. 그러나 제1의 성향과 마찬가지로 아직은 진정으로 악한 것은 아니다.

마지막으로 제3의 성향은 도덕법을 분명히 의식하고 있으면서도 도덕법에 위반되는 악한 준칙을 채용하는 것으로서 칸트가 말하는 이른바 도덕적 질서의 전도(reversal)이며 인간심성의 타락이다. 바로 이것이 칸트의 말대로 모든 악한 준칙채용의 주관적 최초근거로서의 근본악(radical evil)인 것이다.

이 성향은 도덕법으로부터 나오는 동기보다 비도덕적인 동기를 더 선호하는 이지의 준칙으로의 성향이다. 아직 법적으로는 선한 행위들이 있을 수 있으나 이미 그로 말미암아 사고방식이 근원적으로 (도덕적 심성에 관한 한) 부패했으며 이런 까닭에 인간은 악하다고 할 수 있다. 그리하여 칸트는 이를 '인간심정의 부패' 라고 부르기도 하고 '도덕적 질서의 전도' 라고 부르기도 한다.

◆ 생각하기 ··························

1. 근본악은 인간의 힘으로 소멸시킬 수 있는 것인가?

도덕과 르상티망

탁월한 생철학자이자 키르케고르와 더불어 실존철학의 선구자로 간주되는 독일의 철학자 프리드리히 니체에 의하면 세상을 지배하고 있는 다양한 도덕에는 주인도덕(Herrenmoral)과 노예도덕(Sklavenmoral)이라는 기본적인 구별이 있다. 니체는 도덕법칙에 대한 무조건적 신뢰를 부도덕한 태도로 간주하고 도덕법칙을 맹종하는 태도를 노예적 굴종이라고 비난한다.

주인도덕은 선도 악도 알지 못하고 약한 것을 경멸하고 자기 자신에게 강함을 적용하는 탁월한 인간의 도덕이다. 그리하여 선악의 피안에서 행위 할 수가 있고 나아가 스스로를 가치의 결정자로 여기는 <고귀한 인간>의 도덕인데 반해 노예도덕은 생명력이라는 점에서 열등한 <천민>의 도덕이다. 그것은 본질적으로 약한 것을 선으로 느끼고 강한 것을 두려워하여 악으로 느끼는 유용성의 도덕이라고 주장된다.

따라서 전자에서는 강함과 고귀함을 의미하는 '우량한' 성질과 경멸적인 것을 의미하는 '열악한' 성질의 대립이 문제인데 반해 공리도덕으로서 강한 것을 증오하는 후자에서는 '선한' 성질과 '악한' 성질의 대립이 문제이다. 즉 후자는 무능하고 열등한 노예의 르상티망(Ressentiment)에 의한 가치의 전도에 기초한 것으로 니체에 의해 기독교 도덕과 등치되는 서양의 근대 시민사회의 도덕은 바로 이러한 노예도덕의 승리를 나타내는 것이다.

사실 니체의 이러한 사상은 막스 셸러에 의하면 "도덕적 가치 판단의 기원에 대해 근대에 이루어진 아주 약간의 발견 중에서 … 가장 심원한 것"이기도 하다. 셸러는 내적 체험 및 작용의 통일체의 하나인 르상티망을 "전적으로 특정한 원인과 결과를 수반한 혼의 자기 중독"으로 성격 짓고 있다. 니체는 르상티망의 형성에 복수충동이 중요한 역할을 한다고 주장한다. 그는 『도덕의 계보』(*Zur Genealogie der Moral*, 1887)에서 다음과 같이 말하고 있다. "도덕에서 노예의 반란은 르상티망 자체가 창조적인 것이 되어 가치를 산출함으로써 시작한다. 그것은 본래의 반응, 즉 행위에 의한 반응이 거부되고 있고 상상의 복수에 의해서만 그 보충을 하는 자들의 르상티망이다."

복수충동은 선제공격 혹은 침해에 대한 반응적 충동의 하나인데, 그것이 반격이나 방어 충동과 일치하지 않는다는 것이 중요하다. 즉 복수라는 사태에는 첫째로 "직접적으로 생기는 적대 충동의 … 적어도 순간적인 혹은 일정한 시간의 제지 및 억제, 또한 그와 관련하여 이러한 적대 반응의 다른 때 및 보다 적절한 상황으로의 연기"가, 둘째로 "끊임없이 '그것 대신에 이것'이라는 의식을 포함하고 있는 것"이 본질적이다. 이러한 복수충동은 르상티망이 형성되기 위한 출발점을 이루고 있는데 그것만으로는 아직 충분조건이 되지 못한다. 왜냐하면 르상티망은 복수충동으로부터 앙심·질투·시기·음흉의 단계를 거쳐 비로소 형성되기 때문이다. 예를 들면 복수충동은 복수가 실행되거나 참된 용서가 생길 경우에는 자연히 해소되어 버리며 그 경우에 그것은 르상티망으로 형성되지 않는다. 르상티망이 되는 것은 뚜렷한 '무력감' 때문에 자신의 정서를 적절히 표현하는 행동이나 표현이 제지받고 있을 때뿐이다. 그러므로 르상티망은 항상 약자의 태도이며 "그때마다의 '봉사자'·'피지배자'"에 한해서 형성된다.

셸러는 이러한 복수감정이 르상티망으로 이행하는 특정 상황을 드러내려고 시도하는데 그 예로서 첫째로 어떤 집단의 관습적인 지위와 사실적인 권력의 괴리가 큰 경우를 제시하고 있다. 이 관점에서 보면 카스트제도가 지배하고 있는 인디아 같은 고정적 신분 사회나 혹은 그와 반대로 정치적·사회적 소유의 평등을 지향하는 민주주의에서 르상티망의 부담은 약간에 그친다. 이에 반해 공적인 정치적 측면에서는 형식적으로 평등함에도 불구하고 실제로 재산이나 권력의 측면에서는 다양한 불평등이 존재하고 있는 사회에서 복수감정에 기초한 르상티망은 확실히 강력해진다. 둘째로 굴욕적인 상태가 운명이라고 느껴지면 느껴질수록 복수감정은 르상티망으로 이행하게 된다. 그 예로서 자연적 소질 부분에서 결함을 가진 사람이나 유대인의 르상티망이 제시되고 있다. 복수감정은 또한 노동자 운동에서도 강력한 동인이 되고 있다. 따라서 정치인들의 비판을 위한 비판은 적극적인 목표를 가지지 않는 '르상티망 비판'이며 그러한 비판을 하는 자들은 만약 자신들의 비판 일부가 실현되면 오히려 불만을 가지게 된다.

복수감정 다음으로 르상티망을 형성하는 출발점을 이루는 것은 셸러에 의하면 선망・질투・경쟁 노력이다. 선망은 좋은 것을 소유하고 싶어도 소유하지 못하는 단순한 '무력함'에 불과한 것을 우리의 노력에 <반대하는> 적극적인 작용성이라고 생각하는 착오인데 이 착오 때문에 좋은 것을 획득하려는 의지가 오히려 이완되어 버린다. 그러므로 선망은 가장 무력한 것이며 문명을 추진하는 힘이 될 수는 없는 것이다. 그런데 선망 가운데서 가장 강력한 르상티망 형성의 원인이 되는 것은 실존적 선망인데 이 선망에서는 다른 인격의 단순한 현존이 자신의 인격에 대한 비난으로 여겨진다. 그러나 이러한 실존적 선망은 드물며 대체로 아름다움과 종족의 고귀함 및 유전적 성격 가치에 대한 선망이 르상티망의 형성에 중요하다.

나아가 셸러에 의하면 자기 자신과 타자의 가치를 비교하는 것이 르상티망의 근원에 존재하고 있다. 문제는 모든 인간이 똑같이 행하고 있는 비교 자체가 아니라 자기 가치와 타자 가치의 파악이 비교를 통해 비로소 체험되는 비속한 태도이다. 즉 '고귀한 자'는 비교에 앞서 자신의 자기 가치를 <무반성적으로 의식>하고 있어서 타자의 적극적인 가치를 안심하고 수용할 수 있는데 반해 '비천한 자'는 "타자를 자기에 맞추어 자기를 타자에 맞추어 헤아리지 않고서는 … 타자의 가치를 파악할 수 없다." 비천한 자는 비교하는 태도에 <강함>이 결부되면 타자보다 더 나아야 한다는 것을 자기 노력의 목표 내용으로 삼는 야심가가 되고 이와 반대로 <약함>과 결부되면 르상티망 유형이 된다.

그러나 르상티망의 작용에서 보다 중요한 것은 니체의 표현에 따르면 '가치표의 위조'이다. '가치표의 위조'에서는 특정한 대상의 적극적 가치가 부정되는 것이 아니라 "표준적 가치 감지 및 노력에 대해 적극적이고 선취된 가치인 사물이나 인간의 가치가 … 소극적 가치로 전도되는 것"이며 여기에서 노예의 반란은 완성되는 것이다. 니체와 셸러는 이 전도를 단지 타락으로서만 파악하고 있다. 즉 그들은 서양의 근대를 긍정적으로 보고 있지 않는 것이다. 그렇다면 근대 노예도덕의 기본적 특징을 개괄해 보기로 하자.

① "도덕적 가치는 개체로서의 인간이 그 힘과 노동을 통해 획득한 특성들이나 행위에만 귀속한다."는 법칙. 말하자면 인간의 소질에 기초한 윤리적 가치의 차이를 인정하지 않는 것이다. 이로부터 개개인은 윤리적으로 평등하다는 이론이 생긴다. 여기에는 보다 높은 위치에 있는 자를 자신의 위치까지 끌어내린다는 르상티망적 소망이 은폐되어 있다.

② "가치일반, 특히 도덕적 가치는 인간의 의식에서의 주관적 현상일 뿐이고 그로부터 독립해서는 어떠한 실존이나 의미도 갖지 못한다."는 전제. 윤리적 평가에서 보편타당성의 강조는 르상티망의 결과인데 여기에서도 르상티망은 중요한 역할을 하고 있다. 즉 르상티망을 품은 인간은 객관적 가치 서열이라는 이념을 감당할 수 없기 때문에 그것을 자신의 현실적 상태까지 끌어내리고 그 대신에 가치 파악의 보편성을 찾게 된다. 그러나 가치의 객관성과는 전혀 무관하며 이러한 시도는 근본적으로 전도되고 있다.

③ "약함이 공로이고 보복하지 않는 무력함은 '선'이며 소심한 비열함은 '겸손'이라고 …" 꾸며대는 사태.

또한 니체는 『도덕의 계보』에서 "복수와 증오의, 유대교적 증오의 … 저 나무의 줄기로부터 똑같이 비교할 수 없는 무엇이, 하나의 새로운 사랑이 모든 종류의 사랑 가운데서 가장 깊고 숭고한 사랑이 생겼다."고 서술하고, 그러한 사랑의 화신인 <예수 그리스도>를 통해 이스라엘은 그 복수를 달성했다고 여기고 있다. 그러나 이것은 셸러에 의하면 완전히 잘못된 것이다. 즉 박해받은 유대인의 복수를 원하는 르상티망이 기독교의 사랑이라는 형식으로 정당화되었다는 니체의 설명에 대해 셸러는 기독교 윤리의 핵심이 르상티망의 토대 위에서 성장한 것이 아니라고 주장한다.

그는 기독교의 사랑의 이념을 그리스의 사랑의 이념과 비교함으로써 자신의 견해를 확인하려고 한다. 그것에 의하면 그리스의 사상가들은 사랑을 '보다 낮은 것'이 '보다 높은 것'으로, '보다 불완전한 것'이 '보다 완전한 것'으로 … 향하는 노력 · 경향이라고 여기는데 반해 기독교사상에서는 사랑의 운동이 방향전환을 하고 있다. 즉 기독교는 그리스 사상과 반대로 고귀한 자가 비속한 자에게 내려간다는 운동방향을 취하고 있는 것이다.

무엇보다도 기독교의 사랑에서 가치의 증대는 사랑하는 자 쪽에 있기 때문에 기독교의 사랑의 이념은 결코 르상티망에 기초할 수 없다. 즉 이러한 사랑의 태도에서는 보다 완전한 삶이 보다 불완전한 삶에 대해 자신의 생명의 충만함에 기초하여 그 풍부함을 자유로이 베풀고 그리하여 자신이 보다 풍부해 진다. 따라서 그것은 삶의 쇠퇴와는 전혀 무관한 것이다. 아니 오히려 최대의 생명성을 가지는 자는 오히려 생명에 대해 무관심하며 반대로 이기주의나 자기 보존의 본능이 그것에 집착하는 것이다.

이와 같이 본질적으로 르상티망과 무관한 기독교의 사랑이 일면적으로 유사하기는 하지만 실제로는 르상티망에 기초하고 있는 '이타주의'(altruism)와 혼동되기 쉬운 점을 셸러는 또한 지적하고 있다. 이타주의는 근대적 인간애의 기본적 특징인데 그것은 기독교 안에도 부분적으로 스며들어 있다. 이러한 태도는 자기의 생명력의 충만함에 기초한 것이 아니고 자기 도피를 정당화하는 것에 불과하다. 즉 자기의 약함에 대한 증오 때문에 타자가 요구되고 있는 것이지 타자의 적극적 가치가 통찰되고 있는 것은 아니다. 마찬가지로 르상티망에 기초한 윤리적 태도에서 약자에 대한 사랑은 강자에 대한 증오의 위장이며 그러한 태도를 취하는 기독교인은 실제로는 자기가 할 수 없는 복수를 신에게 맡기고 있음에 불과한 것이다.

셸러는 이처럼 기독교의 사랑이 그 진정한 형태에서는 르상티망에 기초한 것은 아님을 보인 후에 니체가 왜 기독교 도덕의 근원에 대해 이러한 잘못된 이론에 도달하게 되었는지를 밝히고 있다. 셸러는 그 첫 번째 이유로 니체가 기독교의 에토스를 그 종교적 의식으로부터 분리해 버리고 있음을 들고 있다. 즉 셸러에 의하면 기독교에는 모든 삶의 영역을 초월한 '하나님의 나라'로서의 정신의 영역이 상정되고 있기 때문에 기독교인에게 생명 가치의 실현은 결코 최고선이 아니다.

그런데 니체는 이 점을 간파해 내지 못했던 것이다. 더욱이 기독교에서 말하는 '하나님의 나라'는 현실의 국가나 사회와 무관하기 때문에 니체처럼 예수를 삶의 발전에 봉사하는 일종의 사회주의자로 보는 것도 또한 있을 수 없다. 기독교 도덕을 단지 '최대의 생명량'이라는 기준에 의해서만 파악하고 그 가운데서 쇠퇴하는 가치만을 보는 것은 셸러에 의해 전적으로 거부된다.

니체가 범한 오류의 두 번째 원인으로 셸러는 "이미 일찍부터 전혀 다른 역사적 기반을 가진 가치들과의 역사적 상호 작용을 통해 생기기 시작하고 그 이후의 역사에 대해 다양하게 규정적으로 되고 있었던 기독교 도덕의 사실적인 훼손"을 들고 있다. 즉 르상티망에 기초한 근대적 인간애의 이념과 본질상 이와 전혀 근원을 달리하는 기독교의 사랑 이념이 역사적으로 혼합되어 나타난 탓에 니체는 참된 사태를 오해했던 것이다.

◆ 생각하기 ••••••••••••••••••••••••••••••••••

1. 그렇다면 근대적 인간애와 기독교의 사랑의 이념은 본질적으로 어떻게 다른가?
2. 르상티망은 부정적인 측면만 있는 것인가?

가치판단과 선택의 길

가치(value)란 사람들이 삶에서 귀중한 것이라고 생각하는 어떤 것을 말한다. 즉 인간이 자신의 생명을 유지하고 성장시키기 위해 필요로 하는 것, 말하자면 자신의 생명을 던져서라도 획득하려는 것으로 인생의 목표라고도 할 수 있다. 사람들은 누구나 '내가 그것을 위해 죽을 수 있고 또 그것을 위해 살아야 할'만큼 자기가 중요하다고 생각하는 가치를 얻기 위해 노력한다. 그런데 가치는 그 추구하는 삶에 따라 서로 다를 수 있고 또 서로 대립할 수도 있다. 그럴 경우 우리는 가치의 선택을 두고 회피할 수 없는 갈등에 빠지게 된다. 이러한 갈등을 해결해야 하는 것은 인간의 숙명이며 선택을 회피한다고 해서 선택에 대한 책임이 면제되지 않는다. 왜냐하면 선택의 회피도 역설적으로 하나의 선택이며 모든 선택에는 필연적으로 책임이 따르기 때문이다.

윤리사상사를 통해 볼 때 가치의 대립에서 발생하는 갈등을 어떤 원리나 원칙에 따라 해결하려는 노력은 유교・불교・유대교・그리스철학・기독교・스콜라철학 등을 통해 일찍이 이루어졌으며 이러한 노력에 의해 결의론(決疑論)이 성립되었다. 이 결의론은 법전이나 종교적 계율・전통적인 관습이나 도덕적 규범에 의해 복잡한 분쟁 상황을 해명하고 갈등을 일으키는 이해관계나 의무의 분쟁을 해결하며 올바른 행위를 위한 지침을 제시하였다.

이러한 결의론과 달리 하르트만(N. Hartmann, 1882~1950)은 가치의 대립에서 유래하는 도덕적 갈등을 가치의 고저(高低)와 강약을 기준으로 해결하려고 한다. 이와 유사한 시도는 유교에서도 찾아볼 수 있는데 유교는 가치판단의 기준을 존비(尊卑)와 경중(輕重)으로 구분하고 갈등이 생길 경우 낮은 가치보다는 높은 가치, 가벼운 가치보다는 무거운 가치에 우위를 인정하였다. 스토아학파는 가치를 최고 가치(megiste axia: 참된 선)와 자연에 따르는 2차 가치(kata physin: 건강・신체의 안전・체력과 아름다움 · 물질의 소유)로 구분하고 있고 아우구스티누스는 더 높은 가치(영구불변 · 불멸의 가치)와 더 낮은 가치(일시적 · 가변적 · 소멸적 가치)로 구분하고 갈등이 생길 경우 보다 높은 가치를 위해 보다 낮은 가치를 희생하라고 주장하였다. 그러나 가치의 고저와 강약 · 존비와 경중을 판단하는 것도 간단한 일이 아니다. 하르트만은 막스 셸러가 제시한 가치의 고저를 평가하기 위한 다섯 가지 기준을 다음과 같이 소개하고 있다.

① 가치 그 자체가 변하지 않고 시간을 초월하여 지속될수록 위계가 높다. 예컨대 쾌적의 가치는 특정한 감수성의 지속에 매이고 재화의 가치는 특정한 상화의 지속에 의존하지만 정신적 가치는 경험적인 모든 것을 초월한 타당성을 가지고 기분과 상황이 종식된 후에도 존속한다. 이와 마찬가지로 도덕적 가치는 수반되는 작용과 더불어 생멸하지 않으며 사랑은 오직 영원성에서만 그 참된 의미를 지닌다. 따라서 지속성을 가진 가치는 가변적인 가치에 비해 높은 가치이다.

② 가치 보유자가 확장되거나 축소되거나에 따라 가치 성격에 변동이 없는 가치일수록 높다. 예컨대 물질적인 재화의 가치는 여러 사람에게 나누어 줄 수 있고 그렇게 함으로써 감소하는 반면 정신적인 재화의 가치는 나눌 수 없으며 이에 참여하는 자의 수와 무관하다. 따라서 정신적인 가치는 물질적인 가치보다 높다.

③ 성층(成層)의 가치는 토대의 가치보다 높다. 어떤 특정한 가치 A가 이미 주어져 있는 한에서만 하나의 특정한 개별적 가치 B가 주어질 수 있을 때 가치 A는 가치 B를 정초하는 것이다. 예컨대 성실의 가치는 타인에게 거짓말을 하지 않는 신의의 가치 위에 성립하고 타인을 돕는 가치는 자신을 양보하는 가치에 토대를 두고 있다. 이때 성실과 협조는 성층의 가치이고 신의와 양보는 토대의 가치이며 전자의 가치는 후자의 가치보다 높다.

④ 인간의 내면성이나 자아와 보다 더 깊은 관계를 가지면 가질수록

그 가치는 높고 그렇지 않은 경우는 그 가치가 낮다. 물질적 가치는 그것이 사람에게 주는 만족감이 아무리 강하다 할지라도 정신적으로는 저속한 것이며 예술적 감상이나 종교적 깨달음이 주는 만족감은 아무리 하찮은 것이라도 심오한 체험이므로 이것이 보다 더 높은 가치에 해당된다. 여기에서 만족은 쾌락과는 무관한 충족 체험을 의미한다.

⑤ 특수한 대상에게만 타당한 특수한 가치에 비해 보편타당한 가치가 높다. 육체적인 쾌락과 향락의 가치는 감성적인 존재자에게만 존중되는 가치인 반면 정신적으로 성숙된 인격의 가치는 모든 인간이 존중하는 보편적 가치이므로 육체적 쾌락의 가치에 비해 높다.

이와 같이 가치 고저의 기준을 제시한 후 셸러는 가치 간에 존재하는 두 가지의 선천적 질서를 제시한다. 첫 번째 질서는 가치의 높이가 가치의 본질적 담지자에 따라 규정되는 (상대적으로) 형식적인 질서이며 두 번째 질서는 가치질의 계열의 최종적 통일 사이에서 성립하는 (셸러가 가치양상으로 부르는) 순수한 실질적 질서이다. 첫 번째 질서에서는 예를 들면 인격가치가 물건가치보다 또한 자체가치가 종속가치보다 높다는 것, 나아가 자기가치와 타자가치가 높이에서는 동등하지만 후자를 실현하는 작용은 전자를 실현하는 작용보다 높다는 것 등이 표명되고 있다. 그러나 셸러가 보다 중요하고 기초적인 것으로 여기는 것은 가치양상의 질서이다. 그에 의하면 그것은 다음과 같은 것인데 뒤의 것으로 갈수록 선천적인 가치 서열에서 높은 위치를 점하게 된다.

㉠ 감성적 감지에 대응하는 쾌적 및 불쾌라는 가치계열. 셸러에 의하면 문명이라는 말로써 표현되고 있는 '유용한 것'의 가치는 이 가치계열에 대한 종속가치이다.

㉡ 생명가치의 계열. 이러한 가치양상은 자체가치로서는 '고귀'와 '비천'이라는 대립에 의해 포괄되는 가치질이다. 생명가치는 전적으로 독자적인 하나의 가치양상이고 따라서 결코 다른 가치양상으로 '환원될' 수

없다.

㉢ 정신적 가치의 영역. 이것은 미적 가치 · 정의의 가치 · 순수한 진리 인식의 가치로 구분된다. 정신적 가치일반에 종속하는 가치는 문화가치이다.

㉣ 성스러운 것과 세속적인 것이라는 가치양상. 이 가치질은 사랑에 의해 식별되며 무한한 인격적 정신이자 가치 중의 가치인 절대적 대상, 즉 신에 바탕을 두고 있다.

도덕적 가치들은 원래 절대적인 것이지만 그 도덕적 가치들이 어떤 의미에서는 상대적인 것이라고 생각될 수도 있다. 다시 말하면 도덕적 가치는 다양한 윤리를 실천하는 상이한 사회에 따라 상대적이라고 생각될 수 있으며 혹은 동일한 사회라 하더라도 그 사회의 현재의 윤리가 그 이전 세대의 윤리와 현저하게 다르다는 점과 관련해서 상대적이라고 생각될 수 있다. 셸러에 의하면 가치는 영원하고 불변적이어서 변화하거나 변동될 수 없는 것이라고 한다.

그런데 상이한 집단이 상이한 도덕적 관행을 갖는다는 사실은 가치가 일정한 사회에 대해서 상대적일 뿐이라는 점에서 상이하다는 의미가 아니고 오히려 각각의 사회는 그 자신이 다양한 관점으로부터 절대적 가치를 바라 볼 뿐이라는 의미에서 상이하다는 것이다. 즉 그것은 각자가 별개의 창문을 통해 절대자를 바라보고 있다는 헤겔의 말과 같은 의미에서 그러하다는 것이다. 따라서 도덕적 가치가 상대적인 것이 아니라 우리의 지식이 상대적인 것이며 따라서 가치 상대주의가 아니라 가치관점주의(value perspectivism)라고 부르는 것이 옳을 것이라고 사하키안(W.S. Sahakian)은 말하고 있다.

그렇다면 가치의 강약을 평가하는 기준은 또한 무엇인가? 그것은 어떤 가치가 침해를 받았을 때 일어나는 부정적인 가치감정의 강약에 의해 식별된다. 예컨대 인권과 재산과 생명가치의 경중을 평가하려면 이들이 침해되었을 때 일어나는 부정적인 가치감정, 즉 이에 대응하기 위한 가치감정의 강약에 따라 평가해야 한다. 이 경우 인권침해나 재산권의 침해에 대해서는 도덕적인 비난이나 경멸 혹은 물질적인 보상으로도 충분하나 생명의 침해에 대해서는 폭력에 의한 정당방위나 법적인 제재조치로 대응하지 않을 수 없다. 따라서 이 경우는 비난과 보상의 정도를 넘어 저항과 제재의 정도에까지 이르므로 보다 더 강한 가치임이 확인된다.

이러한 기준에 따라 우리는 가치대립에서 유래하는 갈등에 직면했을 때 이를 해결하기 위해서는 높고 강한 가치를 선택하고 낮고 약한 가치를 포기해야 한다. 그러나 이러한 원칙은 무한히 복잡한 가치관계 속에서 나타나는 미소한 고저와 강약의 차이를 정확히 판단하기에는 너무나 불충분하다. 그리하여 디트리히 폰 힐데브란트(D.v. Hildebrand, 1889~1977)는 '가치반응설'을, 셸러는 '가치우선설'을 통해 그 원칙을 보완할 수 있을 것으로 믿었다. 즉 힐데브란트에 의하면 어느 가치에 대해서나 그 가치의 본질에 일치하는 태도나 감정적 반응은 모든 사람들에게 공통적으로 하나밖에 없다는 것이다. 예컨대 죽음의 장면을 보고 누구나 슬퍼하지 기뻐서 웃는 사람은 없으며 이러한 반응을 자의로 변경시킬 수가 없다고 한다.

셸러도 모든 인간에게는 어떤 가치가 위에 있는가를 판단하는 선천적인 감정, 즉 가치우선감이 있으며 이것은 적극적인 의지결정을 위해서 뿐만 아니라 모든 태도결정에 작용한다고 주장한다. 이와 같이 인간은 가치반응의 감정과 가치우선감에 의해 보다 더 미소한 가치의 고저와 강약의 차이를 판단할 수 있다.

◆ 생각하기 ··························

1. 그런데 우리가 가치의 고저와 강약의 미소한 차이까지 정확히 구분하고 높은 가치와 강한 가치를 선택하며 낮은 가치와 약한 가치를 배제한다고 하더라도 우리는 아직 도덕적 갈등에서 완전히 벗어난 것이 아니다. 그 이유는 무엇인가?

규범윤리학과 메타윤리학 윤리나 도덕이라는 말을 들으면 누구나 행위의 선악이나 인간의 삶의 방식을 떠올린다. 이와 같이 '인간은 어떻게 살아야 하는가?' '어떤 행위가 참으로 의미 있고 선한 행위라고 불리는가?' 라는 물음에 답하려고 하는 시도가 규범윤리학(normative ethics)으로 불린다. 이 때문에 도덕규칙을 정식화하고 기본적인 도덕기준을 찾아내어 정당화하는 것이 중심과제가 된다.

이 과제에 대한 답은 의무론과 목적론이라는 두 가지 광범위한 범주로 나누어진다. 양자의 근본적인 차이는 윤리기준을 정할 때 의무론적 이론은 가치를 고려하지 않으나 목적론적 이론은 가치를 고려한다는 데 있다. 의무론적 이론은 그 기준을 세울 때 옳음이라는 개념을 사용하지만 목적론적 이론은 행위를 통해 생겨난 선이나 가치를 윤리적 가치의 주요기준으로 삼는다. 의무론적 이론은 평등이나 공평함 같은 형식적 기준을 제시하지만 목적론적 이론은 행복이나 쾌락 같은 실질적 기준을 제시한다.

이렇게 획득한 기준 가운데 보편적인 최고의 기준을 무엇이라고 생각하는가에 따라 현대의 규범윤리학은 신학적 윤리학・의무론적 윤리학・공리주의・이기주의 윤리학・덕 윤리학(virtue ethics)・목적론적 윤리학(teleological ethics)・자연법 윤리학(natural law ethics)・계약 윤리학(contract ethics) 등으로 나뉜다. 이 중에서 대표적인 것은 다음과 같다.

우선 신학적 윤리학(theological ethics)은 신의 뜻에 따라야 한다는 요구를 최고의 기준으로 제시한다. 그런데 이 윤리학은 하나의 근본적인 딜레마를 안고 있다. 즉 신이 어떤 것을 명령했기 때문에 그것이 도덕적으로 정당한지 아니면 어떤 것이 도덕적으로 정당하기 때문에 신이 그것을 명령했는지 명확하지 않다는 것이다.

최대다수의 최대행복을 주창하는 공리주의는 구성원 전체의 행복을 최고의 도덕적 기준으로 간주하는 반면 이기주의 윤리학(egoistic ethics)은 자신의 장기적인 행복만을 최고의 도덕적 기준으로 간주한다. 규범윤리학의 이 두 형태는 한 행위의 결과를 관찰하고 그것을 최고목표, 즉 경험적으로 이해된 행복에 견주어 평가한다. 최고목표에 관심을 갖는 규범윤리학은 목적론적 윤리학이라고 불린다. 이에 속하는 것으로는 공리주의 외에도 행복을 관조에서 찾는 아리스토텔레스의 지향의 윤리(intentional ethics)나 삶의 고양을 최고목표로 삼는 니체의 생철학(life philosophy)이 있다.

의무론적 윤리학(deontological ethics)에서는 도덕적 명령을 정초할 때 목적론적인 사항, 특히 경험적 사항을 고려하지 않는다. 칸트에 의하면 하나의 행위는 그 자체로 선한 준칙을 따를 때 도덕적으로 정당하다고 간주된다. 물론 이것은 공리주의와 극단적으로 대립되는 것이 아니다. 왜냐하면 의무론적 윤리학은 타인의 행복을 촉진한다는 준칙도 지지하고 있고 따라서 그 준칙을 적용할 때 경험적 사항을 고려하지 않을 수 없기 때문이다.

그런데 20세기 전반의 주류였던 분석철학 · 언어철학에 영향을 받아 '개념의 분석'이라는 방법을 윤리학에 적용한 메타윤리학(meta-ethics)이 등장하면서 이후 1960년경까지 영미권에서 윤리학이라고 하면 메타윤리학을 들 정도로 대세가 되자 자연히 규범윤리학적 연구는 주류에서 밀려나게 되었다. 그러나 이후 1970년대에 규범윤리학이 복권되고 윤리학의 주류는 다시 규범적인 문제와 응용윤리학적 문제로 이행한다. 결국 존 롤스가 보다 실천적인 윤리학(규범윤리학)을 부흥시킨 이후부터 메타윤리학과 규범윤리학은 상보적인 관계를 이루며 지금에 이르고 있다.

메타윤리학은 1903년 조지 무어가 『윤리학 원리』를 출판한 것을 기점으로 한다. 메타윤리학이라는 말은 1949년 「도덕 판단의 분석에 관하여」(On the Analysis of Moral Judgments) 라는 논문에서 에어(A.J. Ayer, 1910~89)가 처음 사용하였는데 직관주의 · 자연주의 · 정서주의를 포함한 모든 도덕이론들이 실제 행동에서는 중립적이라는 점을 설명하게 위하여 사용하였다.

메타윤리학은 도덕적 판단의 내용이 아니라 형식을 연구하는 것으로 윤리와 도덕의 기본개념, 예컨대 선 · 옳음 · 당위 · 양심 · 의무 등의 의미와 용법의 분석을 대상으로 한다. 즉 이러한 도덕개념이 지니는 언어적 의미가 중요한 것이다. 이 개념들의 도덕적 사용과 도덕 외적인 사용방식을 구별하는 작업과 어떻게 도덕적 판단이 정당화될 수 있는가 하는 문제를 중요하게 다룬다. 그리하여 영어로는 종종 study of ethics가 아니라 study about ethics라고 설명된다. 말하자면 '개별 윤리를 연구하는 것'이 아니라 '윤리 그 자체에 관한 연구'인 것이다.

예컨대 '사형 제도를 폐지해야 한다.' 거나 '그 자체로 선한 것은 좋은 것이다.' 같은 주장에 대해 메타윤리학에서는 사형 제도를 폐지해야 하는지 어떤지, 그 자체로 선한 것은 좋은 것인지 아닌지 같은 내용을 논의하는 것이 아니라 도덕 판단에 관한 명제나 개념에 주목하여 <그 주장은 '밖에 비가 내리고 있다.'는 주장과 마찬가지로 참 혹은 거짓이라고 말할 수 있는가?> 라거나 <'해야 한다.'나 '선함'은 발언자의 주관적인 의견에 불과한 것인가 아니면 어떤 객관적인 사실에 기초하고 있는 것인가?> 라는 문제를 검토한다.

이러한 메타윤리학의 주장들 중 가장 대표적인 것으로 인지주의와 비-인지주의가 있다. 인지주의(cognitivism)는 선에 관한 판단은 어떤 사실에 관한 인지(認知)라고 생각하는 입장이다. 자연주의 · 직관주의 · 주관주의 · 착오이론 등이 인지주의에 포함된다. 비-인지주의(non-cognitivism)는 선에 관한 판단은 사실에 관한 인지가 아니며 사실에 관한 인지 이외의 요소를 포함하고 있다고 생각하는 입장이다. 정서주의 · 보편적 규정주의 · 투사주의 · 규범 표현주의 등이 여기에 포함된다. 이하에서 인지주의와 비-인지주의의 입장을 구체적으로 살펴보기로 한다.

우선 자연주의(naturalism)는 선을 일종의 자연적 성질이라고 생각하는 입장이다. 특히 메타윤리학에서는 무어의 용법에 따라 선을 자연적 성질로 정의(定義)하려고 하는 입장을 가리키는 말로 이 용어가 사용되고 있다. 오늘날에는 이 자연주의를 정의주의적 자연주의라고 부름으로써 형이상학적 자연주의와 구별한다. 자연주의의 예로 선을 쾌락이라고 간주하는 공리주의와 선을 진화로 간주하는 진화윤리학을 들 수 있다.

직관주의(intuitionism)는 무어의 입장인데 직관의 능력으로 선을 획득할 수 있다는 사고방식이다. 선에 관한 판단은 선에 관한 사실판단이 된다. 주관주의(subjectivism)는 선에 관한 판단은 자신의 선호에 관한 심리학적 판단이라고 생각하는 입장이다. 정서주의와 유사한 것처럼 보이지만 감정을 기술(외재)하고 있는 것인가 아니면 표현(내재)하고 있는 것인가 하는 것이 차이점이다.

착오이론(error theory)은 맥키(J.L. Mackie, 1917~81)의 입장으로 선은 그것에 관해 아는 것만으로 동기가 된다는 기묘한 성질이기 때문에 선은 실재하지 않는다—따라서 선에 관한 판단은 모두 잘못이다—는 사고방식이다. 착오이론은 메타윤리학에서 말하는 의미로는 실재론인데 다만 도덕 판단은 항상 거짓이라고 생각한다.

정서주의(emotivism)는 도덕 판단이 감정의 표현이며 도덕 판단은 그러한 표현을 통해 상대방의 감정에 호소하기 위한 도구라고 생각하는 입장이다. 비-인지주의를 내세운 최초의 입장이다. 보편적 규정주의(universal prescriptivism)는 헤어(R.M. Hare, 1919~)의 입장으로 도덕 판단은 보편화가 가능한 규범이라는 입장이다. '보편화가능성'은 어떤 상황에서 어떤 판단을 내린다면 그것과 보편적 성질에서 똑같은 다른 상황에서도 같은 판단을 내리는 것이 된다는 것이다. 또한 여기에서 말하는 규정에는 매우 강한 규정부터 소소한 추천까지 다양한 레벨의 규정이 포함된다.

투사주의(projectivism)는 블랙번(S. Blackburn)의 입장으로 선은 우리의 태도를 대상에 투영함으로써 대상과 유사한 성질이 된다고 생각하는 입장이다. 규범 표현주의(norm expressivism)는 기보드(A. Gibbard)의 입장으로 도덕 판단은 규범을 받아들이고 있음을 표현하는 것이라고 생각하는 입장이다. 반-흄주의(anti-Humeanism)는 맥도웰(J. McDowell)과 네이글(T. Nagel)의 입장으로 신념과 욕구는 다른 것이라고 주장하는 심리학—꼭 흄의 생각은 아니지만 흄 심리학이라고 불린다—을 부정하는 것으로 어떤 사실을 아는 것이 동시가 동기가 되기도 한다는 것을 주장하는 입장이다.

코넬실재론(Cornell realism)은 코넬대학의 보이드(R. Boyd) · 스터전(N. Sturgeon) · 브링크(D.O. Brink)가 제안한 입장인데 형이상학적 자연주의의 입장이다. 환원주의와 달리 선을 다른 자연적 성질로 환원 불가능한 독자적인 자연적 성질이라고 생각한다. 환원주의(reductionism)는 레일턴(P. Railton)의 입장으로 선을 자연적 성질로 환원가능한 자연적 성질이라고 생각하는 사고방식이다.

지금까지 규범윤리학과 메타윤리학의 주장들을 간략하게 살펴보았는데 사실 규범윤리학에게 메타윤리학이 전적으로 소원한 것만은 아니다. 왜냐하면 도덕원칙에 대한 분석은 개념을 분석함으로써 수행되고 도덕적인 사태의 정당화와 구성에 대한 물음에 의해 주도되어 왔기 때문이다.

아리스토텔레스는 모든 것이 목적으로 삼는 선이라는 형식적 개념에서 출발하며 최고의 선은 행복(eudaimonia)이라고 규정한다. 칸트는 무제약적으로 선한 것에 대해 묻고 자유를 자신의 원천으로 하는 선한 의지와 절대선을 동일시한다. 개념과 원칙에 대한 분석으로부터 도덕 판단의 기준이 도출된다. 아리스토텔레스는 삶의 형식을 판단하는 기준으로 행복을, 칸트는 준칙의 도덕적 판단기준으로 정언명령을 제시하였다. 그러므로 회페(O. Höffe)의 말처럼 규범윤리학과 메타윤리학은 오직 일정한 조건 하에서만 서로 구분될 필요가 있다.

◆ 생각하기 ••••••••••••••••••••••••••••••••••

1. 규범윤리학과 메타윤리학을 절충하려고 시도한 윤리학자는 누구인가?
2. '윤리'라는 개념 속에는 이미 보편 혹은 규범이 전제되어 있는 것은 아닌가?
3. 응용윤리에서 규범윤리학과 메타윤리학은 각각 어떤 역할을 담당하고 있는가?

응용윤리학의 요청과 도전 응용윤리학(applied ethics)은 20세기 후반에 폭발적으로 발전한 과학기술이 인간사회에 던져 준 새로운 문제들에 대해 대답하려고 하는—기존의 사회규범이나 도덕규범으로는 역부족이라고 생각하기 때문에—윤리학의 총칭이다. 그러므로 당연히 기존의 윤리학의 단순한 '응용'이 아니라 기존의 윤리를 넘어서는 내용을 포함하고 있다. 응용윤리학에 대해 벡커(L.C. Becke, 1939~)는 그의 『도덕적 판단의 정당화』(*On Justifying Moral Judgments*, 1973)에서 다음과 같이 정의하고 있다. 즉 그에 의하면

> 넓은 의미로는 개인적 · 사회적 문제 혹은 정책이나 제도 운영의 윤리적 측면을 탐구하는 (또는 그 문제들에 윤리적 고려를 적용하려고 하는) 시도. 좁은 의미로는 개인이나 집단의 행위를 평가하기 위해 복수의 윤리적 이유 · 규칙(rule) · 원리 · 이념과 평가를 활용하는 실천적 추론의 분야. 광의나 협의 어느 쪽을 채택하든 응용윤리학은 메타윤리학(윤리적 개념 · 추론의 분석), 규범윤리학(행위를 이끌거나 평가를 내릴 때 사용되는 규범들의 연구), 윤리이론(윤리적 문제 · 개념 · 원리 · 추론 및 그것들의 정당화를 포괄적으로 탐구하는 일)과 같은 윤리에 관한 다른 철학적 작업과 뚜렷한 대조를 이루고 있다.

즉 윤리학의 원리 부분과 달리 현대사회에 던져진 긴급한 문제—예를 들면 인간의 생사가 달린 의료기술의 적정한 사용방식, 지구환경문제의 대처 등—에 대해 이 학문이 제련해 온 도구를 이용하여 가능한 한 직접 대응하려고 하는 시도를 응용윤리학이라고 부르게 되었던 것이다. 이러한 용어법은 1980년대 중반부터 일반화된 것인데 현실문제에 대한 대답이나 대안을 제시하려고 하는 자세는 1960년대의 사회변동—특히 학생들에 의한 전통학문에 대한 이의제기 운동—으로 촉진되어 1971년에 창간된 잡지 『철학과 공적인 일』(*Philosophy and Public Affairs*)과 제임스 레이첼스(J.

Rachels, 1941~2003)가 편집한 『도덕의 문제들』(*Moral Problems*) 즈음부터 확립되기에 이르렀다. 물론 1971년은 규범윤리학에서도 존 롤스(J. Rawls, 1921~2002)의 『정의론』(*A Theory of Justice*, 1971)이라는 획기적인 사건이 일어난 해이기도 하다.

응용윤리학의 전사(前史)는 멀리 윤리학의 성립 시기인 소크라테스의 저항과 사형이라는 사건까지 소급할 수 있는데 이론적 활동으로서는 중세 도덕신학의 결의론의 전통이 그 하나의 원류를 이루고 있다. 결의론은 기독교의 고백의식이 사적이고 시정적인 성격을 띠게 되어 13세기 라테란 공의회에서 1년에 한 번 신도의 의무로 규정될 무렵부터 급속하게 발달된 것으로 '복수의 의무가 충돌할 경우에 무엇이 올바른가를 미리 결정해 두는 논법'을 말한다.

예를 들면 아퀴나스의 신학체계에서도 도덕적 완전성—일곱 가지의 덕목을 생활화하는 것—을 둘러싼 '수덕신학'(ascetical theology)과 신도들을 고민스럽게 하는 일상적인 경우에서 최소한의 도덕을 탐구하는 결의론이 수레의 두 바퀴 같은 역할을 담당하고 있다. 또한 반종교개혁의 전위였던 예수회(Jesuit)가 이 결의론을 발전시켜 가톨릭의 결의론은 17, 18세기에 그 최성기를 맞이하게 되었다. 그러나 19세기에는 그 영향력도 떨어져 검은 것을 희다고 농락하는 '궤변 · 기만'이라는 경멸적인 용어로 전락하게 된다.

시민혁명으로부터 산업혁명으로 이어지는 격동이 초래한 난제들에 대해 전통적인 발상들은 더 이상 대응할 수 없게 되었다. 그리하여 대신 등장한 것이 '최대다수의 최대행복'이라는 극히 간단한 원리를 가지고 개개의 행위나 제도의 옳음을 판정하려고 했던 벤덤과 밀의 고전적 공리주의이다. 이것이 응용윤리학의 두 번째 원천이다. 실제로 그들 '철학적 급진파'가 최대행복 원리의 '응용'의 성과로서 이끌었던 개혁은 매우 다양한 영역에 걸쳐 있다. 즉 형법 및 교도소의 개선 · 부인참정권을 포함한 보통선거 · 자유무역 · 노동조합의 합법화 · 공적 재정에 의한 국민교육 · 언론출판의 자유 · (최근 주목받고 있는) 동물의 권리의 승인 · 동성애 옹호론 등이다.

그런데 20세기에 이르러 고전적 공리주의가 사실로부터 당위를 도출하는 자연주의적 오류를 범하고 있다는 낙인이 찍혀 버리자 사회개혁을 위한 '응용'을 생명으로 하고 있었던 공리주의는 쾌락을 추구하는 개인도덕으로 축소되어 버렸다. 그 결과 20세기 전반 영어권의 윤리학은 도덕원리를 제시 · 응용하는 일을 보류하고 도덕언어의 분석에 그 학문적 관심을 집중했던 것이다(이른바 메타윤리학의 성행). 그러한 움직임에 기대를 걸었던 것이 1960년대의 사회 변동이며 이 외압 덕분에 메타윤리학과 윤리학설의 사상사적 연구라는 양극으로 분열되어 있었던 영어권의 윤리학자들도 이의 없이 현실에 눈을 돌려 현실에서 일어나고 있는 사회문제에 대해 어떤 태도결정을 촉구 받게 되었다.

여기에서 재빨리 『도덕철학의 응용들』(*Applications of Moral Philosophy*, 1972)을 발표했던 사람은 포로수용소 체험으로부터 도덕언어 분석을 지향하여 공리주의와 칸트윤리학의 종합을 겨냥한 헤어였다. 이어서 그의 제자 싱어(P. Singer, 1946～)가 『실천윤리학』(*Practical Ethics*, 1979)을 써서 응용윤리학의 토대를 견고하게 하였다. 이어서 1984년에 이르러 『응용윤리저널』(*Journal of Applied Philosophy*)이 창간되면서 이 영역에서의 계속적인 논쟁이나 정보교환(서평과 각종 연구회의 안내 등)이 체계적으로 이루어지게 된다.

다른 한편 1970년대 이래 다양한 공적 위원회가 윤리학자를 멤버로 가입시켜 구체적인 문제에 관해 연구자로서 발언하도록 요청하였다. 그리하여 우선 윌리엄스(B. Williams)를 좌장으로 한 '외설과 영화 검열에 관한 위원회'가 1979년에 보고서를 정리하여 발표하였고 1984년에는 불임치료의 가이드라인을 제시한 '워녹보고서'도 간행되어 응용윤리학의 성과가 말하자면 사회적으로 인지되기에 이르렀다. 그리고 1980년대 중반 무렵에는 거의 모든 대학의 철학 교육 커리큘럼에 이 과목이 채택되어 각종 편저·논문집이 속속 출판되고 있다.

나아가 독일어권에서는 응용윤리학의 번역·소개와 더불어 영어권의 동향과 마찬가지로 개별상황에서의 규범적용의 문제를 규범의 정초와는 구별된 독자적인 문제영역으로 취급하는 경향이 담론윤리학 내부에서 부상하고 있다. 역사가 논쟁이나 독일통일과 걸프전에 관한 하버마스(J. Habermas, 1929~)의 '정황에 따른 발언'을 일종의 응용윤리학의 실천으로 파악할 수도 있다. 또한 말년의 푸코(M. Foucault, 1926~84)의 작업을 응용윤리학의 범례로 보는 사람도 나타나고 있는 것처럼 더 이상 응용윤리학은 영어권만의 유행에 그치는 것이 아닌 것이다.

◆ 생각하기 ··································

1. 영미 윤리학계가 응용윤리학의 주도권을 쥐게 된 이유는 무엇인가?
2. 규범윤리학과 응용윤리학의 바람직한 관계를 논해 보라.

응용윤리 방법론 윤리학자의 실천문제에 대한 발언은 생명윤리의 영역을 중심으로 환경윤리 · 공학윤리 · 사회윤리 등에 걸쳐 광범위하게 이루어지고 있다. 그러나 그러한 발언의 대부분이 견고한 방법론에 기초하여 언급하고 있는 것이 아니라 가벼운 아이디어나 직관의 나열에 그치는 경우가 많다. 그렇다면 응용윤리는 어떠한 방법을 사용하는가?

가장 소박한 방법론 응용이라는 말을 액면 그대로 받아들이면 그것은 윤리학 이론을 특정한 과제에 '응용'함으로써 행위의 지침을 획득하는 것을 말한다. 이것을 연역주의(deductivism)라고 부를 수 있을 것이다. 예컨대 먼저 모든 규범적 판단의 기초가 되어야 할 제일원리를 정하고 그 이외의 모든 규범적 판단은 이 제일원리와 사실명제로부터 연역한다는 입장이 연역주의이다. 말할 것도 없이 공리주의는 이러한 형태의 연역주의이다.

그러나 윤리학 이론의 응용이라고 해서 반드시 처음에 주어지는 것이 단일한 제일원리일 필요는 없다. 존 롤스(J. Rawls, 1921～2002)의 정의의 두 원리처럼 서열이 확실한 복수의 원리가 처음에 주어져도 좋고 갈등이 일어났을 때의 조정원리만이 정해져 있는 이론도 생각될 수 있다. 또 바꾸어 생각하면 연역주의를 정당화의 이론으로 정식화 할 수도 있다. 즉 개별 판단은 그것을 다루는 규칙에 의해 정당화되고 규칙은 보다 일반적인 원칙에 의해 정당화되며 궁극적으로는 정합적인 단일 윤리학 이론이 모든 규범적 판단의 정당화의 근거가 되는 것이다.

연역주의의 난점 연역주의는 생명윤리학 가운데서 그다지 환영받지 못하고 있다. 그 이유는 아마 현장에서 바로바로 판단을 내려야 하는 의사나 윤리학자에게 그것이 별로 유용하지 않다는 점에 있을 것이다. 구체적으로는 다음과 같은 문제점이 지적되고 있다.

ⓐ 이론만으로는 구체적인 행위의 지침을 도출할 수 없다. 윤리학

이론이나 그 이론으로부터 직접 도출된 원리는 추상적이어서 그로부터 즉시 행위의 지침을 도출할 수는 없다.

ⓑ 공리주의와 인격주의같이 두 가지 도덕적 이론이 대립하고 있을 경우 그것을 이용하는 쪽에서는 어느 쪽을 선택해야 하는지의 문제가 생긴다.

ⓒ 연역주의가 추구하는 방식으로 규범의 정당화를 행하면 무한소급에 빠진다. 연역주의자는 규범적 판단의 궁극적인 근거를 추구하여 단일한 이론체계를 구축하려고 하는데 어떠한 이론을 가져 오든 '우리가 왜 그 명령에 따라야만 하는가?' 라는 문제가 생긴다.

ⓓ 사실상 이론을 들고 나오지 않아도 다수의 문제에 대해 관계자 사이에서 일치를 볼 수가 있다. 이것은 툴민(S. Toulmin, 1922~2009)이 들고 있는 예인데 그가 참가한 위원회에서는 추상적인 이야기를 그만두고 구체적인 문제에 논의를 집중하자 훌륭하게 의견이 일치되었다는 것이다. 이것은 연역주의적인 체계가 유용하지 않다는 것을 반증하는 것이다.

ⓔ 연역주의에 의해서는 이론과 개별판단의 실제 관계가 파악되지 않는다. 비첨(T.L. Beauchamp)과 칠드리스(J.F. Childress)의 표현에 의하면 이론과 개별판단은 쌍방향적인(bilateral) 관계에 있다. 이론에 따라 개별판단이 수정되어야 하는지 아니면 개별판단에 따라 이론이 수정되어야 하는지는 그 문맥에 달려 있다. 나아가 공리주의에 대해서는 그 결론이 받아들여지기 어려운 것도 종종 있다.

이러한 반론을 보면 공리주의를 대표로 하는 연역주의 이론은, 이론체계만으로는 실제로 유용하지 않은 것처럼 생각된다.

연역주의에 대한 대안: 결의론(casuistry) 결의론(決疑論)이란 일반적인 원리를 특수한 경우에 적용시키는 것을 가리키는 것인데 좀 더 좁은 의미로는 일반적인 도덕적 원리를 특수한 윤리적 결단이나 양심의 문제에 적용시키는 것을 말한다. 결의론의 근원은 확실히 알 수 없으나 초기 기독교신학자들이나 사제들이 이교사회에 노출되어 있는 기독교인들에게 어떤 결단을 내릴 수 있게 하기 위하여 사용하였다고 짐작할 수 있다. 그러다가 고해성사와 그에 따르는 참회의 권징법(勸懲法)들이 발달함에 따라 교회의 수많은 법령・조문・판례들이 조직화되고 조화되어야할 필요가 생기게 되었다. 그 결과 참회의 책들이 널리 사용되게 되었다.

13세기 경 스콜라신학자들은 점차적으로 자연법과 계시된 법에 비추어 교회의 교훈의 해석에 주의를 기울이기 시작하였다. 그 결과로서 다음 두 세기에 걸쳐서는 수많은 결의론의 출현을 볼 수 있었다. 그 중 가장 잘된 것으로는 페냐포르트의 라이문도(Raymundus de Penyafort, 1176?~1275)의 네 권의 저작을 들 수 있는데 이는 하나님에 대한 죄・이웃에 대한 죄・성직자들의 권리와 의무・결혼 등을 다루고 있다.

스콜라학자 자신들 사이에서도 한 문제를 놓고 그 기본적인 해석의 방향이 달라 사분오열 되는 경우가 허다했다. 이들 중에 가장 영향력이 있었던 것은 우연주의(probabilism)로 이후 두 세기 동안 논쟁의 주제가 되었다. 루터는 타고난 그의 퉁명스러움과 본질적인 것에 대한 집념으로 이 결의론의 전 체계를 기독교인의 자유와 상반된다 하여 거부하였다. 그는 주로 죄를 불신앙과 관련시켜 생각하였지 특정한 법령을 어기는 것으로 생각하지 않았다.

개신교(Protestantism)의 입장에서 보면 결의론은 율법주의나 바리새주의와 동일시된다. 그러나 그럼에도 불구하고 윤리적인 결단은 항상 요구되는 것이며 십계명이나 사랑의 법보다 더 상세한 것이 요구되는 것이다. 일반적으로 칼뱅주의의 전통에서는 루터주의보다 윤리적인 문제에 관한 더 많은 성찰들을 제공해 준다. 그리하여 사회적・정치적・개인적 삶에 적용될 수 있는 일반적인 신학원리들이 발달되었지만 그것들을 결의론과 관련시켜 이해하지는 않는다.

오늘날에 와서는 개별사례에 대한 판단을 기초로 하여 그것을 어려운 사례에까지 판단을 적용하려고 하는 방법으로 더욱 구체화되었고 툴민과 존슨(A.R. Jonsen)이 이 입장을 취한다. 툴민과 존슨의 공동저술인 『결의론의 남용』(*The Abuse of Casuistry*, 1988)에 의하면 결의론자의 사고방식은 형태학(taxonomy) · 분류학(taxonomy) · 동력학(dynamics) 세 단계로 구분된다. 우선 각각의 사례에 대하여 그 사례를 둘러싼 상황을 검토하고 어떤 원칙(maxim)이 적합한지(통상 두 가지 이상의 원칙이 해당된다)를 조사한다(형태학). 다음으로 명백한 판단을 내리게 하는 몇몇 패러다임 케이스를 선출하고 다양한 사례를 패러다임 케이스와의 유사성 정도에 따라 서열화한다(분류학). 마지막으로 그 사례에 있어 어떤 요소가 중시되어야 하는가를 패러다임 케이스와의 거리로부터 판단한다(동력학). 이 최후의 부분에서 사려 깊은(prudential) 판단이 요구된다. 즉 결의론이 성립하기 위해서는 다음 몇 가지 사항이 전제되어야 하는 것이다. 우선 주어진 사례를 정확하게 분석해야 하고 패러다임 사례들이 미리 확립되어 있어야 하며 가장 적합한 패러다임 사례를 선별해야 한다.

이러한 결의론의 문제점을 정리해 보면 다음과 같다. ① 단순한 보수주의에 함몰될 우려는 없는가? ② 사려 깊은 판단은 방법론으로서 과연 유용한가? ③ 패러다임 케이스가 없는 새로운 영역은 어떻게 하는가?

연역주의에 대한 대안: 원칙주의(principlism) 원칙주의는 두 가지 이상, 즉 복수(複數)의 원칙을 도출하여 그것들의 사용에 따라 생명윤리의 실제적인 문제를 해결하려고 하는 입장이다. 말하자면 전통 윤리이론과 같은 높은 수준의 근본원리에 의존하지 않고 네 가지 중간수준의 원칙에 의존하는 접근방법이다. 비첨과 칠드리스가 『생명의료윤리의 원칙들』(*Principles of Biomedical Ethics*, 1994)에서 전개한 입장이 잘 알려져 있다. 그들은 생명윤리의 문제해결에 잘 사용되는 네 가지의 중간적 원칙(악행금지 · 자율성 존중 · 선행 · 정의)을 논의의 출발점으로 삼아 우리가 처한 도덕문제에 적용시켜 도덕적 해결책을 추론해 내는 하향적 방법

(upward-down)이다. 이 원칙들은 추상적이기 때문에 그 적용을 위해서는 세부적인 특정화가 필요하다. 그리하여 개별판단 · 원칙 · 배경이론 사이에서 폭넓은 반성적 균형(wide reflective equilibrium)을 사용하여 특정화를 행한다. 당연히 원칙들끼리 갈등하는 경우의 해결방법도 반성적 균형에 의해서 획득된다.

원칙주의의 요점은 가장 일치가 잘 되는 레벨에서 이야기를 시작한다는 점이다. 윤리학 이론의 레벨에서는 대립하고 있어도 그로부터 도출된 원칙은 비슷한 것이 아주 많다. 그렇다면 어떤 이론이 좋은가를 따지며 무료한 시간을 보내기 보다는 일치가 잘 되는 것에서부터 논의를 시작하는 것이 좋지 않겠는가?

그러나 원칙주의도 다음과 같은 문제점을 가지고 있다. 우선 반성적 균형이라는 방법론 자체에 문제점—어떤 균형점을 채용하는가? 그 이유는 무엇인가?—이 있다. 그리고 새로운 영역에서는 어떻게 원칙을 발견하면 좋은가? 결의론이든 원칙주의든 세부사항을 조정하는 방법론에 모두 문제가 있다. 확실히 그들은 현명한 판단이나 반성적 균형에 관해 상당히 구체적인 설명을 제시하고 있다. 그러나 방법론이 구체적이고 복잡하면 할수록 왜 그 방법을 선택했는지 아니면 그 선택을 정초하는 더 단순한 원리가 배후에 있는 것은 아닌지 하는 피하기 어려운 문제가 제기된다. 반대로 그러한 배경이 없다면 그들이 말하고 있는 것은 단순하고 억지스런 직관에 불과하고 그 직관을 공유하지 않는 사람에게는 마땅한 설득력을 갖지 못하게 된다. 또 하나 결의론과 원칙주의에 공통적인 것은 완전히 새로운 영역에 대한 응용력이 떨어진다는 점이다. 따라서 이들의 방법론은 생명윤리에서는 유효할지도 모르지만 응용윤리 일반의 방법론으로 삼기에는 상당히 문제가 있다.

그러나 이러한 문제점에 상관없이 이들의 입장은 사람들의 마음을 끌고 있다. 그 주된 이유는 이들 방법론이 우리의 일상적인 도덕적 사고의 특징을 잘 파악하고 있다는 점일 것이다. 그 결과 이들의 방법론에 의해 획득된 답은 우리의 직관에 그다지 반하지 않는 것처럼 보인다. 또한 거창한 윤리학 이론들을 들고 나오지 않아도 좋은데 어떤 종류의 문제에 대해서는 간단하게 답할 수 있는 것도 매력이다.

헤어의 선호공리주의(preference utilitarianism) 이상과 같은 비판과 대안에 어느 정도 답할 수 있는 연역주의의 체계로 헤어의 논의를 고찰해 보자. 헤어의 논의의 골격은 비교적 잘 알려져 있는데 헤어에 의하면 윤리학자가 실천문제에 참견할 경우 그 첫 번째 이점은 합리적인 판단을 내리는데 도움을 줄 수 있다는 점이다. '합리적'이라는 것은 사실과 논리에 따라 판단하는 것을 말한다. 도덕적 판단의 경우에는 도덕용어가 어떠한 논리적 구조를 가지는지를 알려주어야 한다. 그리하여 도입된 것이 도덕용어의 보편화가능성(universalizability)과 규정성(prescriptivity)이다.[1)]

또한 모든 사실을 알고 고려하는 것이 실제로는 불가능한 것이기 때문에 그의 이중이론이 생긴다. 우선 비교적 여유가 있을 때 최선의 판단에 대한 근사치가 획득되는 한 번의 직관적인 원칙을 결정한다(비판적 레벨). 실제로 행동할 때에는 이 직관적 원칙들에 따른다(직관적 레벨). 한 번 행동할 때마다 처음부터 다시 고찰하기 보다는 이 절차를 따르는 쪽이 전체적으로 적절할 것이다.

사실과 논리를 아는 것만으로는 아직 해결할 수 없는 문제가 많다. 그리

---

1) 도덕적 판단의 보편화가능성이란 그 판단의 내용이 "보편적으로 받아들여진다."는 뜻이 아니라 어떤 도덕적 판단이 내려졌을 때 그 판단은 그 판단 속에 사용된 표현들을 지배하는 논리규칙에 의해 보편화될 수 있다는 것을 뜻하며 도덕적 판단의 규정성이란 그 판단의 내용을 행동으로 옮길 것을 촉구하는 의미가 도덕적 판단 속에 들어 있다는 뜻이다. 이것은 바로 도덕적 판단이 개인의 주관적인 감정에 바탕을 둔 자의적인 것이 아니라 인간의 보편적이고 이성적인 숙고를 바탕으로 한 것이기 때문에 보편적인 적용이 가능하고 실천적인 성격을 가질 수 있다는 것을 보여주는 것이다.

하여 선호(選好)라는 개념을 도입한다. 보편화가능성에 따라 도덕적 판단을 내릴 경우에는 자신이 상대방의 입장이 되더라도 받아들여질 수 있는 그런 판단을 내려야 한다. 그러면 우리는 관계된 사람 모두의 선호를 평등하게 배려하는 그런 판단을 내리게 될 것이다.[2)] 실질적으로는 일종의 공리주의 같은 결정이 되는 것이다. 즉 선택할 수 있는 행위들 가운데 그 행위에 영향을 받을 모든 사람들의 선호를 극대화시키는 행위를 선택해야 한다는 것인데 이것이 헤어의 선호공리주의이다.

그렇다면 헤어의 입장은 결의론과 원칙주의를 설득할 만큼의 능력을 가지고 있을까? 우선 연역주의의 난점 ⓐ에 대해 생각해 보자. 공리의 원리가 추상적이어서 실제 행위의 지침이 되지 못한다는 점에 관해서는 직관적 레벨에서의 원칙을 일상적인 판단에 사용함으로써 어느 정도 문제

---

2) 보편화가능성의 원리를 황금률(golden rule)과 혼동해서는 안 된다. 만약 황금률을 '다른 사람이 자신을 대우해야 하는 바대로 다른 사람을 대우해야 한다.'고 해석한다면 이는 보편화가능성의 원리와 다를 바 없다. 그러나 황금률이 '다른 사람이 자신을 대우해주기를 바라는 바대로 다른 사람을 대우해야 한다.'고 해석한다면 이는 도덕원리가 될 것이다. 도덕원리로 해석된 황금률은 보편화가능성의 원리에 욕구의 요소가 결합되어 있다는 점에서 순전히 형식적이며 논리적인 보편화가능성의 원리와 차이가 있다. 헤어에 의하면 보편화가능성의 원리는 또한 칸트의 정언명법의 한 형식인 "너의 의지의 준칙이 항상 동시에 보편적 입법의 원리로서 타당할 수 있도록 행위 하라."는 '보편화원리'(universalization principle)와도 구별되어야 한다. 이 원리가 '네가 어떤 식으로 행동해야 한다면 다른 사람도 마찬가지로 똑같이 행동해야 한다.'와 같이 해석될 수 있다면 보편화가능성의 원리와 같을 것이다. 그러나 칸트의 '의욕 할 수 있다.'(can will)는 말이 여러 가지로 해석될 소지가 있다. 그것은 '논리적으로 의욕 할 수 있다.'로 해석될 수도 있고 '과학적으로 의욕 할 수 있다.'(자연의 법칙과 일치한다)로 해석될 수도 있으며 '합리적으로 의욕 할 수 있다.'로도 해석될 수 있다. 헤어는 세 번째 해석을 인정하고 있고 따라서 칸트의 정언명법은 보편화가능성의 원리가 아니라 실질적인 내용을 가진 도덕원리로 해석된다.

가 해소된다고 생각된다. 그러나 이중이론은 (역설적이지만) 너무 강력하기 때문에 문제점이 있다. 말하자면 직관적 레벨은 그것을 사용하면 직관적 원칙의 타당성이 대부분 증명될 수 있을 정도로 매우 느슨한 편이다(이것은 선호개념이 도덕적 이상까지 포함하는 광범위한 개념인 것과 관계가 있다). 더욱이 언제 비판적 사고를 하고 언제 직관적 사고를 하는지에 관해서는 어느 정도 본인에게 맡겨져 있다. 그렇다면 헤어의 주장은 도덕문제로 고민하는 것에 바른 해답을 가르쳐주지 않는 것이다. 다만 원래 헤어의 의도는 올바른 해답을 가르치는 것에 있는 것이 아니라 스스로 도덕적 사고를 할 때의 지침과 방법론을 제공하는 것이 목적이다.

다음으로 연역주의의 난점 ⓑ에 대해 생각해 보자. 다른 이론과의 경쟁관계에 있을 때는 의존하는 전제를 줄이고 특히 도덕적 직관에 직접 호소하는 부분을 없애는 것으로 대응한다. 이것은 다른 공리주의 이론과 비교해도 상당히 강한 입장이다. 다만 헤어의 논의는 다른 이론을 완전히 배제해버릴 만큼 강력하지는 않은 것이어서 다른 이론과의 경쟁관계는 여전히 남아 있다.

연역주의의 난점 ⓒ에 대해 생각해 보면 확실히 헤어의 논의도 무한소급의 위험성을 가지고 있는 것처럼 보인다. 왜냐하면 그의 논의는 '보편화 가능하고 규정적인 판단을 내리고자 한다면'이라는 가언적(假言的)인 요소를 항상 포함하고 있기 때문이다. 그러나 헤어에 의하면 이 전제들은 도덕적으로 생각할 때의 최소한의 논리이며 이것을 부정하는 것은 도덕적 사고 자체를 부정하는 것이다. 이러한 최소한의 레벨에서 판단중지(epoche)를 하는 것과 원칙주의처럼 구체적인 도덕적 직관의 레벨에서 판단중지를 하는 것은 완전히 다르다고 헤어는 말할 것이다. ⓓ에 대해 헤어는 가끔 획득된 일치의 정당성에 관해 의문을 던진다. 그리고 정당화를 하기 위해서는 어떤 이론에 의존하지 않을 수 없을 것이다.

연역주의의 난점 ⓔ에 대해서이긴 하지만 헤어는 사실상 구체적인 도덕적 판단의 이론에 대한 기여를 적극적으로 인정하고 있다. 즉 그의 논의의 출발점이 되는 도덕용어의 논리는 실제 도덕적 판단에 많이 접함으로써 획득되는 것으로 구체적인 판단 쪽에 변화가 있으면 헤어의 이론 쪽도 변하게 된다. 헤어의 표현을 빌리자면 도덕이론은 실행 가능한(viable) 것이어야만 한다. 다만 여기에서 주의해두어야 할 것은 헤어가 이론 형성의 출발점으로 삼은 것은 어떤 사람이 어떤 판단을 내린다는 사실이지 판단의 내용 그 자체가 아니다. 이 점이 결의론과 크게 다른 부분이다.

헤어의 논의를 떠나 연역주의적이라고 불리는 윤리학 이론일반에 대해 생각해 보아도 ⓔ의 논점은 꼭 들어맞지는 않는 것처럼 보인다. 만약 어떤 도덕이론이 실제적인 도덕적 판단을 무시하고 이루어진다면 그러한 이론은 우리와 무관한 것으로 여겨져 거부될 뿐이다. 그렇다면 일반적으로 도덕이론의 발견 혹은 형성에 맞추어 '개별 판단으로부터 이론으로' 라는 추론의 흐름이 있고 일단 도덕이론이 형성된 후에는 잘 알려진 연역적 추론이 행해진다는 것인데 만약 이것이 옳다면 연역주의와 결의론의 차이는 개별판단으로부터의 추상이 단순한 규칙의 단계에 그치는가 아니면 이론형성에까지 이르는가의 차이일 뿐이다.

이상의 논의를 정리하면 헤어의 입장은 이중이론에 의해서 원칙주의의 장점을 받아들이고 있고, 또한 이론 형성의 단계까지 고려한다면 결의론적인 사고에 의해서 개별 사례로부터의 추상도 행하고 있는 것이 된다. 앞서 본 것처럼 직관적 레벨의 사용에 관해서는 상당히 큰 문제점이 있지만 원칙주의나 결의론에 비하면 꽤 유용한 방법론으로서 고려할 가치가 있는 것으로 보인다.

◆ 생각하기 ••••••••••••••••••••••••••••••

1. 전통적으로 윤리의 대상은 인간과 인간공동체에 한정되어 왔는데 응용윤리도 그러해야 하는가? 현대사회는 응용윤리의 대상역역을 어디까지 확

장하기를 바라는가?

2. 응용윤리학(Applied Ethics)과 실천윤리학(Practical Ethics)은 동일한 윤리학인가?

문제해결을 위한 도덕적 지침들

우리가 아무것도 하지 않으면 우리들 자신이 죽게 되고 만일 우리들 자신을 방어한다면 다른 사람들을 죽이게 되는 상황이 있을 수 있다. 이러한 진퇴양난(進退兩難)의 상태를 피하기 위해서 그리고 다른 여러 가지 도덕적 선택의 상황에 대한 더 깊은 통찰력을 얻기 위해 윤리학자들은 도덕적 판단을 할 때 중요한 몇 가지 원칙을 도입하였다. 이 원칙들은 다른 분야의 문제를 해결하는데도 아주 중요한 기준이 되고 있다.

상실의 원칙(principle of forfeiture) 이 원칙은 내가 타인을 단순한 수단으로서 대한다면 자유와 행복에 대한 나의 권리를 몰수(沒收) 당한다는 것을 의미한다. 나의 모든 권리를 필연적으로 상실(喪失)하는 것은 아니지만 일반적으로 나의 권리는 내가 침범한 타인들의 권리에 비례해서 상실된다. 그러므로 상실의 원칙에 따르면 무고한 사람의 생명을 위협하는 사람은 자신의 생명권이 몰수된다. (여기에서 무고한 사람은 타인의 생명을 위협하지 않는 사람이다).

예를 들어 산간오지에 사는 농사꾼을 가정해 보자. 그의 아내와 어린 자식은 언덕 위 외딴 초가집에 살고 있는데 낯선 두 사람이 접근하여 가진 것을 내놓지 않으면 그와 그의 가족들을 죽이겠다고 위협한다. 그들을 죽여서라도 가족을 보호할 수 있다면 그것은 도덕적으로 허용될 수 있는가?

윤리학자들은 이 문제에 대해 긍정적으로 답변한다. 비록 그가 약탈자들을 죽인다고 하더라도 그들은 그와 그의 가족들의 생명을 부당하게 위협했기 때문에 자신들의 결백함을 상실할 수밖에 없다. 우리는 이 이야기를 죽임(killing)과 살해(murder)를 구별함으로써 이해할 수 있다. 죽임은 죄 있는 사람의 생명을 빼앗는 것인 반면 살해는 죄 없는 사람의 생명을 빼앗는 것이다. 어떤 사람이 자신을 죽이려는 사람의 생명을 빼앗았을 경우 그는 그 사람을 죽인 것이지 살해한 것은 아니다.

상실의 원칙은 개인의 자기 방어뿐만 아니라 전쟁과 사형을 정당화하는 데도 사용될 수 있다. 방어를 위한 전쟁에서는 상황에 따라 비록 다른 사람들을 죽이게 된다고 하더라도 정당화될 수 있다. 왜냐하면 침략자들의 생명에 대한 권리는 몰수되기 때문이다. 마찬가지로 살인자들은 타인을 살해함으로써 자신의 생명에 대한 권리를 상실했기 때문에 그들에 대한 처형도 정당화된다.

이중결과의 원칙(principle of double effect) 이 원칙은 하나의 행위가 이중결과를 낳을 때 진짜 본 동기에 의한 책임은 지지만 부차적 결과에 대해서는 책임을 지지 않는 것이다. 이중결과론이 옳게 보이는 것은 공리주의 원리를 사용하여 '더 큰 행복, 더 작은 불행'을 택하는 경우에 한해서이다. 이 원칙은 토마스 아퀴나스가 제안한 도덕이론으로서 그 핵심원리는 "좋고 나쁜 두 가지의 결과를 초래하는 행위도 만약 나쁜 결과를(좋은 결과를 초래케 하기 위한 수단으로서) 의도하지 않고 단지 예견된 부수적인 결과(side effect)로서 초래케 한다면 허용될 수 있다."는 것이다.

이 원칙은 어떤 행위가 두 가지 결과, 즉 하나는 도덕적으로 바람직하지만 다른 하나는 그렇지 않은 결과를 가진다면, 이 행위에 있어 나쁜 결과가 불가피한 것이고 의도되지 않은 것일 때 그리고 비례의 원리가 만족될 경우에는 그 행위가 도덕적으로 정당화될 수 있다는 원칙이다. 이중결과(二重效果), 즉 좋은 결과와 나쁜 결과를 동시에 야기하는 행위를 수행한다고 해도 다음과 같은 경우들을 모두 만족시킨다면 도덕적으로 허용될 수 있다는 것이다.

- 좋은 결과를 성취하기 위해서 나쁜 결과가 불가피한 경우
- 나쁜 결과를 의도하지 않은 경우, 즉 나쁜 결과가 좋은 결과를 얻기 위한 직접적인 수단이 아닌 경우
- 나쁜 행위를 수행해야 하는 비례적으로 심각한 이유가 존재하는 경우(세 번째 조건은 다른 두 가지 조건이 만족되었을 때만 고려

될 수 있다).

예를 들어 악성빈혈(pernicious anemia)을 앓고 있는 임산부가 병을 치료하기 위해 약을 복용하려고 한다. 그러나 그 약은 낙태의 위험이 있다. 이 경우 약의 복용은 도덕적으로 허용될 수 있는가? 이중결과의 원칙에 따르면 이러한 경우에 약을 복용하는 것은 정당화된다. 왜냐하면 위의 세 가지 조건이 모두 만족되기 때문이다.

첫째로 다른 약으로는 악성 빈혈을 치료할 수 없을 것이며, 약을 복용하면 낙태는 피할 수 없게 된다.

둘째로 임산부는 약의 복용이 낙태를 초래할 것이라는 것을 알지만 그러나 그 결과는 좋은 결과의 직접적인 수단으로 의도된 것이 아니다. 낙태를 악성 빈혈을 치료하기 위한 필수적인 조치가 아니다. 오히려 낙태는 불행한 결과이며 의도되지 않은 부차적인 결과이다. 낙태 사실을 미리 알면서도 의도된 것이 아니라는 것의 증거는 낙태시키지 않고 병을 치료할 수 있는 다른 방안이 있다면 산모는 그 방안을 선택할 것이기 때문이다.

셋째로 낙태를 감수해야 하는 비례적으로 심각한 이유가 있다. 태아의 죽음은 적어도 산모의 생명을 구함으로써 상쇄된다. 그러나 이 세 번째 조건은 다른 두 가지 조건이 만족되었을 때에만 고려될 수 있다. 이와 같이 이중결과의 원칙은 직접적인 행위와 간접적인 행위를 구별하여 근본적인 가치를 간접적으로만 위반하는 어떤 행위들을 도덕적으로 허용할 수 있는 것으로서 분류한다.

황금률(Golden Rule) 보편화가능성(universalizability)의 원리는 우리 모두에 친숙한 생각에 근거를 두고 있다. 우리들 대부분은 우리가 만약 도덕적으로 칭찬받을 만한 방식으로 행동한다면 다른 사람들이 유사한 상황들에서 유사한 종류의 일들을 하는 것을 우리가 받아들일 수 있음을 안다는 것을 인정할 것이다. 이와 같은 통찰은 우리로 하여금 공평함과 동등한 대우에 관한 질문들, 즉 '모든 사람이 그것을 한다면 어찌 될 것인가?' 그리고 '왜 당신은 스스로를 예외로 취급해야 하는가?'로 이어진다. 이러한 질문들은 보편화 가능성의 원리의 근본적인 요지를 두드러지게 하지만 그것은 한 가지 방식 이상으로 공식화할 수도 있다.

가장 잘 알려진 표현은 황금률이다. 황금률의 여러 변형은 다음의 목록이 보여주듯이 대부분의 문화에서 종교적 · 윤리적 저술들 속에 나타난다.

- **기독교**: 다른 사람이 너를 대우해 주기를 바라는 대로 너도 다른 사람을 대우해 주어라(「누가복음」(Luke), 6:31).
- **불 교**: 네 자신을 괴롭게 하는 것으로 다른 사람을 해하지 말라(『우다나바르가』(*Udanavarga*), v. 18).
- **이슬람**: 자신에게 바라는 것을 형제들에게 바라지 않으면 어느 누구도 진정한 신자는 아니다(『하디스』(*Hadith*), 71-2)
- **힌두교**: 누구라도 다른 사람들이 그 자신에게 행하지 않기를 바라는 행동들을 어떤 사람이 또 다른 사람에게 하도록 내버려 두지 말라. 그것은 그 자신에게도 고통을 준다는 사실을 알라(『마하바라타』(*Mahabharata*), cclx, 21).
- **유대교**: 네 자신에게 싫은 것을 같은 동포에게 행하지 말라. 그것이 토라의 전부이다(『바빌론 탈무드』(Babylonian Talmud), 31a).
- **유 교**: 다른 사람이 네게 하기를 원치 않는 것을 너도 다른 사람들에게 행하지 말라(『논어』, 「안연」).

황금률에 대해 사례를 들어 보면 가령 내가 공장 근처에 사는 사람들에게 건강상 작은 문제를 일으킬지도 모르는 공장 오염물의 방출을 발견한 것에 대해 함구한 채로 있으라고 젊은 공학자에게 지시하는 관리자라고 가정해 보자. 이 지시가 황금률 기준에 의해 받아들일 수 있으려면 나는 내가 그 젊은 공학자라고 해도 기꺼이 나의 감독관에게 유사한 명령이 나에게 내리도록 해야 한다. 또한 방출 오염물이 제거되지 않으면 건강상의 문제를 겪게 될 공장 근처에 사는 사람들의 입장에 나 자신을 기꺼이 두려고 해야 한다.

그런데 이러한 황금률의 주장은 물론 문제점이 있다. 우선 같은 상황에 놓인 모든 같은 사람에 의한 동일한 행위에 대해서는 동일하게 평가하라는 황금률의 주장은 '같은 상황에 놓인 모든 같은 사람에 의한 동일한 행위'가 이 세상에 존재하지 않는다는 것이 문제다. 그리고 '자기가 원하는 것을 그에게 행하라.'는 주장도 사람은 누구나 원하는 것이 서로 다르다면 문제의 소지가 있을 수 있다.

깨끗한 손의 법칙(Clean Hands Doctrine) 깨끗한 손이란 『구약성서』, 「시편」(Psalm) 24편 3~4절에 나오는 "누가 주의 산에 오를 수 있으며 누가 그 거룩한 곳에 들어설 수 있느냐? 깨끗한 손을 가진 사람, 우상을 섬기지 않고 거짓 맹세를 하지 않는 사람이다."는 구절에서 유래한 말이다. 이 법칙은 한마디로 자신의 손이 부정에 물들어 있지 않은 깨끗한 손이어야 다른 사람의 허물을 탓할 수 있다는 것이다.

예컨대 깨끗한 손의 법칙 하에서 도덕적으로 혹은 법적으로 그르게 행동한 사람, 즉 더러운 손을 가진 사람은 다른 누군가의 행위에 대해서 불만을 말할 때 재판관에 의해서 도움을 받지 못할 것이다. 실제로 가족법에서 이 법칙은 두 가지의 상황에서 가장 잘 실시되고 있다. 아이를 빼앗고 그 이후 친권을 요청한 부모는 그 아이가 다른 부모로부터 위해의 위험에 놓여 있지 않는 한 대부분 그 친권이 부정될 것이다.

혹은 재산을 은폐하거나 혹은 그렇지 않으면 결혼 또는 이혼할 동안 부부간의 재산을 악용하는 배우자는 그(녀)의 공정한 배당보다 적게 지급됨으로써 이혼시의 재산 분배에서 종종 불이익을 감수한다. 이것은 물론 죄가 없는 배우자가 은폐 또는 악용에 관해서 알기를 요구한다.

착한 사마리아인의 법(Good Samaritan Laws) 이 법은 『신약성서』, 「누가복음」 10장에서 예수가 이웃사랑에 대한 예로 들었던 선한 사마리아인의 일화를 모티브로 하여 생긴 것이다. “어떤 사람이 예루살렘에서 여리고로 내려가고 있었다. 그런데 도중에 강도를 만났다. 강도들은 이 사람의 옷을 벗기고 때려서 거의 죽은 채로 버려두고 갔다. 마침 한 제사장이 그 길을 내려가다가 그 사람을 보고는 길 반대편으로 피해서 지나갔다. 어떤 레위인도 그 곳에 와서 그 사람을 보고는 길 반대편으로 피해서 지나갔다. 이번에는 어떤 사마리아 사람이 그 길을 여행하다가 그가 있는 곳에 이르렀다. 사마리아 사람이 그를 보고 불쌍하게 여겼다. 그래서 그 사람에게로 가서 그의 상처에 올리브기름과 포도주를 붓고 붕대로 감쌌다. 그리고 그를 자기의 짐승에 태우고 여관으로 데리고 가서 그를 정성껏 보살펴 주었다. 다음 날 그는 은화 두 개를 여관 주인에게 주면서 말했다. ‘이 사람을 잘 보살펴 주십시오. 만일 돈이 더 들면 내가 돌아올 때 갚겠습니다.’ 너는 이 세 사람들 중에 누가 강도 만난 자의 이웃이라고 생각하느냐?”(30~36).

우리가 길을 가다가 응급상황을 당한 사람을 만났다고 생각해 보자. 응급상황에서는 자격을 떠나서 누군가가 나서서 희생자를 구해야 한다. 그 과정에서 발생되는 결과가 어떻든 간에 최선을 다해야 한다. 그리고 희생자를 구한 사람은 당연히 법의 보호를 받아야한다. 그런데 우리가 응급상황에서 다른 사람을 도왔을 때 우리를 보호해 줄 법이 있는가? 선진사회는 대부분 긴급구조 문제에 있어 착한 사마리아인의 법을 입법하고 있다.

이 법은 아프거나 다친 사람들에게 응급치료를 제공한 사람들에 대한 법적인 보호를 제공한다. 사람들이 응급상황을 맞닥뜨렸을 때 이성적이고 신중한 사람들이 똑같은 상황 하에서 하듯이 행동하면 일반적으로 선한 사마리아인 특전이 주어진다. 상식적으로 이성적이고 신중한 사람들이 하는 일은 다음과 같은 행동들이다.

- 오직 희생자의 생명이 위협을 받을 때에만 희생자를 옮긴다.
- 치료를 하기 전에 의식이 있는 희생자로부터 동의를 구한다.
- 더 이상의 치료를 제공하기 전에 희생자에게 생명을 위협하는 응급상황이 있는지 확인한다.
- 지역 응급번호나 교환원을 불러 전문적 도움을 현장에 요청해야 한다.
- 더 고도로 숙달된 인력이 도착할 때까지 치료를 계속해야 한다.

이러한 법적인 특전은 고소를 당하거나 희생자의 상해에 대한 금전적인 책임추궁으로부터 구조자를 보호해준다. 착한 사마리아인 법은 사람들로 하여금 응급상황에서 다른 사람들을 도울 수 있도록 북돋워주기 위해서 만들어졌다. 이 법은 '착한 사마리아인'은 상식과 인정할만한 기술을 사용하고 응급상황에서 개인의 훈련범위를 넘지 않을 것을 요구한다. 그들은 각 개인이 생명을 구하고 더 이상의 상해를 예방하기 위해 각자의 최선을 다할 것이라고 가정하기 때문에 구조자가 응급상황에서의 도움에서 생긴 문제로 고소를 당하는 일은 거의 없다.

그러나 착한 사마리아인 법의 존재가 누군가가 고소할 수 없다는 의미는 아니다. 드문 경우이기는 하지만 법정은 개인구조자의 행위가 크게 혹은 의도적으로 태만하였거나 부주의했을 경우 혹은 구조자가 최초치료 후 희생자를 방치했을 때는 이 법들이 적용되지 않는다고 판결하였다.

그런데 아직 우리 사회는 이러한 긴급구조 상황에서 생긴 여러 가지 문제들로부터 개인구조자를 보호하는 법적 장치가 부족한 것이 사실이다. 그래서 긴급한 사람들에게 쉽게 구조의 손길을 뻗치지 못하게 하는 족쇄가 되고 있다.

우행권(The right to do what is wrong) 영국의 철학자인 밀(J.S. Mill, 1806~73)은 그의 『자유론』(*On Liberty*, 1859)에서 자유주의의 원칙을 다음과 같이 정리하고 있다. '판단력이 있는 성인(成人)이라면 자신의 생명·

신체 · 소유에 대해 다른 사람에게 피해를 끼치지 않는 한 비록 그 결정이 자신에게 불이익이 되더라도 자기결정의 권한을 가진다.' 여기에서 '다른 사람에게 피해를 끼치지 않는 한'이라는 조건은 '타인 위해의 원칙'이라고도 불리는데 이것은 자유주의 원리의 핵심에 해당하며 원자론과 공리주의의 성격이 강하다. 밀은 『자유론』 서론에서 "강제는 그것이 직접적인 형태이든 또는 불복종시에는 고통이나 형벌을 가한다는 형태이든 그들 자신에게 유익한 수단으로서는 이미 허용되지 않으며 다만 다른 사람의 안전보장을 위할 때만 정당한 것으로 인정된다."고 말한다.

그러나 다른 사람에게 끼치는 해악과 다른 사람에게 끼치는 폐(弊)는 명확히 구별되어야 한다. 처벌이란 인위적으로 만들어 낸 불행이다. 불행을 예방한다는 의미를 지니지 않는 처벌은 최대다수의 최대행복(the greatest happiness of the greatest number) 원리에 어긋난다. 이것은 공리주의의 기계적인 응용이다. 인간의 악행은 다른 사람에 대한 해악 · 다른 사람에 대한 폐 · 자기에 대한 해악 이 세 종류로 나뉜다. 이 중에서 처벌의 대상이 되는 것은 다른 사람에 대한 해악뿐이다. 다른 사람에 대한 폐와 자신에 대한 해악에 대해 응수할 수 있는 방법은 설득 · 질책 · 멸시 · 왕따뿐이다.

다음으로 '비록 그 결정이 자신에게 불이익이 되더라도' 라는 조건은 우행권(愚行權)을 인정하고 있는 것이다. 아무리 충분한 이유가 있더라도 그것으로써 다른 사람의 행위에 간섭하는 일은 결코 허락되지 않는다는 사고방식이다. '당신 자신에게 유익하기 때문에' 라는 구실 하에 간섭의 손을 펴는 자는 자유의 적이 된다.

우행권은 글자 그대로 어리석은 행동을 할 수 있는 권리이다. 그것은 곁에서 보면 어리석은 행동을 하고 있는 것처럼 보여도 본인이 그것이 좋고 다른 누구에게도 폐를 끼치지 않는다면 그 어리석은 행동을 다른 사람이 금지할 수 없다는 것을 의미한다. 공리주의의 입장과 관련하여 우행권이 언급되는 경우가 많은데 누가 뭐라 해도 본인이 그것이 좋다는 상태는 공리주의 입장에서는 선이기 때문이다. 그러므로 다른 사람은 우리가 어리석어 보이는 행위를 하지 못하도록 우리를 설득할 권리는 있으나 강요할 권리는 없다.

자유를 인정하는 것은 우행권을 인정하는 것이다. 우행권이 없다면 어떤 행위이건 간에 '어리석어 보이는 행동'은 저지당해 버릴 것이다. 그렇다면 우행권을 인정하는 근거는 무엇인가? 우선 자기관심이 그 근거가 될 수 있다. 인간은 누구나 자기가 자기에게 가장 관심이 많기 때문이다. 다음으로 자기이해가 근거가 될 수 있는데 인간은 누구나 자기가 자기에 대해 제일 잘 알기 때문이다.

또한 잘못된 간섭의 위험이라는 것이 있다. 자기관심과 자기이해의 근거에서 보면 상대방에 대해 그 사람 자신보다 그 사람에게 관심도 없고 잘 알지도 못하는 사람이 사정도 모르고 잘못 간섭을 했을 경우 큰 위험을 초래할 수도 있는 것이다. 그리고 총괄적으로는 개성과 자발성의 존중이라는 것이 그 근거가 될 수 있다.

덧붙여 도덕적 지침이라고까지 할 수는 없어도 무난한 행동의 지침이나 적절한 처신을 위한 지침이 있을 수 있는데 그러한 지침은 실제 삶의 현장, 특히 직장 등에서 적절한 태도결정을 요구받을 경우에 유용하다.

선긋기 기법(Line-drawing Techniques) 선긋기 기법들은 받아들일 수 있는 행동들과 그렇지 못한 행동들을 구분해야 하는 방법이 확실하지 않는 사례들에 사용될 수 있다. 우리가 무엇을 해야 하는지가 명확한 사례와 결정하기 어려운 사례들을 비교함으로써 우리는 결정하기 어려운 사례들에서 우리가 무엇을 해야 할지를 종종 결정할 수 있다.

B는 큰 건설회사의 구매담당자이다. 큰 아파트 건물의 건설에 사용되는 리벳을 정하는 것이 그의 일이다. 몇 가지 조사와 테스트를 거친 후 그는 일을 위해 S사의 리벳을 사용하기로 결정한다. B가 물건을 주문한 후 어느

날 S사의 대표자가 그를 방문하여 해외에서 열리는 S사 포럼 회의에 가는 여행비용 전액을 부담한다는 영수증을 그에게 준다. 지불된 비용들은 해변과 S사 소유의 백화점 쇼핑여행도 포함된다. 만일 B가 이것을 받는다면 뇌물(bribery)일까?

이러한 사례를 위해서 우리는 척도의 한쪽 끝에는 뇌물수수의 범례적 사례들과 다른 쪽 끝에는 분명히 뇌물수수가 아닌 범례적 사례들의 공통된 특징들을 놓은 수평척도를 만듦으로써 아래의 <표>를 변형할 수 있다. 목록으로 만들어진 각각 특징에 대해 X는 시험사례를 위해 척도 위의 적절한 위치에 놓일 수 있다.

특징	범례(뇌물)	시험사례	범례(비 뇌물)
선물 크기	크다	----ⓧ---------------	작다
구매 시점	결정 이전	----------------ⓧ----	결정 이후
이유	개인이득	---------X-----------	교육적
책임	혼자	--ⓧ------------------	아무도 없음
제품 질	최악	------------------X--	최고
제품비용	최고	--X------------------	최저

개념들의 선긋기 테스트

비록 B의 사례가 뇌물수수의 범례적 사례는 아니지만 <표>는 그가 뇌물을 받아들이게 될 지에 대한 현실적인 염려를 하는 것이 범례적인 사례에 충분히 가깝다는 것을 시사한다. 물론 뇌물을 평가하는 것은 여러 요인들이 척도위의 어디쯤 해당하는가를 결정하는 것 이상을 요구한다. 특정 사례들에 있어서 각 요인의 중요성은 반드시 평가되어야 한다. 특정 사례에서 가장 중요하다고 판단되는 두세 가지 특징들은 ⓧ로 표시함으로써 확인될 수 있다.

지금까지 선긋기를 개념들의 분석에 적용해 왔다. 또한 선긋기를 행동방침의 옳고 그름을 결정하려고 시도하는 데 이용할 수도 있다. 다시 한 번 한쪽 끝은 분명히 옳은 행동이고 다른 한쪽 끝은 분명히 잘못된 행동인 스펙트럼의 반대편 끝에 있는 범례들의 개념이 작용하기 시작한다. 그 일은 문제가 되는 상황이 분명히 옳은 행동에 더 유사한지 아니면 명백히 그릇된 행동에 더 유사한지를 결정하는 것이다. 우리는 또한 왜 그 사례들이 의심할 바 없이 옳거나 혹은 그른지를 명확하게 해주는 그러한 특징들에 대한 목록을 만들 수 있다.

창의적 중도해결법(Creative Middle Way Solutions) 두 가지 혹은 그 이상의 도덕적 규칙들이나 의무들이 다르고 모순되는 도덕적 판단들을 함축하고 적용하는 것처럼 보이는 상황들이 존재한다. 마치 예수가 유대인에 대한 로마의 세금징수를 반대하는 바리새파(Pharisees) 사람들과 찬성하는 헤롯당(Herodians) 사람들로부터 '로마황제에게 세금을 바치는 것이 옳습니까, 옳지 않습니까? 바쳐야 합니까, 바치지 말아야 합니까?'(「마가복음」(Mark), 12:14～15)라는 질문을 받을 때처럼 난감한 상황들이 존재하는 것이다.

여러 분야에서 이러한 상황들이 일어나지만 이 상황을 가장 잘 보여주는 것은 일선 산업현장들이 아닌가 한다. 가끔 우리는 어쩔 수 없이 어려운 선택들—즉 우리가 바람직하다고 생각하는 방식으로 실제적이고 중요한 가치들을 존중할 수가 없는 선택들—을 해야 하는 수도 있다. 그러나 이렇게 결론짓기 전에 충돌하는 가치들 사이에서 모든 상반되는 요구들이 최소한 부분적으로라도 충족되는 해결책인 하나의 창의적 중도를 찾는 것이 최선이다. 많은 상황들에서 모든 가치들은 우리에게 정당한 요구를 하기 때문에 그 갈등의 이상적인 해결책은 그들 각각을 존중하는 어떤 방법을 찾는 것이다.

뇌물이 일상사인 나라의 지사를 대표하고 있는 A를 생각해 보자. 만약 A가 뇌물을 주지 않는다면 가치 있는 사업기회를 놓치게 될 지도 모른다.

만일 그가 뇌물을 준다면 그 나라의 <법>에 저촉되는 어떤 것을 하거나 혹은 적어도 그는 자신의 양심을 거스르게 될 수도 있다. 이런 매력적이지 못한 대안들 중 어느 하나에 굴복하는 대신에 한 직원이 기부전략을 제안했는데 그것에 따르면 기부를 개인에게 하는 것보다 지역 공동체에다 하는 것이었다. 기업은 병원을 짓거나 혹은 새로운 우물을 파낼 수도 있다.

예를 들면 한국계 인도네시아 기업인 코린도(Korindo)는 벌목사업허가를 위해 뇌물을 주기보다는 수익을 다시금 인도네시아 삼림을 위한 조림사업에 투자함으로써 어느 개인에게 뇌물을 줌으로써 생길 수 있었던 것 이상의 호의를 만들어 냈다. 1983년 영국은 탄자니아에서 수천 달러의 기계와 자동차부품을 조립함으로써 자력으로 영업권을 획득하였다. 그들은 또한 탄자니아 사람들이 그들의 취약한 경제 때문에 거의 멈추었던 야생동물 보호구역 순찰용 자동차를 스스로 수리할 수 있도록 훈련시켰다.

이러한 선물은 당연히 뇌물로 해석될 수 있었던 현금기부를 대신해 주었다. 갈등에 대한 창의적 중도 해결을 생각함에 있어 한 가지 해결책보다는 일련의 해결책을 고려하는 것이 종종 도움이 된다. 그 다음에 도덕적 수용가능성의 견지에서 그것들을 평가할 수도 있다.

물론 우리는 이러한 해결책에 반대할 수 있다. 모든 창의적인 중도가 다 만족스럽다거나 아니면 적어도 똑같이 만족스럽다는 것은 아니다. 우리는 그러한 선물이 정말 뇌물인지 아니면 도덕적으로 나쁜 것인지를 논의해야만 한다.

◆ 생각하기 ··································

1. 이상과 같은 도덕적 지침들이 그 전거로 삼는 도덕적 원칙이나 기준들이 존재하는가? 존재한다면 그것은 어떤 것들인가?

부정직은 왜 나쁜가?

우리는 공통적인 도덕적 믿음들의 축적을 일반도덕(common morality)이라고 부를 수 있다. 이 용어는 상식(common sense)이라는 용어와 비슷하게 사용된다. 우리들 대부분이 세계에 관한 그리고 우리가 생존하기 위하여 무엇을 해야만 하는가에 대한 일단의 공통된 믿음들, 즉 우리가 상식이라고 부르는 일단의 믿음들을 공유하고 있는 것과 꼭 마찬가지로 우리는 우리의 삶을 인도해야 한다고 믿는 도덕적 원칙들과 기준들 그리고 규칙들에 대한 기본적인 믿음들의 공통된 축적을 공유하고 있다. 참으로 일반도덕의 내용에 대해서는 놀라울 정도의 일치가 존재한다.

물론 사람들은 가족배경이나 종교적 훈육과 같은 그런 요인들 때문에 다른 사람들과 도덕적 믿음에 있어 서로 다르지만 이러한 차이점의 대부분은 보다 덜 일반적인 수준에서 나타난다. 그 차이점은 낙태나 안락사 · 성도덕 · 사형과 같은 특수한 실천에 관해서거나 혹은 한 특정인이 낙태를 해야 하느냐 하지 말아야 하느냐하는 판단과 같은 특수한 도덕적 판단들에 대해서 발생한다. 그러나 그 차이들은 일반적인 도덕적 믿음들만큼 널리 퍼져 있지 않다.

이러한 일반적인 도덕적 믿음들을 더 자세하게 살펴보기 위해 우리는, 물론 쉬운 일은 아니지만, 그것들을 공식화해야 한다. 그렇다면 우리가 공유하는 일반적인 도덕적 믿음들의 종류를 연상시키는 인간 삶의 공통된 특징들을 나열해 보자.

취약성: 우리는 고통 · 괴로움 · 불행 · 무능력 그리고 궁극적으로는 죽음에 취약한 존재이다.

자율성: 우리는 적어도 어느 정도는 우리 자신을 위해 스스로 생각할 수 있고 우리 스스로 결정할 수 있는 능력이 있다.

상호의존성: 우리는 협동적인 노력과 분업을 통해 우리가 원하는 것을

얻기 위해 타인들에게 의존한다. 그리고 우리의 복지 또한 우리를 해치지 않는 타인들에게 의존한다.

공유하는 기대와 목표: 우리는 개인으로서 스스로 원하는 것을 넘어 공유된 목표들을 향해 일하는 집단처럼 어떤 것을 함께 원할 수 있다. 이러한 집단들은 그 범위가 둘 또는 그 이상의 개인들이 서로 보살피는 관계에서부터 어떤 특정 전문직, 종교기관, 국가와 같은 더 큰 조직들이나 심지어 UN이나 WHO 같은 국제적인 조직에까지 걸쳐 있다.

공통된 도덕적 속성들: 공정함 · 자기존중 · 타인존중 · 동정심 그리고 타인을 향한 자비심은 공통된 속성들이다. 그러한 속성들의 강도(強度) · 범위 · 지속성의 개인적인 차이에도 불구하고 이러한 속성들은 사실상 모든 인간들에게 어느 정도 발견될 수 있다.

이러한 목록이 완전하다고 주장하지는 않아도, 그것은 일반도덕이 다음과 같은 의무들에 대한 원리들이나 일반적인 도덕규칙들을 왜 포함하는지를 이해하기 위한 합리적인 기초를 제공하는 것 같다. 그런 의무들에는 다른 사람을 해치지 않는 것 · 다른 사람에게 해를 입힌 것에 대해 보상하는 것 · 거짓말이나 사기를 치지 않는 것 · 약속을 지키는 것 · 다른 사람의 자유를 간섭하지 않는 것 · 자신들의 기본적 가치들에 영향을 미치는 문제에 대해 합리적인 결정을 하는 다른 사람들의 능력을 존중하는 것 · 다른 사람들을 공평하게 대하는 것 · 도움이 필요한 사람들을 도와주는 것 등이 있다.

비록 이러한 규칙들이나 원리들이 매우 일반적이라고 해도 이것은 그것들에 예외가 없다는 것을 의미하지는 않는다. 대개 거짓말을 하는 것은 잘못이다. 그러나 만약 살인의 위협으로부터 결백한 사람을 구하기 위한 유일한 방법이 그 사람의 거처에 관해 가해자에게 거짓말을 하는 것이라면 대부분의 사람들은 거짓말을 하는 것이 정당하다는 데 동의할 것이다. 이 문제를 부정직의 경우를 들어 설명해 보자.

정직이라는 말은 긍정적인 함의를 가지고 있고 부정직이라는 말은 부정적인 뜻을 함축하고 있어서 우리는 때때로 진실을 모두 말하는 것이 때때로 잘못일 수 있고 진실을 숨기는 것이 때때로 옳은 일일 수도 있다는 것을 잊어버린다. 사람들이 서로에게 전적으로 정직한 사회는 관대해지기 어려울 것이다. 전적인 정직을 요구하는 것은 사람들이 서로에 대한 자신들의 의견에 관해 굉장히 솔직해지고, 우리가 예의바르고 문명화된 사회와 결부시키는 재치라든지 입조심과 같은 것을 사용할 수 없게 되는 것을 의미할 것이다.

예컨대 전문직들에 대하여 진실을 결코 숨기지 못하게 하는 요구는 의사들 · 변호사들 · 최첨단 과학기술 공학자들 그리고 기타 전문직들이 비밀성을 수행할 수 없거나 소유권 있는 정보를 보호할 수 없음을 의미할 것이다. 의사들은 진실을 정확하지 않게 말하는 것이 환자들에게 더 좋은 것이고 진실이 충격적일 수 있다는 강력한 증거가 있을 때조차도 환자들에게 결코 진실을 잘못 전할 수 없다.

하지만 있을 수 있는 예외에도 불구하고 부정직과 다양한 다른 방식의 진실 오용은 대체로 잘못이다. 이것을 알기 위한 유용한 방법은 인간존중의 윤리적 관점들과 공리주의적 관점들로부터 부정직을 고찰하는 것이다. 인간존중의 윤리와 공리주의는 도덕적 논쟁들을 생각함에 있어 가치 있는 제안을 제공한다.

인간존중의 관점의 몇 가지 주된 구성요소들을 상기해 보자. 행동들이 만약 개개인의 도덕적 행위를 침해한다면 그것은 잘못이다. 도덕적 행위자들은 자신들의 목표나 목적을 공식화하고 추구할 줄 아는 사람들, 즉 자율적인 사람들이다. 자율이라는 말은 두 개의 그리스말로부터 왔다. 즉 아우토스(autos)는 자아를 의미하고 노모스(nomos)는 규칙 또는 법을 의미한다. 따라서 도덕적 행위자는 자기를 다스린다는 의미에서 자율적이다.

인간존중 이론가인 칸트의 전문용어로 말하면 도덕적 행위자들은 "그 자체로 목적들"이며 그저 다른 사람들의 목적이나 목표를 충족시키기 위한 수단으로 취급되어서는 안 되는 사람들인 것이다. 자율적인 행동은 세 가지 측면을 가지고 있다. (1) 그것은 의도적이다. 즉 "어떤 계획에 따라 의도된" 것이다. (2) 그것은 외부에서 통제되는 영향들이 없이 수행된다. 그리고 (3) 그것은 이해로 이루어진다.

따라서 환자들의 도덕적 행위를 존중하기 위해, 의사들은 환자들이 정보에 입각한 동의에 따라 자신들의 의학적 치료에 관해 결정하도록 보장해야만 한다. 의사들은 환자들이 자신들의 결정에 따른 결과들을 이해하도록 조치를 취해야 하고, 그들의 일생의 계획들과 어떤 관계가 있는 결정들을 합리적으로 하도록 해야 한다. 또한 환자들이 스트레스나 병, 가족의 압력과 같은 그러한 부당한 강압적 영향들 없이 결정을 하도록 보장해야 할 약간의 책임이 있다. 마지막으로 의사들은 환자들이 치료방법에 대한 선택권과 그 선택에 대한 결과들에 관해 충분히 알도록 조치해야 한다.

이제는 정직에 관한 공리주의적 관점으로 되돌아가 보자. 공리주의는 우리의 행동이 인간의 행복과 복지를 증진시킬 것을 요구한다. 과학기술 공학이라는 전문직은 건물들 · 다리들 · 화학약품들 · 전자장치들 · 자동차들 그리고 그 밖에 우리 사회가 의존하는 많은 것들의 창조를 위한 설계들을 제공함으로써 이러한 공리주의적 목적에 이바지 한다. 그것은 또한 개인적 · 기업적 · 공공 정책적 수준에서의 의사결정에 중요한 기술에 관한 정보를 제공한다.

과학기술 연구에서의 부정직은 이러한 기능들을 훼손시킬 수 있다. 만약 과학기술 공학자가 데이터를 허위로 보고한다거나 중대한 데이터를 빠트린다면 다른 연구원들은 이러한 결과들에 의존할 수 없다. 이것은 과학 공동체가 기초를 두고 있는 신뢰관계를 훼손시킨다. 어떤 건물에 대한 설계명세서에 명시한 자재들의 강도에 관해 거짓말을 하는 설계자가 그 건물을 붕괴위험에 빠트리는 것과 꼭 마찬가지로 전문저널에 보도된 데이터를 왜곡하는 연구자는 과학기술의 기반을 붕괴위험에 빠트린다.

부정직은 또한 충분한 정보에 입각한 의사결정의 토대를 위태롭게 할 수 있다. 입법자들뿐만 아니라 기업과 정부의 관리자들은 의사결정을 하는데 있어 과학기술자들이 제공하는 지식과 판단에 의존한다. 만약 이것들이 믿을 수 없는 것이라면 기술에 관해 훌륭한 결정을 하기 위해 과학기술자들에게 의존하는 사람들의 능력이 훼손될 것이다. 이런 일이 발생하는 정도만큼 과학기술자들은 공공의 복리를 증진해야할 자신들의 의무를 게을리 한 것이다.

그렇다면, 인간존중과 공리주의적 관점 모두로부터 기술적 정보와 판단에 관해서 진실을 오용하는 다른 형태들뿐만 아니라 명백한 부정직은 대개가 잘못이다. 이러한 행동들은 충분한 정보에 입각한 자유로운 동의에 따른 사람들의 의사결정을 방해함으로써 개개인의 도덕적 행위의 기반을 무너뜨린다. 또한 그런 행동들은 과학기술자들이 대중의 복리를 증진시키지 못하도록 만든다.

◆ 생각하기 ••••••••••••••••••••••••••••••

1. 과학과 공학의 연구현장에서 종종 일어나는 부정직, 즉 데이터가 매우 정확하고 오차가 없는 것처럼 보이도록 고르지 못한 것들을 평탄하게 하는 손질(trimming) · 이론에 들어맞는 결과들만 남겨두고 다른 것들은 버리는 조작(cooking) · 보고되는 연구 데이터의 전부 또는 일부를 만들어내는 날조(forging) · 적절한 허가나 신용 없이 다른 사람의 지적 재산을 사용하는 표절(plagiarism)의 사례들을 언론매체의 기사 등을 통해 제시해 보라.

생명윤리와 기독교

비단 인간복제의 영역뿐만 아니라 현대의 여러 생명과학에는 심각한 윤리문제가 결부되어 있다. 그렇다면 급속한 발전과 진보를 보이고 있는 생명과학과 생명윤리에 대해 기독교와 성서는 어떠한 언명을 하고 있는가? 일차적으로 성서는 인간의 구원에 관한 영원한 메시지를 전하는 것이지만 그와 동시에 또한 그것이 시대의 아들임도 부정할 수 없다. 통상적으로 『구약성서』는 대략 기원전 10세기부터 기원전 2세기에 이르는 시기에 그리고 『신약성서』는 기원 50년경부터 2세기 초의 시기에 기록된 것으로 간주되고 있다. 이런 이유로 성서는 어느 정도 고대세계의 사회적 상황과 사상의 틀 안에 한정될 수밖에 없고 따라서 현대의 생명윤리 문제에 직접적인 해답과 해결을 제시할 수는 없는 것이다.

그러나 그렇다고 해서 성서가 제시하는 생명관이 고착화된 과거의 유물이 되어버렸다는 것은 결코 아니다. 인간은 탄생으로부터 죽음에 이르기까지 그 자신의 손으로 생명을 조작하려는 시도를 다양한 형태로 시도해 왔고 이러한 시도를 지향하는 인간의 본질은 성서의 시대에나 오늘날에나 변함이 없기 때문이다. 따라서 성서가 현대의 생명윤리의 문제 그 자체를 해결한다기보다는 이 문제들을 만들어 낸 인간의 상황과 본질에 대한 중요한 시사점을 제공한다고 말할 수 있을 것이다.

「창세기」 11장에는 유명한 바벨탑 이야기가 있다. 바벨탑은 인간이 기술과 문명으로써 신의 영역에까지 침범하려고 시도한 상징인데 이에 대해 신은 바벨탑을 건설하려고 한 인간의 언어를 혼란케 함으로써 그 시도를 좌절시키게 된다. 어떻게 보면 생명과학의 진보는 현대의 바벨탑이라고 부를 수 있을지도 모른다. 실제로 오늘날 여러 분야에서 야기되고 있는 혼란은 언어의 혼란 이상으로 인간존재 그 자체에 심각한 위기를 초래하고 있다.

이와 같이 생명과학의 진보가 신의 영역에 대한 침범으로 여겨진다면 그것은 어떠한 이유로 그러한가를 살펴보아야만 한다. 이를 위해 우리는 먼저 기독교에 대한 두 가지 오해를 밝힌 후 성서가 생명을 어떻게 파악하고 있는가를 검토해 보아야 하는데 물론 이때 생명에 관해서는 『신약성서』만을 취급해서는 안 될 것이다. 왜냐하면 말할 것도 없이 『신약성서』는 인간과 생명에 대해 『구약성서』에 나타나 있는 헤브라이즘을 전제로 하고 있기 때문이다.

기독교 인간관에 대한 두 가지 오해 최근에 나온 몇몇 생명윤리 관계 저술을 보면 기독교 인간관에 대한 오해가 엿보인다. 그것은 대체로 다음과 같은 두 가지로 요약될 수 있다. 첫째로 성서는 인간의 자연에 대한 지배권을 주장하여 현재의 자연파괴를 낳은 과학기술을 발달시켰다는 것이다. 그것이 창세기 제1장의 "땅을 다스리라."(dominium terrae)는 말로 표현되고 있다고 한다. 두 번째로 기독교의 인간관은 영육이원론으로 간주되고 있다. 즉 기독교의 신은 영이기 때문에 그와 대응하여 인간도 정신만 중시된다는 것이다.

그러나 이러한 이해는 모두 오해에 기초해있음을 간과해서는 안 된다. 「창세기」 1장에 나타난 인간론은 분명 '땅을 다스리라.'고 말하고 있지만 그것은 인간의 사명과 위치에 대해 인간의 피조물에 대한 '주인성'(mastership)을 주장함으로써 끊임없는 착취를 허가하고 있는 것이 아니라 오히려 신이 피조물의 관리를 인간에게 위탁한 청지기직(stewardship)을 말하고 있는 것이다. 그런 점에서 이 '청지기직의 인간론'은 서양 근대 문명의 자연에 대한 '공격성'을 완화시키는 역할을 하고 있다.

이러한 역할에 의해 기독교 신앙은 근대 과학기술 문화의 문제에 대해 새로운 각도에서 책임을 완수할 수가 있는 것이다. 따라서 성서가 말하고 있는 것은 인간이 자연을 보살피는 것이며 린 화이트(Lynn White Jr., 1907~87)가 1960년대에 기독교를 현대의 생태학적 위기의 원천으로 고발했던 것도 빗나가게 된다. 일찍이 화이트는 1967년 『사이언스』(*Science*) 지에 발표한 그의 논문 「생태계 위기의 역사적 근원」(The Historical Roots of Our Ecologic Crisis)에서 환경파괴의 한 원인인 서구인의 '자연에 대한 착취적 태도'가 유대-기독교적 교리에 유래하는 것이라고 주장하여 신학자들과 환경파괴에 관심을 기울인 사람들에게 큰 충격을 주었다.

화이트는 "인간의 환경 행동은 자신의 본성과 운명에 관한 신념, 즉 '종교'에 의해 크게 조건지어 진다."고 주장한다. 즉 특정 사회에서의 사회적 · 경제적 · 정치적 행동패턴은 그 사회의 구성원이 비언어적 레벨에서 '인간을 어떻게 평가하고 있는가?' 그리고 '타자 및 환경과 자신의 관계를 어떻게 이해하고 있는가?'에 따라 형성된다는 것이다. 사람들의 이러한 숨은 종교(crypto-religion)만이 서구사회를 중심으로 행해져 온 대규모의 환경파괴를 역사적으로 설명할 수 있다는 것이 화이트의 주장이다.

그렇다면 기독교는 인간과 환경의 관계에 대해 어떻게 파악하고 있는가? 유일신교인 기독교의 '자연관'이 순환적 시간개념에 지배되는 다신교와 가장 현저한 차이를 보이는 것은 '창조'에 관한 부분이다. 「창세기」에 의하면 신은 빛과 어둠 · 하늘 · 땅과 바다 · 식물 · 낮과 밤 · 짐승을 차례대로 창조하였고(제1장) 사람을 자신의 형상대로 지은 후 그에게 다음과 같이 말하였다. "생육하고 번성하여 땅에 충만하여라. 땅을 정복하여라. 바다의 고기와 공중의 새와 땅위에서 움직이는 모든 생물을 다스려라[radah]"(1:28).

이 말은 노아(Noah)에게도 다시 이어진다. "생육하고 번성하여 땅에 충만하여라. 땅에 사는 모든 짐승과 공중에 나는 모든 새와 땅위를 기어다니는 모든 것과 바다에 사는 물고기가 너희를 두려워하며 너희를 무서워할 것이다. 내가 이것들을 다 너희 손에 맡긴다."(8:1～2). 이처럼 신은 두 번에 걸쳐 인간에게 다른 피조물에 대한 지배권을 주고 있다. 이에 대해 화이트는 다음과 같이 말한다. "인간(아담)은 모든 동물에게 이름을 붙임으로써 그들에 대한 자신의 지배권을 확립하였다. [⋯] 아담의 몸은 흙으로부터 지어졌지만 그는 결코 자연의 일부가 아니다. […] 기독교는 인간과 자연의 이원론을 수립했을 뿐만 아니라 인간이 자신을 위해 자연을 착취하는 것만이 신의 의지에 맞는다고 주장하였다." 결국 화이트에 의하면 오늘날의 환경파괴는 자연에 대한 이러한 기독교적 태도에만 그 근원을 가지는 것이다.

그러나 화이트의 이러한 창조신화 이해에 대해서는 주로 「창세기」의 해석을 둘러싼 많은 비판이 제기되고 있다. 대표적으로 스테펜(L.H. Steffen)의 비판을 살펴보자. 그에 의하면 바다의 고기와 공중의 새와 땅위에서 움직이는 모든 생물을 다스리라는 신의 명령에 나타난 '다스리다'(radah)라는 동사는 ('단단히 밟다'는 의미를 가지고는 있지만) 『구약성서』를 통해 '피조물의 착취'와 같은 물리적 힘에 호소하는 강한 의미로는 사용된 적이 없고 오히려 정의 · 억압으로부터의 해방 · 샬롬이 주제인 문맥에서 '올바르고 책임 있는 관리'라는 의미로만 사용되고 있다. 실제로 신이 '다스림(지배)'을 명령한 것은 타락 이전의 일이기 때문에 이 '지배'는 '에덴동산의 경작 · 관리'에 대한 책임과 깊이 연관되어 있다.

이러한 인간과 피조물의 공생은 오히려 생태학의 관심에도 부합하는 것이다. 이와 같은 맥락에서 독일의 철학자 막스 셸러도 가장 기독교적이었던 중세의 인간은 자연에 대해서 '사랑이 넘치는 헌신'을 보이고 자연현상을 다만 개념적으로 질서 짓는 것만으로 만족하고 있었다고 평가한다. 셸러의 입장에 따른다면 환경파괴는 오히려 새로운 권력충동에 사로잡힌 근대 이후 실증과학의 새로운 에토스가 자연을 지배하에 두고 사물을 가치 있는 재화로 바꿀 수 있는 것에 엄청난 관심을 보인 데 있는 것이다.

다만 칸트의 영향을 받은 근대 자유주의 신학자의 주장에 문제가 없었던 것은 아니다. 칸트는 인간의 이성적 자율을 외쳤는데 그 이성은 자연을 지배하는 것이었다. 자유주의 신학자인 리츨(A. Ritschl, 1822~89)이 신의 나라를 해석하는 데 사용했던 것은 바로 칸트의 이론에 토대를 둔 이성의 자연에 대한 우위 사상이었다. 이 점은 반성할 필요가 있지만 본래 성서적 인간관이 청지기직을 그 중심에 두고 있음에는 변함이 없다.

또 하나의 오해는 영혼불멸을 주장하는 플라톤의 영육이원론이 기독교의 인간론이라고 간주되고 있는 점이다. 통상 사람들은 영혼불멸의 신앙이 기독교적이라고 생각하는데 그러나 결코 그렇지 않다. 성서는 인간을 플라톤주의와 같이 영육 이원적으로 이루어진 것으로는 간주하지 않는다. 성서의 인간관에 의하면 육체와 영혼은 불가분의 것이며 인간은 그것들의 총체이다. 플라톤주의의 인간관은 이원론적인데 성서의 인간관은 일원론적이다. 영혼불멸의 신앙은 플라톤적 이원론과 무로부터는 아무 것도 생기지 않는다.(ex nihilo nihil fit; nothing comes from nothing)는 철학적 공리에 기초하고 있다. 이 이원론에 의하면 육체는 죽을 수밖에 없는 것인데 반해 혼은 영원히 불멸하는 것이다. 육체의 죽음은 혼이 그 고향인 신들의 세계에 돌아가기 위한 관문이다. 신들의 세계가 진실로 존재하는 세계인 한 혼으로 하여금 거기에 귀향케 하는 죽음은 바람직한 것이다. 영혼과 육체의 이원론이 영혼불멸을 위한 필요조건이라고 한다면 일원론적 인간관에 있어서 영혼의 불멸이라는 것은 불가능하다.

성서의 인간관에 의하면 인간은 신에 의해서 창조된 것이다. 인간은 신에 의한 창조에 앞서서 이미 어떤 무엇으로서 존재하고 있었던 것은 아니다. 창조에 앞서서 인간은 단적으로 어떤 것도 아닌 것이다. 신에 의한 인간의 창조는 무로부터의 창조(creatio ex nihilo; creation out of nothing)인 것이다. 창조란 엄밀하게는 무로부터의 창조인 것이다. 우리는 출생 전에 이미 어떤 무엇으로서 존재하고 있었던 것이 아니라 출생과 함께 영육의 총체로서 존재하기 시작했던 것이다. 이 점에서 성서적 인간관은 그리스적 인간관과는 근본적으로 다르다.

사실 근대문명에 있어 인간이 정신적 존재로서 그 이성적 능력 때문에 다른 피조물을 객관적 대상으로 파악하는 존재가 된 것은 '나는 생각한다.

그러므로 나는 존재한다.'(cogito, ergo sum)고 했던 데카르트에 의해서였다. 이러한 데카르트의 인간론과 달리 인간을 신의 형상(imago Dei)으로서 묘사하는 성서의 표현은 '나와 너'로서 만나는 인격적 만남의 존재를 나타내고 있다고 이해되고 있다. 그것은 오히려 육체와 정신이 상호 침투하는 인간의 전체성에서의 만남이다. 현대의 대표적인 기독교 윤리학자인 폴 램지(P. Ramsey, 1913～88)도 그것을 지적하고 있다. 그는 기독교의 인간관을 '정신화 된 육체 · 육체화 된 정신'이라고 말한다. 이러한 사실을 토대로 생명에 관한 성서의 직접적인 언명을 살펴보기로 하자.

『구약성서』의 생명관 『구약성서』는 인간과 생명에 관해서 매우 의미심장한 언명을 하고 있다. 형태상으로는 신화처럼 보이는 서술 가운데서 유례없는 신학적 혹은 인간학적인 고찰이 함축되어 있다. 그리하여 생명 그 자체에 관한 견해를 취급하기 전에 『구약성서』는 인간을 어떻게 파악하고 있는가를 이해하는 것이 순서일 것이다. 왜냐하면 성서의 생명관은 그러한 인간관의 토대 위에서 비로소 성립하기 때문이다. 『구약성서』는 인간을 고립적으로 파악하지 않고 반드시 신과의 관계 안에서 파악하고 있다. 우선 첫째로 신이 창조자라는 신앙은 인간이 신에 의해 창조된 피조물이라는 것을 의미한다. 그렇다면 이때 인간은 어떠한 본질을 가지는 존재로서 신으로부터 창조된 것인가 하는 것이 문제가 된다.

「창세기」의 첫 부분에는 두 가지의 창조 기사가 있다. 첫 번째 것은 기원전 6세기 바빌론유수(Babylonian Captivity) 시기의 것이며(1:1～2:4a) 두 번째 것은 기원전 10세기 솔로몬 시대의 것이다. 이 두 가지 창조 기사는 두 가지 인간관을 제시하고 있다. 첫째로는 인간에 대한 적극적인 평가이다. 이것은 「창세기」의 다음과 같은 말이 단적으로 나타내주고 있다.

> 하나님이 당신의 형상대로 사람을 창조하셨으니 곧 하나님의 형상대로 사람을 창조하셨다(1:27).

여기에서 인간은 신의 형상으로 창조되었다고 서술되고 있다. 이 신의 형상에 관해서는 성서학적으로나 교의학적으로 다양한 논의가 있지만 대개 두 가지의 의미를 가지는 것으로서 파악할 수가 있다. 첫째로 마치 동상이 그 인간을 나타내고 있는 것처럼 인간은 이 지상에서 신을 대표하는 존재라는 것이다. 따라서 이 지상세계를 다스리는 권한을 위탁받고 있는 것이다. 두 번째 의미는 인간이 인격을 가진 사귐의 존재라는 것이다. 그 단적인 표현이 '남녀의 사귐'이다. 성서는 인간이 서로 교통하면서 살아가는 존재임을 부각시킨다. 그리고 그것은 사람과 사람의 교제에 머무르지 않는다. 왜냐하면 교제의 근원은 신과의 교제이기 때문이다. 그러므로 신과 인간 · 인간과 인간의 교제가 건전할 때에만 인간은 참으로 '살아있다'고 말할 수 있는 것이다. 이를 통해 최초의 창조 기사에서는 인간에 대한 매우 적극적인 평가가 나타나 있음을 알 수 있다.

그러나 두 번째의 창조 기사는 인간에 대한 소극적인 평가를 보여준다. 「창세기」는 "주 하나님이 땅의 흙으로 사람을 지으시고 그의 코에 생명의 기운을 불어넣으시니 사람이 생명체가 되었다."(2:7)고 말한다. 여기에서는 티끌로서의 인간존재라는 견해가 명확하게 드러나 있다. 말하자면 인간은 한낱 먼지처럼 헛되고 무상하여 유한하고 일시적인 존재일 수밖에 없다는 것이다. 성서에서는 이 제 2의 창조 기사를 비롯하여 다양한 형태로 그것이 표현되고 있다. 예를 들면 「이사야서」(Isaiah)에서는 "주께서 그 위에 입김을 부시면 풀은 마르고 꽃은 시든다. 그렇다. 이 백성은 풀에 지나지 않는다."(40:7)고 말하고 있다. 그렇지만 성서는 헛됨과 무상함에 직면한 인간에게 체념을 호소하지는 않는다. 제 2의 창조 기사에서는 신이 '생명의 기운을 불어넣으셨다.'는 것이 중요한 것이다. 즉 인간은 다만 신의 기운 · 신의 은총에 의해서만 참으로 생생히 살아있는 자가 된다는 사실이 드러나는 것이다. 유한성과 일시성을 극복하고 싶어하는 인간의 소망은 사실상 신과 연관되고 있는 것이다.

창조의 두 가지 기사에 나타나 있는 인간관은 모순적 관계가 아니라 상보적 관계라고 말할 수 있을 것이다. 즉 인간은 어디까지나 신에 의해 창조된 피조물이며 유한성과 일시성을 지닌 존재이다. 그러나 동시에 신은 그러한 인간을 자신의 사귐의 상대로 삼고 이 지상에서 신을 대리하는 존재가 되게 하였다. 그리고 인간은 신과의 사귐을 통해 신의 은혜를 받고 영생(永生)에 대한 소망을 가지는 것이다. 신과의 친밀한 관계를 가지고 살아갈 때에만 인간은 참으로 '생생히 살아있는 존재'가 되는 것이다.

그런데 이러한 인간관은 이미 그 안에 생명관을 내포하고 있는데 『구약성서』에서 생명을 나타내는 용어는 주로 두 가지 이다. 하나는 하임(ḥajjîm)으로 이것은 지상의 생애 · 일생 · 죽음에 대한 삶이라는 의미가 있다. 다른 하나는 네페쉬(nepeš)로 이것은 인간을 활동시키는 생명의 핵심이다. 고대 그리스철학과는 달리 네페쉬는 육체와 대립관계에 있는 영혼으로 파악되어서는 안 되며 인간의 존재전체를 규정하는 생명 그 자체로서 파악되어야만 한다. 이것들도 역시 인간관과 마찬가지로 신과의 관계 안에서 파악해야만 하는 것이다. 즉 삶과 죽음은 모두 종교적인 개념이며 인간의 손에 달려있는 성질의 것이 아닌 것이다. 생명은 살아있는 신에게 의존하고 의뢰하는 것이다. 그리고 죽음은 신과 절연된 상태인 것이다. 삶과 죽음의 지배자는 다만 신뿐이다. 「욥기」(Job)의 다음과 같은 언명은 이러한 관점을 잘 드러내주고 있다.

> 모태에서 빈손으로 태어났으니 죽을 때에도 빈손으로 돌아갈 것입니다. 주신 분도 주님이시요 가져가신 분도 주님이시니 주의 이름을 찬양할 뿐입니다(1:21).

이와 같이 생명 그 자체가 신과의 관계 가운데서 파악되고 있다면 생명의 존중도 또한 그 연장선상에 있다. 「출애굽기」(Exodus) 20장과 「신명기」(Deuteronomy) 5장에 기록되어 있는 십계명의 제 6계명인 "살인하지 못한다."에 관해서도 그러하다. 살인의 금지는 윤리와 도덕에서는 자명한 일인 것처럼 여겨지지만 깊이 생각해보면 결코 그렇지 않다. 인간적 차원에서의 살인의 금지가 절대적인 것만은 아닌 것으로 여겨진다. 어떤 의미에서는 상황윤리라고 말해도 좋을 정도이다. 왜냐하면 전쟁과 같은 비상사태나 극한상황에서 살인은 오히려 장려되곤 하기 때문이다. 살인이 절대적으로 금지될 수 있는 것은 인간이 다만 성서의 신과 만날 때뿐이다. 「창세기」에는 다음과 같은 신의 말씀이 기록되어 있다.

> 사람이 같은 사람의 피를 흘리게 하면 그에게도 보복하겠다.
> 사람은 하나님의 형상대로 지음을 받았으니 누구든지 사람을 죽인 자는 죽임을 당할 것이다(9:5b~6).

『구약성서』에서 피는 실제로 생명이 담겨있는 생명 자체로 간주되고 있다. 즉 헤브라이인에게 "모든 육체의 생명은 바로 그 피다."(9:4) 그리고 피는 오직 신의 것이며 그에게만 속한 것이다. 따라서 여기에서는 신에 의한 보복의 논리를 나타냄으로써 살인의 금지가 언명되고 있는 것이다. 그 근거는 '사람은 신의 형상대로 지음을 받았다.'는 것이며 그런 의미에서 살인은 바로 신을 죽이는 것과 같은 행위인 것이다. 그리하여 인간은 신을 숭배함으로써 절대적으로 살인을 금하게 되는 것이다.

이와 같이 『구약성서』는 생명이 철저하게 신에게 속한 것임을 주장하고 있다. 이것은 『신약성서』에 그대로 계승되어 자명한 전제가 되고 있다.

『신약성서』의 생명관 『신약성서』에서 생명을 나타내는 말은 주로 세 가지이다. 첫째로 그리스어 조에(zoe)로서 신학적으로는 가장 중요한 의미를 가지고 있고 죽음과 대조되는 생명 그 자체—따라서 이 말은 『구약성서

』의 하임과 대응한다고 할 수 있다—를 표현한다. 다음으로는 생명의 근원으로서의 '혼'이라는 의미도 가지고 있는 프시케(psyche)인데 인간의 생명활동의 핵심을 표현하고 있다. 『구약성서』의 네페쉬와 거의 대응하고 있지만 프시케 쪽이 훨씬 더 포괄적인 개념이라고 할 수 있다. 그리고 마지막으로 비오스(bios)는 생명의 생존기간이나 인간의 인생 또는 생활을 위한 재력과 방법을 표현한다. 이 비오스는 생명을 의미하는 영어의 연결형 bi- 혹은 bio-의 어원이며 생명윤리(bioethics)라는 말도 이 비오스와 에티케(ethike)의 조합이다.

스토아철학에서는 '이상적인 비오스의 추구'라는 모티브가 있고 어느 정도 중요한 위치를 차지하고 있다. 그러나 『신약성서』에서 비오스는 지상적인 삶 혹은 육체적인 삶으로서 상대화되고 있다. 그리고 지나간 것·사라져 가는 것으로 간주되고 있는 것이다. 다만 『신약성서』에서의 이러한 비오스의 지위는 비오스의 윤리로서의 생명윤리에 어느 정도 자유로운 해석의 폭을 제공해준다고도 볼 수 있다. 『신약성서』는 전체적으로는 구원에 관한 절대적인 사태 이외의 상대적인 문제에 관해서는 매우 자유로운 태도를 보여주고 있다. 물론 그 자유는 예수 그리스도의 진리에 그 토대를 가지며 신에 대한 자유로운 순종에서 행사된다는 것을 간과해서는 안 될 것이다. 어쨌든 『신약성서』는 비오스를 상대화하고 있고 따라서 『신약성서』의 생명관은 비오스의 윤리로서의 생명윤리를 초월하고 있다고 할 수 있다.

『신약성서』에서 가장 중요한 신학적인 의미를 내포하고 있는 조에는 비오스처럼 단지 자연적 죽음을 끝으로 하는 자연적인 생명의 과정과 현실을 언표하고 있는 것은 아니다. 비록 그러한 뉘앙스를 가지고 있는 것처럼 여겨진다고 하더라도 생명은 항상 신과의 관계 안에 자리 잡고 있는 것이다. 『구약성서』의 전통에 서 있는 『신약성서』의 저자들은 생명이 살아있는 신에 의존하는 것임을 알고 있다. 그러한 신으로부터의 이탈이 생명과는 반대인 죽음을 가져온다는 관점을 『구약성서』와 공유하고 있는 것이다. 그러나 『신약성서』의 생명관은 『구약성서』와 『신약성서』의 중간에 위치하는 후기 유대교의 영향이 강하게 엿보인다. 즉 사후의 생명 또는 영생(eternal life)이 가장 명확한 형태로 드러난 것은 사실 가장 늦게 기록된 「다니엘서」(Daniel) 12장에서이며 그것도 극히 일부분 언급되어 있다. 후기 유대교, 특히 바리새파는 『신약성서』에서도 명확하게 묘사되고 있는 것처럼 죽은 자의 부활을 믿고 있다. 그런 그들의 부활신앙에는 '혼-육체'라는 이원론이 있고 죽음에 임하여 인간의 혼은 응보를 받기 위해 여행을 떠난다는 것이다. 또한 바리새파의 내세에 대한 신앙은 근본적으로 이 세상에서 채울 수 없는 소망을 미래에 이룬다는 것이었다. 그런 점에서 스토아철학과 공통적이라고 할 수 있으며 이 세상의 비오스를 완전하게 실현하는 것을 바리새파는 생각하고 있었던 것이다.

『신약성서』는 생명이 육체의 죽음과 더불어 끝나지 않는다는 점에서는 후기 유대교와 일치하고 있다. 그러나 『신약성서』의 조에가 완전한 형태의 비오스인 것은 아니다. 『신약성서』에서 '생명'은 종말론적인 성격을 가지고 있는 것이다. 이 종말의 때—즉 신의 구원이 현실로 이루어지는 때—에 생명 그 자체이며 생명을 주는 예수 그리스도가 재림한다. 이것을 단적으로 말하고 있는 것이 「요한복음」(John)에 나타나 있다.

> 내가 곧 길이요 진리요 생명이다(14:6).
> 나는 양들이 생명을 얻고 더 얻어서 풍성함을 얻게 하려고 왔다(10:10).

따라서 『신약성서』는 단지 육체적·생물학적으로 살아있는 것인 비오스가 참된 생명이라고는 생각하지 않는다. 다만 그렇기만 하다면 "살아있다는 이름은 가졌으나 실상은 죽은 것."이다(『요한계시록』(The Revelation to John), 3:1). 자연적 탄생·자연적 생명은 항상 죽음의 위협을 받고 있는 것이며 참된 의미에서의 생명은 아니다. 죽음의 위협을 받지 않는 생명만이 진실된 생명인 것이다. 그것은 다만 신으로부터의 선물로서 인간에게 주어진 것이다. "내가 진정으로 진정으로 너에게 말한다. 누구든지 다시 나지 않으면 하나님 나라를 볼 수 없다."(「요한복음」, 3:3)는 예수의 말은 이러한 점을 예리하게 지적해주고 있다.

여기에서 사용되고 있는 '다시'라는 말의 원어인 아노텐(anothen)은 '다시 · 새롭게'라는 의미와 동시에 '위로부터'라는 의미도 포함하고 있다. 자연적 · 생물학적인 생명과는 차원이 다른 조에는 시간적인 의미에서의 새로움이 아니라 성질을 달리한다는 의미에서의 새로움인 것이다. 더욱이 그것은 위로부터 신의 선물로서 주어진 것이다.

그렇다면 예수 그리스도에 의해서 주어지는 종말론적인 생명은 어떠한 성질을 가지고 있는 것인가? 그것은 신앙에 의해서 매개되는 것이다. "영생은 오직 한 분이신 참 하나님을 알고 또 아버지께서 보내신 예수 그리스도를 아는 것입니다."(「요한복음」, 17:3) 즉 생명 그 자체이며 생명을 주는 예수 그리스도를 믿는 자는 죄의 삯인 죽음으로부터 해방되고 영원한 생명(zoe aionios)에 이르게 된다. 이에 대해 바울은 「로마서」에서 다음과 같이 말하고 있다.

> 이제 여러분은 죄에서 해방을 받고 하나님의 종이 되어서 거룩함에 이르는 삶의 열매를 맺고 있습니다. 그 마지막은 영원한 생명입니다. 죄의 삯은 죽음이요 하나님의 선물은 우리 주 예수 그리스도 안에서 누리는 영원한 생명입니다(6:22~23).

따라서 생명은 구원 또는 신의 나라와 동의어로 사용되고 있음을 알 수 있다. 그리고 그 생명이 완전하게 계시되는 것은 미래 곧 종말의 때이다. 이리하여 생명은 종말의 때에 주어지는 영광과 동일시되는 것이다.

여기에서도 『신약성서』의 종말론의 특성인 '이미'와 '지금'의 긴장관계가 명확하다. 바울과 마찬가지로 사도 요한(John the Apostle)도 기독교인의 현재에서의 '생명'의 소유를 강조한다. 세례를 통해서 그리스도의 죽음과 생명에 참예한 자는 현재의 생명에서 신의 선물인 새로운 생명·영원한 생명에 이른 존재이다. 그 보증이 곧 보혜사 성령의 선물인 것이다. 그리고 그러한 생명의 현실은 성령의 다양한 열매를 맺는 기독교인의 실생활에서 나타나는 것이다. 그러나 그것은 '다가올 때,' 즉 이 시대나 세상과 구별되는—신에 의해서 초래되는 질적으로 다른 새로운—세계의 선취이며 어떤 의미에서 그것은 '지금' 신 안에 감추어져 있는 것이다. 즉 우리는 "이미 죽었고," 우리의 "생명은 그리스도와 함께 하나님 안에 감추어져 있"(「골로새서」, 3:3)는 것이다. 이 때문에 종말적인 '지금'에도 그리스도의 재림에 의해 나타나는 생명을 소망하는 것이다.

이와 같이 『신약성서』의 생명관은 인간의 자연적인 생명의 영위인 비오스를 넘어서고 있는 것이다. 그렇다고 해서 비오스가 경시된다는 것은 결코 아니다. 왜냐하면 현실적으로 조에가 주어지고 나타나며 활동하는 터전은 비오스기 때문이다. 조에와 비오스는 단절과 함께 연속성을 가지고 있다. 그러나 비오스는 어디까지나 상대적인 것이다. 『신약성서』는 항상 영원한 것에 주목한다. 그 이유는 바울이 잘 설명해주고 있다. "우리는 보이는 것을 바라보는 것이 아니라 보이지 않는 것을 바라봅니다. 보이는 것은 잠깐이지만 보이지 않는 것은 영원하기 때문입니다."(「고린도후서」(2Corinthians), 4:18)

그러나 여기에서 간과할 수 없는 사실은 앞서 살펴본 것처럼 기독교의 영생이 그리스철학의 영혼불멸이나 영혼불사와 혼동되어서는 안 된다는 것이다. 바울이 「고린도전서」 15장에서 주장하고 있는 바와 같이 영원한 생명은 신체성과 비오스를 포함한 인간존재 전체가 신의 구원의 사역에 의해 그리스도와 동일한 영광을 받는 것이다.

그런데 생명의 존중에 관해 『신약성서』는 『구약성서』와는 다른 관점을 보이고 있다. 당연한 것이지만 그것은 예수 그리스도의 십자가와 부활이라는 구원의 사건에 기인하는 것이다. 예수 그리스도는 모든 인간이 구원받고 참된 생명을 얻게 하기 위해 십자가에 달려 죽은 후 부활하였다. 모든 인간의 생명은 그리스도의 구원을 받아들이는 터전이며 그리스도를 통해서 흘러 들어온 신의 사랑을 거기에 받아들여야만 한다. 왜냐하면 "그리스도께서 그 사람을 위하여 죽으셨"(「로마서」, 14:15)기 때문이다. 이로부터 우리는 『신약성서』의 생명관이 기독론적인 성격을 가지고 있음을 알 수 있다.

기독교적 생명관의 적용 성서의 생명관은 인간의 본질과 영원을 그 안에 포함하고 있는 생명관이다. 이상과 같은 성서의 생명관은 오늘날의 생명윤리의 문제들과 아주 다른 느낌을 줄지도 모른다. 확실히 성서, 특히 『신약성서』는 눈에 보이는 것을 우선시 하지는 않았다. 그러나 그렇다고 해서 결코 그것을 경시하고 있는 것은 아니며 또한 경시해서도 안 된다. 영원한 신이 인간이 된 성육신의 사건처럼 이제 성서의 생명관은 생명윤리의 문제에까지 낮아져야할 때가 된 것처럼 보인다. 이하에서 간단하게 안락사(euthanasia) · 낙태(abortion) · 인공수정(artificial insemination)의 예를 들어 이 점을 지적해 보고자 한다.

통상 생명을 둘러싼 문제는 철학 · 사회학 · 인구론 · 과학기술론 · 환경학 · 정치학 · 의학 등이 논의하는 문제인데 여기에는 중대한 윤리적 과제가 있다. 이 배경에 몇 가지 사실이 있는데 그 중에서 인구의 폭발적 증가가 중요한 문제이다. 이 인구증가로 인해 일어나는 여러 가지 문제가 환경문제에도 영향을 주고 있는 것이다. 이러한 가운데 산아제한이 이루어지고 있는 상황이다.

이러한 사실을 배경을 하여 과학기술 사회 가운데서도 낙태의 기술이 고도로 발달해 왔다. 4천 년 전부터 있었다고 전해지지만 고대에는 매우 위험한 것이었다. 그러나 현재는 과학기술 · 첨단 의료기술의 발달 덕분에 안전하게 되었다. 더욱이 오늘날에는 임신 중의 태아가 정상아인지 기형아인지를 정확하게 밝혀낼 수 있을 정도이다. 이로 인해 태아가 기형아일 경우 낳아야 하는가 아니면 중절해야 하는가 하는 선택의 문제가 생긴다. 그리고 그 선택을 뒷받침하는 것은 결단을 내리는 사람의 인간관이나 사회집단의 인간관이다. 여기에서 개인주의의 경향을 가진 '선택의 자유'만으로 문제를 해결해서는 안 될 것이다.

만약 중절을 한다면 태아는 어느 단계에서 인간으로서의 인격을 인정해야 하는가? 토마스 아퀴나스에 의하면 남성은 40일 만에 인간으로서의 영혼을 받고 여성은 90일 만에 받는다고 한다. 이것은 말할 것도 없이 아리스토텔레스의 생각을 그대로 받아들인 것이다. 그러나 과연 언제 어느 때까지가 생물학적 생명이며 언제 어느 때부터 갑자기 인간으로서의 인격을 가진다고 할 수 있는 것인가? 이로부터 '생명의 존엄' 문제와 '생명의 질' 문제가 제기된다. 생명의 발단의 반대편에 있는 생명의 종말에 관한 안락사의 경우도 '인간다움'이라고 불리는 인간의 본성이 정의되어야만 한다. 만약 인간의 본성이 의지나 이성에 있다면 그 사람이 의지나 이성 또는 판단력이라는 생명의 질을 가지고 있지 않은 경우 안락사가 가능한가 라는 것이 문제가 된다. 예를 들어 식물인간 상태에서는 안락사를 생각해도 좋은가 라는 문제와 연관되고 있는 것이다. 이것도 '생명의 존엄'과 '생명의 질'의 문제이다.

1. 안락사: 생명의 존엄 혹은 생명의 질(質)

'생명의 존엄'(sanctity of life)의 측면에서 보면 아무리 환자의 상태가 좋지 않다 하더라도 그 사람이 가지고 있는 생명의 신성함 때문에 모든 생명은 평등하고 절대적인 가치를 가지고 있다고 여겨진다. 여기에는 두 가지의 주장이 함축되어 있다. 첫째로 인간의 생명은 그것이 존재한다는 사실 그 자체로 신성한 것이며 생명의 가치는 그 삶의 상태나 완전도에 의존하지 않는다는 것, 둘째로 그러므로 인간의 생명은 모두 동등한 가치를 가지며 생존을 위한 동등한 권리를 가진다는 것이다.

이에 반해 '생명의 질'(quality of life)을 문제로 삼는 사람들은 생명유지 장치로 식물상태의 사람을 그대로 방치하기보다는 차라리 뇌사를 결정하여 그 신체로부터 장기를 추출함으로써 그것을 절실히 필요로 하는 다른 사람에게 이식하는 쪽이 더 좋은 것이라고 생각한다. 예를 들어 혈액투석으로 거액의 돈을 지불하고 있는 신장병 환자에게 뇌사 상태인 환자의 신장을 이식할 수만 있으면 이식하는 것이 좋다는 것이다. 이것은 인간의 생명의 질을 중시하는 입장이다. 식물상태를 유지하는 생명유지 장치는 오히려 인간에게 부자연스러운 것이기 때문에 인간답게 죽음을 맞이하게 하는 편이 좋다고 생각한다. 이러한 '존엄한 죽음'의 입장도 이 생명의 질을 문제로 삼고 있는 것이다.

이 두 입장은 정반대로 대립하는 것처럼 보인다. 생명의 존엄은 생명의 절대적 가치 때문에 생명의 유지를 고집하며 생명의 질은 생물학적 생명이 상대적이므로 인간다운 생명의 질을 중시한다. 대립적인 이 양자의 견해를 기독교 인간관으로써 조정하고자 했던 사람이 바로 카이저링(E.v. Keyserling)이다. 그는 생명의 존엄을 주장하는 성서의 신학적 기원을 깊이 연구하여 다음과 같이 말한다. "한편으로 인간의 생명은 존중되어야 하며 결코 정당한 이유 없이 빼앗기거나 변질되거나 방치되어서는 안 된다. 왜냐하면 인간이 아니라 신만이 인간에 대한 전적인 지배권을 가지고 있기 때문이다. 다른 한편으로 … 신은 이 지배 가운데 몇몇을, 즉 생명에 대한 어떤 지배 · 생사 문제에 대한 책임 있는 결정까지 인간에게 '위임'하고 있다."

이 위임은 신학에서 바로 청지기직의 과제가 된다. 즉 의사는 말하자면 신으로부터 위임받고 있는 것이며 그로부터 도피해서는 안 되는 것이다.

또한 충분한 정보를 제공받은 선택에 따라 환자도 중대한 결단에 참가할 수가 있는 것이다. 또한 의지를 상실한 환자의 경우는 가족이 결단한다. 즉 신의 지배 가운데서 인간에게 위임된 부분에 한해 신의 은총에 응답하는 방향으로 인간은 자유를 행사할 수 있는 것이다. 하지만 우리는 개인주의적인 선택에는 주의를 기울여야만 한다.

카이절링의 이러한 기독교 인간관에 대해서 가톨릭 윤리학자인 맥코믹(R. McCormick)은 다음과 같이 말하고 있다.

> 과거 유대·기독교의 전통은 의학적 생명 지상주의와 의학적 비관론(쓸모없다고 죽이는) 사이에서 중도를 지키려고 시도해 왔다. 양자 모두 실은 동일한 생명 숭배에 뿌리를 가지고 있다. 즉 죽음이란 말할 것도 없이 절대적으로 악이며 삶은 절대적으로 선이라는 태도에 그 뿌리가 있는 것이다. 유대·기독교적 태도를 구성해 온 중도는 생명이 확실히 기본적이며 공경할 가치가 있는 선한 것이기는 하지만 그러나 그것은 바로 다른 가치들을 가능케 하는 조건인 한에서 보호되어야 한다는 생각이다. 육체적 생명을 보호하는 것을 의무로 간주하고 동시에 이 의무의 제한을 명령하는 것은 바로 이 다른 가치들이나 가능성들이다. 환언하면 생명은 상대적인 선이며 생명을 보호해야만 한다는 의무에는 한계가 있다는 것이다.

이러한 관점, 즉 인간에게 위임된 범위 안에서 신의 은총에 응답하는 자유의 행사를 생각하는 입장을 구체적으로 적용하면 다음과 같이 될 것이다. 안락사의 경우를 생각하면 우리가 생명유지 장치를 제거하는 것은 더 이상 쓸데없이 식물상태로 있지 않는다는 것이며 육체적 생명의 보호라는 절대적 의무에 제한을 가하는 것이 된다. 이 인간적인 자유의 행사는 이른바 '소극적 안락사'를 허용한다는 것이다.

그러나 소극적 안락사라는 표현에는 문제가 있다. 그것은 다만 인간에게 죽음을 허용할 뿐이지 죽음으로 향할 때의 교육이나 배려가 보이지 않기 때문이다. 오히려 우리는 죽어가는 사람에 대한 배려를 해야만 한다. 다만 생명유지 장치를 제거하는 것만이 아니라 인간으로서 최후를 보게 하는 배려가 필요한 것이다. 따라서 맥코믹이 말한 '다른 가치들과 가능성들'이라는 것은 우리의 입장에서 말하면 신의 나라에 대한 희망, 즉 신의 사랑의 영원한 지배에 대한 희망을 토대로 하여 인간의 생명을 생각하고 인간의 자유를 행사한다는 것이다. 이것이 인간의 위임과 응답 하에서의 자유의 행사이다.

하지만 '적극적 안락사'는 정당화될 수 없다. 즉 생명 유지의 의무를 다하지 않고 언제라도 본인이 희망한다고 해서 즉시 생명을 끊는 것은 생명에 대해 책임 있는 행동이라고 할 수 없다. 왜냐하면 그것은 우리가 기독교 인간관에서 말하는 생명에 관한 신의 지배권을 빼앗는 것이 되기 때문이다. 오히려 고통을 완화시키는 의료 기술을 강구하여 인간이 편안하게 말기의 상황을 맞이할 수 있도록 배려하는 것이 중요한 것이다. 이것이 청지기직의 역할을 다하는 겸허한 과학기술의 존재 방식일 것이다.

2. 낙태: 태아는 인간인가 어떤 것(res)인가?

낙태의 문제에는 인구증가나 성도덕의 문란 및 피임이라는 문제가 연관되어 있기는 하지만, 기본적으로는 인간의 생명을 어떻게 보느냐 하는 것이 핵심일 것이다. 낙태에 대해서는 세 가지의 기본 입장이 존재하는데 이 세 가지 입장 모두가 태아의 인간적 지위에 초점을 맞추고 있다. 태아가 불완전한 인간이라고 믿는 사람들은 낙태를 지지하고 있다.

낙태를 허용하는 배경에는 태아를 어떤 시기까지는 인간으로서 인정하지 않고 어떤 것(a thing)으로 생각하는 관념이 깔려있는 것이다. 태아를 불완전한 인간으로 간주함으로써 낙태를 지지하는 일반적인 근거들에는 ① 자의식으로부터의 논증, ② 육체적 종속으로부터의 논증, ③ 산모의 안전으로부터의 논증, ④ 학대와 무시로부터의 논증, ⑤ 불구로부터의 논증, ⑥ 사생활권으로부터의 논증, ⑦ 성폭력으로부터의 논증 등이 있으나 모두 그 충분한 정당성을 획득하지 못하고 있다.

반면에 태아도 완전한 인간이라고 주장하는 사람들은 낙태에 반대하고 있다. 그리고 태아는 잠재적인 인간이라고 말하는 사람들은 특수하고 제한적인 상황에서의 낙태는 인정하고 있다.

세 견해 모두 태아의 지위를 중요시한다. 왜냐하면 태아가 완전한 인간일 경우 인간의 생명을 말살해서는 안 된다는 원칙이 태아에게도 적용되기 때문이다. 만약 태아가 산모의 육체의 부속물에 불과하다면 낙태는 성형수술과 마찬가지로 대수롭지 않은 수술이 되고 만다. 또 다른 문제는 생명의 권리와 사생활권 사이의 관계이다. 인간 생명이 사생활권보다 우위에 있다면 사생활권을 토대로 태아를 중절하는 것은 결코 정당화되지 못한다. 만약 산모의 사생활의 권리가 태아의 생명의 권리보다 우위에 있다면 당연히 낙태는 정당화된다.

결국 낙태논쟁은 인간생명의 존엄성이라는 문제에 초점이 맞춰질 수밖에 없다. 기독교 내에서 가톨릭과 근본주의자들은 생명의 존엄의 입장을 취하여 공식적으로 낙태를 인정하지 않는다. 사실 인간의 생명의 어느 단계에 있어서나 태아를 어떤 것, 즉 물(物)로 여긴다는 것은 성서의 어디에도 없다. 「시편」(Psalms)은 그러한 견해에 반대하여 다음과 같이 언명하고 있다.

> 주께서 내 속 내장을 창조하시고
> 내 모태에서 나를 짜 맞추셨습니다.
> 내가 이렇게 태어났다는 것이 오묘하고 주께서 하신 일이 놀라워
> 이 모든 일로 내가 주님께 감사를 드립니다.
> 내 영혼은 이 사실을 너무도 잘 압니다.

은밀한 곳에서 나를 지으셨고
땅 속 같은 곳에서 나를 조립하셨으니
내 뼈 하나하나도, 주님 앞에서는 숨길 수 없습니다.
나의 형질이 갖추어지기 전부터 주께서는 나를 보고 계셨으며
나에게 정하여진 날들이 아직 시작되기도 전에
이미 주의 책에 다 기록되었습니다(139:13∼16).

성서는 태아를 인간으로 파악하고 있는 것이다. 따라서 기본적으로 낙태는 살인이며 신의 형상을 말살하는 것이라고 말할 수 있다.

그러나 낙태의 행위를 악으로 규정하여 단죄하는 것만이 능사는 아닐 것이다. 왜냐하면 산모들을 낙태로 몰아가는 원인은 대부분의 경우 부조리한 사회에 있기 때문이다. 정신적인 의미에서든 경제적인 의미에서든 인간의 생존을 위협하는 사회만이 근본적으로 문제인데 바로 여기에서 성서에 의해 제시된 예수 그리스도의 관용적 사랑이 현실화되어야만 한다. 따라서 단죄보다는 오히려 자신에 대한 회개를 촉구하는 것이 순서일 것이다. 이러한 취지하에서 개신교의 주류파 교회인 미국의 장로교・성공회・루터교・감리교는 낙태를 제한적으로 인정하고 있다. 즉 통상적인 상태에서 낙태를 하는 것은 살인이지만 어떤 일정한 조건에서는 인정하는 것이다. 이것은 '청지기직'의 역할을 인정하는 신학의 입장일 것이다.

예를 들어 1984년에 이루어진 통합 감리교회(United Methodist Church)의 선언에는 다음과 같이 언명되고 있다. "원치 않는 임신을 했을 경우 가족과 그 임신한 여성은 … 곤란한 입장에 빠진다. 우리는 산모의 생명과 안전을 위협하거나 혹은 아이의 생명・건강・정신적 능력 등에 문제가 생긴 경우 임신의 지속은 도덕적 필연성이 없다고 생각한다. 이러한 경우 성숙한 기독교인의 판단으로 낙태를 권하면 해도 좋다고 생각한다."

물론 이 선언이 낙태가 사람들에게 회복하기 매우 어려운 심리적 육체적 상처를 남긴다는 것을 지적하고 있음도 잊어서는 안 된다. 그와 동시에

우리는 신의 의지를 무시한 제멋대로의 결단에도 주의해야만 한다. 그러나 개인주의적 선택의 자유를 넘어선 기독교의 사랑인 아가페(agape)와 구체적 배려와 생명을 보호하는 정의의 윤리는 이것을 가능케 하는 것이다.

3. 인공수정(artificial insemination)

인공수정은 기본적으로 생태학적 감각에서 보면 무리하게 인간의 기술이 자연에 개입하는 것이므로 신중하게 대처해야만 하는 것이다. 결혼한 부부가 아이를 원하는 것은 인지상정일 것이다. 불임 부부가 인공적인 임신을 하려고 할 경우 몇 가지의 방법이 있다. 첫째로는 남편의 정자를 아내의 자궁에 넣는 '배우자간'(homologous) 인공수정법이다. 물론 시험관에서 수정시킨 정자를 자궁에 넣는 방법도 있는데 그것을 '체외수정'(in vitro fertilization) 혹은 '시험관 아기'라고 한다. 이 경우에는 인공수정도 부부 관계가 된다.

그러나 인공수정이 허용될 수 있다 하더라도 기독교의 관점에서 체외수정은 많은 태아들을 '소모할' 수밖에 없다는 문제점을 안고 있다. 즉 현재의 방법에 따르면 한 태아를 얻기 위해서는 많은 태아들을 희생시켜야 한다. 이것은 우리가 성장할 수 있는 한 태아를 얻기 위해서라면 알면서도 다수의 작은 인간들을 죽인다는 것을 의미한다. 자연스럽게 생긴 많은 수정란들이 자연발생적으로 유산된다는 사실과 이것은 관련이 없다. 왜냐하면 자연사와 살인 사이에는 커다란 도덕적 차이가 있기 때문이다. 체외수정은 자연사가 아니라 인위적으로 계획된 불필요한 죽음이다. 인간에 대한 연구와 실험을 위한 체외수정은 이중으로 잘못이라는 사실에 변함이 없다.

물론 인간생명을 낭비하지 않기 위해서 체외수정이라는 방법을 완벽하게 할 수 있는 가능성이나 시험관을 사용하지 않고서도 남편의 정자를 아내의 자궁에 인공적으로 착상(implantation)시키는 보다 자연스러운 방법을 이용할 수 있는 가능성이 존재한다. 하지만 이러한 가능성들이 실현되든 실현되지 않든 간에 체외수정은 도덕적으로 문제가 없지 않다.

그런데 더욱 문제인 것은 제3자가 등장하는 대리수정(artificial insemination by donor)이다. 이 경우 보수적인 기독교는 교묘한 불륜이라고 해서 반대한다. 그러나 사실 이 문제는 감정적으로 반응하기보다는 이성적으로 파악해야할 문제이다. 또한 이 기술은 정자 은행이라는 것을 만들어 우수한 아이를 낳으려고 하는 욕망이기도 하다. 이에 관해 말할 수 있는 것은 기증자와의 사이에 성행위도 없을 뿐더러 성욕도 수반되지 않으며 또한 연애감정이 일어나는 것도 아니기 때문에 간음을 범하는 것은 아니라는 것이다.

물론 어떤 사람들은 체외수정에 반대하는 근거로서 '한 몸의 원리'(one flesh principle)를 내세우고 있으나 임신이 부부 사이의 성행위의 산물이 아니라고 해서 부부가 한 몸이 아니라는 법은 없다. 사실 한 몸은 성행위 없이도 가능하다. 한 몸이라는 말은 결혼 생활에서의 애정을 나타내는 말이지 꼭 성행위만을 가리키는 말은 아니다. "남자는 아버지와 어머니를 떠나 아내와 결합하여 한 몸을 이루는 것이다."(「창세기」, 2:24) 문제는 개별적 상황에서의 소망이 아니라 전체적인 자연의 조화를 파괴해 가면서까지 체외수정을 할 필요가 있는가 하는 점에 있다. 이 점에서 신학은 개인의 선택의 자유보다는 공동체적 결단을 중시한다. 즉 요즘처럼 난민이 많은 시대에 차라리 양자를 받아들여 기르는 쪽이 좋을 것이라는 대안을 제공하는 것이다.

생명윤리에서 사랑과 정의의 문제 이상의 문제들은 기독교 윤리의 기본적 태도인 사랑과 정의의 규범에 따라 문제가 정리되어야 할 것이다. 왜냐하면 "기독교 윤리학이 제안하는 기독교인의 삶의 특징적인 성격과 근본규범은 기독교적 사랑(아가페)"이기 때문이다. 아가페는 예수 그리스도의 십자가에 나타난 신의 사랑에 기초한 사람들 사이에서의 사랑이다.

그러나 우리는 사랑과 정의의 긴장관계를 간과해서는 안 된다. 왜냐하면 사랑을 정의로 재해석하여 결국 사랑의 힘을 사회정책에 반영하고자 하기 때문이다. 우리는 이원론의 방법을 취하지 않고 사랑과 정의를 긴장관계 하에서 파악해야만 한다. 루터의 두 왕국설에서는 사랑과 정의가 평행선이 된다. 개인 관계에서는 사랑, 사회관계에서는 정의가 된다. 조셉 플레처(J. Fletcher, 1905~91)는 정의를 배분된 사랑이라고 표현하고 평등하게 배분하는 냉정한 정의를 긍정적으로 생각한다. 이것은 공리주의적 정의의 일원론이다. 여기에서는 공리주의의 정의론을 중심으로 살펴보기로 하자. 그것에 의하면 정의는

① 각각에 대해서 그 사람의 장점과 공적에 따라

② 각각에 대해서 그 사람의 사회적인 공적에 따라

③ 각각에 대해서 공급과 수요가 열려있는 시장에서 다른 사람들이 자유롭게 원하는 것을 만족시키는 것에 공헌할 수 있는가 어떤가에 따라

④ 각각에 대해서 그 사람의 필요에 따라

⑤ 유사한 사례에 대해서는 유사한 취급을 하는 것이다.

이러한 정의의 방식을 의료문제와 연관시켜 생각해보자.

①은 공적주의인데 건강의 문제에 관한 한 공적이 있기 때문에 보다 많이 배려한다는 것은 옳지 않다. 신생아가 소아암에 걸린 것은 어떤 잘못을 했거나 공적이 있었기 때문이 아니다. 오히려 그것은 본인의 책임이 없는 경우가 대부분이다. 따라서 생명윤리에 공적주의를 대입하는 것은 무리가 있다.

② 사회적으로 공헌한 사람을 우선 배려하는 것은 그 사람의 사회에 대한 생산성에 상응하는 것이 되고 노인 · 장애인 · 어린이 등은 거의 생산성이 없으므로 굳이 배려할 필요가 없는 대상이 된다. 그런데 오히려 건강의 위기는 그러한 사람들에게 일어나는 것이기 때문에 이것은 정당화될 수 없다. 예를 들어 신장 이식을 한다고 하더라도 사회적 공헌에 따라서가

아니라 램지의 말처럼 무작위의 선택에 따라서 해야 할 것이다.

③ 의료서비스를 시장 원리에 따라서 설명하는 것은 매우 부적절하다. 시장에 어떤 도덕적 조건이 성립되어 있지 않는 한 시장의 논리는 인간의 필요(need)가 아니라 소비자의 욕망(desire)에 기초하는 것이 된다. 따라서 그 선택은 실제로 필요한 것보다 충동구매와 같은 쓸모없는 것이 될 위험이 있다. 의료문제를 다만 소비자의 선택의 자유에 따라서 운용하면 의료서비스보다 그 병원의 지명도나 의료 이외의 부가가치의 이미지 등을 선택의 기준으로 삼아버릴 위험도 생긴다. 또한 시장원리에는 소비자의 정보와 생산자의 정보가 평등하게 주어져야만 하는데 의료에 관해서는 그렇게 되지 못한다.

④ 암과 같은 심각한 병은 공적이나 잘못 등과 처음부터 무관한 것이기 때문에 사회적으로 생산성을 가진 사람이든 노인이든 그 사람의 필요에 상응하여 의료 서비스가 행해져야만 하는 것이다. 이를 우리는 통상 '필요에 의한 정의 개념'(need-conception of justice)이라고 말한다. 이 행위의 근거는 다만 환자의 필요성뿐이다. 따라서 환자의 필요성만을 주시하여 행위하는 것은 어떤 수고도 없이 주어지는 아가페에 가까운 정의가 되는 것이다. 아가페는 필요에 따라 주어질 뿐만 아니라 나아가 자발적으로 넘치는 인격적 배려를 하는 것을 의미하는 것이며 따라서 적극적인 것이다. 그런 의미에서 결국 이것은 정의의 개념이다.

⑤는 ④를 보충하는 것인데 실제로 의료 인원이 적어서 어떤 치료를 먼저 해야 할 경우에는 빈부에 의해서가 아니라 병의 범주에 따라 판단해야만 한다. 중병이자 사회적 영향도 강한 전염병은 무엇보다 우선적으로 치료해야만 한다. 그에 반해 미용을 위한 성형 수술에 보험료를 지출하는 것 등은 문제가 될 것이다. 이렇게 생각하면 생명윤리는 단순한 선택의 자유 또는 시장원리로 결론지어버릴 문제가 아님이 분명하다.

이처럼 오늘날의 생명윤리, 특히 안락사・낙태・인공수정 등의 문제의 배후에는 성서적 · 신학적 문제가 밀접하게 연관되어 있음을 알 수 있다. 따라서 기독교는 이 문제들에 대해 기독교의 입장을 적용하고 그것과 진지하게 대결해야 할 사명을 안고 있는 것이다. 즉 기독교의 생명윤리는 생명의 질의 문제를 고찰하면서 인간의 존재방식 또는 환경과의 공존방식을 고찰해야만 하는 것이다. 왜냐하면 기독교인은 성서를 신앙과 생활의 규범으로 삼고 있기 때문이다. 또한 슈바이처(A. Schweitzer, 1875~1965)의 말처럼 "생명 경외의 윤리는 만물에게 확장된 사랑의 윤리이며 그것은 오늘날 그 사상의 귀결로 인정되고 있는 예수의 윤리"이기 때문이다.

끝으로 한 가지 중요한 문제를 더 지적해 두고자 한다. 그것은 독일의 신학자인 몰트만(J. Moltmann, 1926~)의 지적이다. 그는 WHO(세계보건기구)의 '건강의 정의'에 문제가 있다고 말한다. WHO의 건강의 정의는 다음과 같다. "건강이란 질병과 장애가 없다는 것뿐만 아니라 신체적 · 정신적 · 사회적으로 온전히 행복한 상태이다." 이 정의를 그는 이상일 뿐이라고 말한다. 그것은 죽음과 질병 및 장애를 규정하고 있지 않기 때문이다. 말하자면 '죽음을 상정하지 않는 건강에 관한 어떠한 정의도 환상'이라는 것이다. 그렇게 생각하면 이 정의는 환자와 장애자 그리고 노인을 몰아내어 버리는 사회를 만들게 된다. 죽음과 슬픔 그리고 고통을 공유하지 않는 사회는 결코 인간적이라고 말할 수 없다. 그렇다면 기독교는 "사람들 사이에 신의 사랑과 이웃의 사랑을 증대시키는 것 이외에 다른 목표를 생각할 수 없다."

◆ 생각하기 ································

1. 불교나 유교 등은 생명윤리의 문제들, 즉 낙태 · 인공수정 · 안락사 등에 대해 어떠한 입장을 가지고 있는가?
2. 생명윤리의 문제는 인간에게만 해당되는 것인가?
3. 생명윤리의 순기능과 역기능은 무엇인가?

인간복제와 그 명암

① 쥐아기의 경고 1999년 3월 18일, '과학의 발달이 불임을 극복'이라는 제하의 '쥐아기 탄생'에 관한 신문 기사가 실렸다. 이탈리아의 한 산부인과 의사가 불임 남성을 시술하여 11명의 '쥐 아기'가 태어날 예정으로 있다는 기사였다. 그 후 며칠 동안 각 신문에는 '인간의 생명'에 대한 많은 윤리적 · 법적 · 종교적 논의들이 실렸다.

도대체 무엇이 '쥐 아기'인가? 이것은 과학적 용어가 아니라 매스컴이 붙인 단어이다. 사람의 정자(spermatozoon)를 쥐의 정소에서 분화시켜서 추출한 후, 이것을 사람의 난자와 인공수정 시켜서 출산된 아기이다. 그러므로 사람의 정자와 사람의 난자가 수정하였으므로 사람의 아이가 탄생된다.

왜 사람의 정자를 쥐의 정소에서 분화시키는가? 남자들 중에는 성숙한 정자를 만들지 못하는 사람이 있다. 이런 환자를 '무정자증' 이라고 한다. 정자는 사춘기 이후 매일 2억개 정도가 만들어진다. 정자를 만들어 내는 조직을 고환(睾丸) 또는 정소(精巢, spermary)라고 하는데, 정소에서 정자가 만들어지기 위해서는 세 단계의 과정을 거쳐야 한다. 정자가 될 세포(정원세포)들이 많은 분열을 하여 세포의 수가 증가되는 시기를 거쳐, 세포 내의 염색체가 반으로 줄어드는 감수분열(減數分裂, meiosis)의 시기를 지나서(이 기간의 세포를 정모세포라고 한다), 드디어 머리와 긴 꼬리를 가진 정자의 형태로 변화하는 시기(이 시기의 세포는 정세포라고 한다)를 지나야 정상적인 정자가 된다. 이러한 과정은 각 단계에 필요한 여러 가지 조절 기작에 의해서 이루어지는데, 이중 어느 하나라도 이상이 되면 정원세포 · 정모세포들은 많이 있지만 정자는 만들어지지 않는다. 이런 남성을 "무정자증"이라고 한다.

수정(insemination)은 정자와 난자(ovum)가 결합하여 두 세포의 핵이 합쳐지는 과정이다. 핵 속 염색체가 합해져서 개체가 가진 염색체의 개수만큼 되기 위해서는, 정자 또는 난자가 될 때 개체가 가진 염색체의 수가 ½로 줄어드는 과정을 반드시 거쳐야 한다. 염색체 수가 ½로 된 세포는 인공수정이 가능하다. 불임 남성 중 감수분열이 끝난 정세포를 가지고 있는 남성은 정세포를 추출하여 난자와 인공수정하여 아기를 가질 수 있는 시술이 최근 개발되었으므로, 이 방법으로 불임을 극복하고 있다.

그러나 감수분열 전 단계에서 이상이 있는 경우는 체외에서 세포를 배양하여 정세포 또는 정자로 분화시켜야 한다. 정원세포를 추출하여 시험관에서 배양하는 기술은 오랜 연구에도 불구하고 성공하지 못했다. 대신에 추출한 정원세포를 다른 정소에 주입하였을 때는 주입한 정원세포가 정자로 분화되는 것이 밝혀졌다. 생쥐의 정원세포를 다른 생쥐 정소에 주입하거나, 시궁쥐의 정소에 주입하더라도 생쥐 정자로 분화가 된다. 그러므로 이번에 발표된 시술은 기술적인 측면에서 다른 종류의 생물에서는 이미 사용되고 있는 기술이다.

문제가 제기되는 부분은 사람에게 사용했을 때, 태어난 아기가 어떤 선천적 유전 결함을 가지고 있는지 예측할 수 없다는 것이다. 최근 일본의 생명공학자들에 의해 쥐아기를 대체할 기술이 개발되었다고 하지만 아직 실용화의 단계까지는 이르지 못하고 있다.

② 인간복제(Human Cloning)의 명암 세균을 제외한 모든 고등생물은 유성생식(有性生殖, sexual reproduction)을 한다. 유성생식은 동물의 짝짓기와 식물의 꽃가루받이에서 시작된다. 사람은 배우자를 만나서 결혼을 하게 되고 남성의 정자세포와 여성의 난자 세포가 결합하는 수태로부터 인간의 개체로서 독립된 생명체라는 것을 인정받게 된다. 태아가 분만되어서 부모의 양육을 받는 자식이 되고 그리고 가족의 구성원이 된다. 가족은 사회집단 및 국가 그리고 인류를 구성하는 기본단위가 된다. 생명복제라는 과학적 용어가 출현하게 되자 유성생식이 아닌 시험관 안에서 사람이나 동물의 조직에서 떼어 낸 세포 그리고 그 세포 내의 염색체를 첨단

과학기술을 동원해 수정란의 염색체와 치환하는 무성생식(無性生殖, asexual reproduction)을 통해 똑같은 개체인 사람과 동물이 태어날 가능성이 현실로 나타나게 되었다. 그리고 그 기술은 상상의 단계가 아닌 구체적으로 이미 동물실험에서 성공한 실례로 나타났다. 그렇다면 언젠가는 인간을 복제하는 일도 일어날 수 있을 것이므로 찬반논쟁이 뒤따르는 것은 당연한 일일 것이다.

우선 인간복제를 지지하는 윤리적 주장들을 살펴보면 우선 앞서 살펴본 자유주의의 기본원리인 타인 위해의 원칙, 즉 개인에게 위임된 자유는 만약 개인이 그렇게 선택한다면 그리고 개인의 행위가 타인에게 심각한 피해가 되지 않는다면 허용되는 원리에 따라 인간복제도 허용하도록 요구할 수 있다. 따라서 개인의 생식 권리나 생식하지 않을 권리, 즉 생식자유권이 인정된다. 이러한 주장은 인간복제가 적어도 타인에게 유해한 것이 아닌 한 설득력을 갖게 될 것이다. 이를 토대로 복제될 인간에게 해가 되지 않는다고 말하는 사람들도 있다. 왜냐하면 태어나지 않는 것보다는 태어나는 것이 복제인간에게 이익이 되기 때문이라고 생각하기 때문이다.

다음으로 선호공리주의, 즉 선택할 수 있는 행위들 가운데 그 행위에 영향을 받을 모든 사람들의 선호를 극대화시키는 행위를 선택해야 한다는 원리에 입각할 때 자신의 유전자를 물려주고 싶어 하는 사람의 욕망과 복제기술로 태어난 사람의 욕망을 만족시켜주는 것이 복제인간이 되고 싶지 않은 욕망보다 크다면 도덕적으로 허용되어야 한다는 것이다. 또한 인간복제는 개인적·사회적으로 이익을 준다는 근거에서 정당화된다는 것이다.

그렇다면 인간복제는 개인에게 어떠한 이익을 가져올 수 있는가? 우선 인간복제는 일부 사람들이 현재 겪고 있는 불임이라는 고통을 덜어줄 새로운 수단이 된다. 인간복제는 난자가 없는 여성이나 정자가 없는 남성들도 자신들과 생물학적 혈연관계가 있는 자손을 출산할 수 있게 해준다.

그리고 인간복제는 부부 중 한쪽이 심각한 유전병을 앓고 있을 때 그 병을 자손에게 물려주지 않고 대를 잇게 할 수 있다. 또한 상당한 시차를 두고 쌍둥이를 만드는 인간복제는 이식용 장기나 조직을 제공할 수 있다. 인간복제는 일치하는 장기나 조직을 가진 제공자를 찾아야 하는 문제를 해결하고 이식거부 반응이 일어날 위험을 아예 없애거나 현저하게 줄여줄 것이다. 물론 이 경우 복제인간을 수단적으로 대우한다는 비판을 받을 수 있다. 하지만 오직 이 동기만이 원조인간과 복제인간의 관계를 지배한다고 볼 수 없다. 복제인간을 동등한 인간으로 대우하면서도 원조인간을 구할 수 있는 수단으로 대하는 경우가 가능하기 때문이다. 아울러 인간복제는 사고나 병 혹은 범죄의 피해 등으로 죽은 아이처럼 특별한 의미를 가진 누군가를 복제하도록 할 수 있다. 물론 죽은 아이와 똑같은 인간이 나오는 것은 불가능하다. 단지 유전자만 같은 뿐임에도 불구하고 나름의 만족감을 줄 수 있다는 점에서 그들에게 이익이 될 것이다.

이러한 인간복제의 개인적 이익의 측면만이 아니라 그 사회적 이익의 측면도 간과할 수 없다. 우선 인간복제는 위대한 재능 · 천재성 · 인격 등 귀감이 될 만한 품성을 지닌 개인을 복제하는 데 사용될 수 있다. 이는 사회적으로 이익이 될 것이다. 하지만 유전자가 같다고 해서 그러한 인간이 등장하는 것은 아니다. 그러나 원본보다 수준이 떨어지고 원본과 전혀 다를 수도 있겠지만 그런 비범한 인물들을 복제함으로써 위대한 업적을 우리 눈으로 볼 수 있을지 모른다는 그 희망은 복제를 할 충분한 근거가 될 수 있을 것이다. 그리고 인간복제 및 인간복제 연구는 인간의 발생과정과 같은 과학지식상의 중요한 발전을 가져올 수 있다. 남녀 간 성비가 이상적으로 조화된 사회를 건설하는데 도움이 될 수도 있는 것이다. 또한 멸종위기에 있는 희귀동물들을 복제하여 보존할 수 있고 생물학적으로 우수한 인간을 복제하여 여러 영역에 활용할 수도 있다.

인간복제의 이러한 개인적 · 사회적 이익에도 불구하고 인간복제는 또한 많은 반대에 부딪히고 있는데 그 도덕적 논거들도 타당한 설득력을 가지고 있다. 우선 인간을 복제하는 것은 비자연적이라는 주장을 들 수 있는데 정상적인 성관계를 통하지 않고 성인의 체세포에서 인간의 배아를 복제하는 것은 비자연적이라는 것이다. 비자연적인 행위가 도덕적으로 허용될 수 없는 근거는 인간의 생사를 인위적으로 조작하는 것은 신의 고유 영역을 침해하는 행위이기 때문이라고 가톨릭을 비롯한 종교계는 말한다. 그리고 인간복제의 이용은 중요한 인격권을 침해한다는 것이다.

이는 두 가지 측면에서 논의할 수 있는데 하나는 고유의 정체성을 지닐 권리—기독교 인간관에서 주장하는 유일회성(Einmaligkeit)과 대체불가능성(Substitutierbarkeit)—를 위배하는 것이며 다른 하나는 타인의 미래를 알지 못할 권리 혹은 열린 미래에 대한 권리이다. 인간은 누구나 유전적으로 유일하게 될 권리를 가지는데 복제기술로 태어날 인간은 태어나면서부터 유전적으로 유일하게 될 권리를 침해받는다는 것이다. 인간복제는 개인의 특성을 상실하게 만들고 앞선 유전적 동일자를 통해 자신의 미래를 어느 정도 미리 알 수밖에 없다. 이처럼 인간복제는 개인적・사회적으로 커다란 피해를 준다는 것이다.

인간복제가 개인에게 끼치는 피해를 살펴보면 우선 인간복제는 뒤늦게 태어난 쌍둥이에게 심리적 압박감과 피해를 줄 것이다. 앞서 태어난 쌍둥이가 어떤 인생길을 걸었는지 알았을 때 정신적으로 나쁜 영향을 미칠 수 있다. 설령 그것이 오해라 해도 뒤늦은 쌍둥이는 자신의 운명이 사실상 이미 눈앞에 펼쳐져 있기 때문에 자기 스스로 자유롭게 자신의 운명과 인생을 설계하고 그것에 책임을 져야 한다고 느끼기 어려울지 모른다. 또한 앞선 쌍둥이가 어떤 특별한 능력과 업적을 지닌 인물이라면 뒤늦은 쌍둥이는 그에 버금가는 높은 수준의 능력과 업적을 보여줘야 한다는 과중한 부담을 받을 수 있다. 어떤 경우든 복제된 인간은 행복하지 않을 것이다.

다음으로 인간복제 과정은 클론에게 용납될 수 없는 위험을 끼칠 것이다. 지금 인간을 복제하려고 시도한다면, 클론에게 받아들일 수 없는 위험이 따를 것이 분명하다. 현재로는 인간에 대한 안전성과 효과성이 문제된다. 일단 착상 · 성장 · 발달이 제대로 일어나지 않을 수 있다. 해럴드 바머스(Harold Varmus)는 복제인간의 몸을 이루고 있는 해묵은 세포들은 원본의 몸속에 있었던 기간만큼 클론에게 암이나 노화관련 질병을 일으킬 수 있는 유전자 돌연변이를 축적할 수 있다고 우려한다. 이를테면 돌리는 새끼양의 탈을 썼을 뿐인 늙은 양에 불과할 수 있다는 것이다.

나아가 그 사회적 피해도 무시할 수 없는데 우선 인간복제는 개인의 가치를 떨어뜨리고 인간적인 삶의 존엄성을 훼손할 것이다. 인간복제는 개인을 대체가능한 존재로 생각하게 함으로써 우리가 인간의 삶에 부여해온 가치와 존엄성을 훼손한다는 것이다. 그리고 틀림없이 인간관계의 혼란을 야기할 것이다. 여자 A의 난세포에서 세포핵을 제거하고, 남자 B의 체세포로부터 추출된 세포핵을 A의 난세포에 주입시켜 A 혹은 제3자인 C에게 임신시켜 태어난 인간이 바로 복제된 인간이다. 그러면 이렇게 해서 태어난 아이 Y는 B와 어떤 관계에 있는가? Y는 B의 아들인가 아니면 B의 동생인가 그것도 아니면 B와 동일인인가? 이런 질문이 발생하는 이유는 Y와 B의 유전자가 동일하므로 일상적 의미로는 새로운 개체라고 보기 어렵기 때문이다.

무엇보다 문제인 것은 인간복제가 상업적 이익을 얻을 목적으로 사용될 수 있다는 점이다. 즉 1997년에 나온 앤드류 니콜(A.M. Niccol) 감독의 영화 가타카(Gattaca)의 내용처럼 유전적으로 인증되고 보증된 판매용 배아, 즉 다양한 재능 · 미모 · 능력 등 탁월한 특성을 지닌 개인들로부터 복제한 다양한 배아상품 목록이 시장을 통해 제공될 수 있다는 것이다. 또 장기를 얻기 위해 복제인간을 은밀히 '사육'하게 될 가능성도 있다. 이미 인터넷상에 미모와 재능을 가진 사람들이 난자와 정자를 경매에 붙이고 있는 것이 사실이다. 이것은 모든 사람들을 시장에서 서로 다른 가격에 의해 매매되는 대상으로 취급하게 됨으로써 그들이 소유한 평등한 도덕적 가치와 존엄성을 근본적으로 침해할 것이다.

또한 인간복제는 정부나 다른 집단에 의해 비도덕적・착취적 목적으로 사용될 수 있다. 창조될 사람들을 고르고 통제하는 기준은 창조되는 사람의 이익이 아니라 사회의 이익과 그들을 창조하는데 드는 비용이다. 뿐만 아니라 생식과 양육도 개인의 이익과 상관없이 이루어진다. 전체주의 국가에서 복지와 건강에 이용한다는 명분으로 전 국민의 DNA 등록을 강압적으로 실시할 수도 있다. 범죄만이 아니라 모든 사회활동이 감시당하고 신분노출이 두려워 개인은 극도로 위축되는 사회가 된다.

유전자 기능과 역할에 정통한 게놈(genome) 연구진, 매수당한 다국적 제약업체가 독재자와 손잡고 마침내 우생학(eugenics)을 실시한다. 민족의 순수혈통을 복원하고 건강한 후세를 낳는다는 명분으로 <열등유전자>를 도태시킨다. 인간복제를 그런 목적으로 사용하는 것은 클론을 오직 타인의 이익을 위한 수단으로 착취하는 것이며 클론이 완전한 도덕적 개인으로서 지니고 있는 평등한 도덕적 가치와 존엄성을 침해하는 것이다.

그리고 인류의 생존가능성을 감소시킬 수 있다. 인간유전자 풀의 다양성을 유지하는 것은 인간이 생존하기 위한 필요조건이다. 그런데 복제기술은 인간에게 적용하는 인간 유전자 풀의 다양성을 감소시킴으로써 질병에 대한 면역력과 외부세계에 대한 적응력을 약화시키는 등 인류의 생존가능성을 감소시키거나 적어도 증대시키지 못한다는 주장이다. 또한 그것은 초기단계에 있는 인간생명의 소중함을 저버리는 행위이다.

복제기술을 인간에게 적용하는 것은 곧 자의적으로 폐기하거나 미숙한 기술에 의해 생명을 잃는 수많은 잠재적 인간을 만들어 내는 것을 의미하므로 이를 허용할 수 없는 것이다. 특히 인간의 배아를 착상시키지 않고 길러 내거나 착상을 목적으로 인간의 배아를 기를 때 또는 착상시킨 이후의 발달과정에서의 결함 때문에 착상과정에서 잠재적 인간은 해를 입을 수 있다. 복제양 돌리의 경우 기술적 불완전성으로 인해 양 276마리가 희생되었다.

아울러 인간복제는 기존의 종교적 신념에 커다란 회의를 불러올 가능성이 높다. 이는 사회적으로 큰 불안감을 불러올지 모른다. 기독교는 인간을 창조할 수 있는 유일한 존재인 신이 인간과 대등한 위치에 서게 된다는 점에서 그리고 불교는 복제된 인간이 어떤 전생을 가지는지에 대해 고민을 안게 된다.

사람들 중에는 복제인간의 출현을 긍정적으로 보는 견해가 있는데 유전공학을 전공하는 사람 중에는 인간복제 출현으로 야기될 점에 대해 우려를 표명하면서도 불치병을 극복할 수 있는 의약품 개발 · 공해물질을 분해할 수 있는 세균 · 인간의 생명연장 · 파괴된 자연의 복구 같은 실질적 이득 때문에 복제연구를 허용해 주기를 원하는 사람도 있다. 하지만 아직도 대부분의 사람들은 인간복제가 인간의 윤리성과 존엄성에 위배된다는 견해를 가지고 있다.

◆ 생각하기 ································

1. 동식물의 복제는 생명윤리의 고려사항이 아닌가?
2. 앞으로 계속 이어질 생명공학의 도전에 대해 우리는 어떠한 태도를 취해야 할 것인가?

안락사의 문제

안락사(安樂死)의 시초는 고대 원시사회에서 질병이나 노환으로 인해 죽기를 원하는 자에게 안락사를 실행한 것으로부터 시작되었다. 일찍이 그리스-로마시대에는 자살방조가 범죄시 되지 않았고 르네상스 시대에 이르러서는 자살을 개인의 자유로 인식하기 시작하였다.

16세기 토마스 모어(T. More, 1478~1535)는 『유토피아』(*Utopia*, 1516)란 그의 저서에서 "불치의 병으로 견디기 어려운 고통이 있는 자에게 안락사"를 주장하였고 17~18세기에는 프랑스의 계몽사상가인 몽테스키외(Baron de Montesquieu, 1689～1755) 등이 자살을 금지하는 것에 반발하기 시작하였다. 오늘날에 이르러서는 인도주의적 입장에서 예외적으로 안락사를 긍정하려 하고 있다. 1975년 5월 5일 미국에서 "인간의 죽음에도 권리"라는 카렌 앤 퀸란(Karen Ann Quinlan) 사건을 시작으로 각국의 안락사 입법화 운동은 활발하게 논의되기 시작했고 1998년 3월 24일 미국 오리건 주에서 최초의 첫 합법적 안락사가 인정되었다.

안락사를 지칭하는 영어 Euthanasia는 그리스어 '좋은'을 뜻하는 부사 에우(eu)와 '죽음'을 뜻하는 타나토스(thanatos)에서 파생한 합성어인 에우타나토스(euthanatos)에서 유래한 말로 흔히 '편안하고 안락한 죽음'을 의미하는 뜻으로 사용된다. 고전적 어법상에서는 이 안락사가 자비로운 살인(mercy killing)—한 인간의 생명을 동정적 의도를 가지고 고의로 죽이는 행위—을 의미한다. 오늘날에 와서 안락사란 '불치의 병에 걸려 죽음의 단계에 들어선 환자의 고통을 덜어주기 위해 그 환자를 죽게 하는 것'으로 과거에는 이와 관계된 사람들 사이에서만 논의되던 것이었으나 점차적으로 일반인들까지 관심을 가지게 되었다.

그러나 다른 한편으로는 과거 독일에서 '사회적으로 무가치한 생명의 말살'도 안락사라는 이름으로 통용되어 안락사에 많은 불신을 남기기도 했으며 또 최근 의학의 놀라운 발달은 많은 식물인간을 낳게 되었다. 이것이 사회문제화 됨에 따라 '무의미한 연명의 거부'나 '인간답게 살려는 욕망' 등의 생명의 질에 대한 요구가 나오게 되었고 이러한 요구를 안락사와 결부시키기에 이르렀다. 그러한 의미에서 안락사를 <합리주의적 발상에 지지되어 인간의 생명이 불가역적인 죽음의 방향으로 인식되었을 때 이를 인위적으로 단축시키려는 인간의 행위>라고도 정의 할 수 있을 것이다.

안락사의 유형은 법 이론적 차원에서 형법상 허용될 수 있는 안락사의 요건을 규명하기 위한 제 유형의 분류와 안락사의 행위 주체의 행위형태나 윤리적 동기의 관점에서 안락사 유형을 고찰할 수 있다. 즉 객체의 특성에 따라서 죽음에 임박했는가, 고통이 있는가, 행위자의 성격에 따라 의사가 실행을 했는가, 또는 행위의 성질에 따라서 생명연장 장치의 제거를 통한 생명단축인 작위인가, 더 이상 생명 연장장치를 취하지 않는 부작위인가 등이다. 이 외에도 피 시술자의 관여와 선택 · 시술자의 의도와 동기 · 생명단축의 본질과 실행 방법 등 여러 가지 인자에 의한 분류도 가능할 수 있을 것이다. 하지만 이러한 분류는 비록 틀린 것은 아니지만 안락사의 문제와 그 개념을 정리함에 있어 처음부터 특정한 범위와 특정한 내용을 갖는 개념으로만 파악한다면 지극히 한정적이 될 수밖에 없을 것이다. 그러므로 안락사의 개념을 파악하기 위해서 안락사가 뜻하는 용어의 의미를 체계적으로 정리할 필요가 있을 것이다.

그리하여 안락사는 생명체의 의사에 따라 자발적(voluntary) 안락사(생명 주체의 자발적 의사에 따른 안락사로 적극성의 여부에 따라 어떤 생명 주체의 명령이나 의료 또는 신청 등의 적극적인 요구에 의한 의뢰적인 안락사와 소극적인 허락에 의한 승인적 안락사로 분류할 수 있다)와 비자발적(nonvoluntary) 안락사(생명 주체가 의사를 표시할 수 없거나 그 결정이 가능하지 못한 경우 또는 가능하다 할지라도 외부에서 이를 이해할 수 없는 상황에서 시행되는 안락사) 그리고 ③ 타의적(involuntary) 안락사(생명 주체가 적극적으로 반대하는데도 불구하고 시행되는 안락사로 독일나치정권 하에서 이루어졌던 심신장애자에 대한 강제적 안락사)로 나눌 수 있다.

또한 시행자의 행위에 따라 소극적(passive) 안락사(생명체가 어떤 원인으로 죽음의 과정에 들어선 것이 확실함에도 불구하고 죽음의 과정을 지연시키지 아니하고 방관하여 죽음에 이르게 하는 안락사로 예를 들면 중증의 선천성 심장질환의 신생아를 수술하지 않고 방치하여 사망하게 하기 또는 치료를 중단하여 사망하게 하는 경우의 안락사)와 간접적(indirect) 안락사(말기 암환자에게 고통을 제거하기 위해 환자의 생명을 직접적으로 단축시키는 것을 주된 목적으로 삼지는 않지만 그 고통을 경감시키기 위하여 시행된 의료조치, 예를 들면 모르핀을 계속 증량 사용하여 죽게 하는 불가피한 생명의 단축을 초래하는 결과적 안락사) 그리고 적극적(active) 안락사(혈관에 공기나 약물을 주입하여 사망하게 하는, 즉 처음부터 죽음을 단축시킬 것을 목적으로 이루어지는 안락사)로 나눌 수 있다.

끝으로 생존의 윤리성에 따라 자비적(beneficient) 안락사(도저히 견딜 수 없는 육체적 고통 속의 삶은 무의미하기 때문에 고통으로부터의 해방을 위해 그 생명을 단축시키는 안락사)와 존엄적(dignified) 안락사(육체적 · 정신적 활동 없이 '살아있는 송장'으로서의 비인격적 · 비이성적 생존은 무의미하기 때문에 인간의 존엄성을 지키기 위한 안락사) 그리고 선택적(selective) 안락사(도태적 안락사로서 사회 공동체의 어떤 구성원이 사회 공동체의 부담이 되어 공동체 입장에서 존재의 의미가 없을 때 생명주체를 제거하는 안락사)로 나눌 수 있다.

그런데 도덕적으로 용납될 수 있는 자연스러운 소극적 안락사의 경우에도 결정을 내릴 때 많은 어려움이 있다. 말하자면 절차적 요건과 주관적 요건 및 객관적 요건이 있다는 것이다. 즉 병들고 나이든 사람들이 그들의 친척들에 의해 빨리 삶을 끝내도록 압력을 받지는 않을 것인가? 완전한 살인을 범하면서도 안락사를 요청한 것처럼 위장하는 것이 가능하지 않겠는가? 비록 아무런 부당한 압력이 없다고 하더라도 병으로 고통 받고 약에 취하거나 혼돈된 정신 상태에 있기 쉬운 환자가 죽을 것이냐 살 것이냐에 대한 합리적 결정을 내릴 수 있을 것인가? 하는 것이다. 따라서 자연스러운 소극적 안락사는 어떤 사람이 회복 불가능한 병에 걸려 죽어 가고 있고 또 본인 스스로도 죽기를 원할 때에만 실시되어야 한다. 그리고 의사·변호사·성직자·가족 등의 완전한 동의하에서만 결정이 내려져야 한다. 죽음의 진행과정이 의학적으로 돌이킬 수 없다고 판단될 때에는 죽음의 과정을 연장시킬 뿐인 인위적인 노력을 중지하는 것은 도덕적으로 정당화될 수 있다.

또한 최근에는 자신이 불의의 사고 등으로 식물인간 상태가 되었을 때를 가정하여 미리 생사문제를 공증을 받아 유언으로 남기는 경우도 생기고 있다. 오르(R.D. Orr) 등이 편집한 『생사선택』(*Life and Death Decisions*, 1990)에 실려 있는 '기독교인의 생사선택 유언'이 그 좋은 예가 될 수 있다.

기독교인의 생사선택 유언

나의 가족, 의사, 목사, 변호사 또는 의료기관에게

첫째: 나, (　)는(은) 신앙인으로서 "우리가 산다면 그것은 주님을 위해 사는 것이고 죽는다면 주님을 위해 죽는 것입니다. 그러므로 살든지 죽든지 우리는 주님의 것입니다."(「로마서」, 14:8) 라는 말씀을 믿고 있습니다. 죽음이 틀림없는 사실이라면 생명 안에서처럼 죽음 가운데서도 하나님의 신실하심이 나타납니다. 이러한 확고한 소망이 나를 확신시켜 줌으로써 나는 살았을 때처럼 죽을 때에도 책임 있는 존재가 되기를 바라는 바입니다.

둘째: 이러한 목적을 위해서 나는 죽음에 이르는 병이 발생할 경우 나의 치료에 책임이 있고 나의 상태에 대해 잘 알고 있는 모든 사람들이 나에게 철저히 진실하기를 진심으로 바라는 바이며 이로써 나는 가능한 한

내 자신의 결정과 최대한의 준비를 갖출 수 있을 것입니다.

셋째: 나 자신의 병세가 호전될 만한 납득할 만한 가능성이 없고 내가 나 자신의 장래에 대해 더 이상 결정을 할 수 없을 경우 나를 죽도록 내버려 둘 것과 인위적 수단이나 대담한 조치를 통해서 무한정 생명을 부지하지 않도록 할 것을 당부하는 바입니다. 설사 나의 죽음을 재촉하는 경우라 하더라도 치명적인 고통을 해결하기에 필요한 만큼의 약물만을 사용할 것을 당부하는 바입니다. 나는 나의 생명을 직접 앗아가 버리기를 바라는 것이 아니라 상태가 아무런 희망이 없고 전혀 호전될 기미가 보이지 않으며 또한 나의 부질없는 생명의 연장이 가족들에게 무한한 책임감으로 뒤덮이거나 아니면 사회 공공자금을 불공정하게 독점해 버리고 마는 꼴이 된다면 나의 죽음이 아무런 이유 없이 연기되어서는 안 된다는 것입니다.

넷째: 이러한 요구는 전적으로 나의 건강과 정신이 온전한 지금 현재에 이루어진 것입니다. 설령 이 문서가 법적으로 전혀 구속력이 없다 하더라도 나를 치료하는 사람들이 이것의 진의를 존중해 줄 것을 간절히 바라는 바이며 부분적으로나마 이것이 그 결정을 떠맡은 사람들의 부담을 어느 정도는 덜어줄 수 있을 것입니다. 이렇게 함으로써 나는 나 자신의 죽음에 대해 책임을 지며 기꺼이 나의 생명을 하나님께 되돌려 드리게 되는 것입니다.

◆ 생각하기 ································

1. 만약 자신이 엄청난 고통 가운데 죽어 가고 있거나 전혀 회복될 가망이 없는 혼수상태에 빠졌다면 의사에게 다음 중 무엇을 원하겠는가?
   - 부작용 때문에 일찍 죽을지 모른다 해도, 적극적으로 고통을 치료할 자유
   - 만약 고통이 견딜 수 없는 것이라면 목숨을 직접 끊을 수 있는 자유
   - 치료를 중단하거나 보류시킴으로써 죽음을 재촉하는 자유
   - 영양 공급을 중단함으로써 죽음을 재촉하는 자유

2. 안락사의 입법화를 주장하는 주된 이유로 현대인의 가장 큰 두려움은 병이나 사고로 인해 우리가 낯선 사람들에 의해 무균 상태에서 인위적 수단으로 연명된 채 억지로 연명하는 비인간화된 상태에서 마지막 몇 날(혹은 몇 년)을 보낼지도 모른다는 것이다. 죽음과 관련된 공포들을 비교해 보고 큰 것부터 작은 것으로 순위를 매겨 보라.

- 죽음 자체
- 고통 없이 서서히 죽어 가는 것
- 엄청난 고통 가운데 서서히 죽어 가는 것
- 의미 없이 죽어 가는 것
- 타인에 의해 목숨이 끊어지는 것
- 스스로 목숨을 끊을 가능성
- 죽으면서 느끼는 소외감이나 버림받음

3. 적극적 · 타의적 안락사 지지하는 아래의 근거들을 비판해 보라.

① 인간은 존엄하게 죽을 권리가 있다.

② 헌법상의 사생활권에는 존엄한 죽음도 포함된다.

③ 안락사는 고통을 겪는 사람에게 자비를 베푸는 행동이다.

④ 안락사는 고통을 겪는 가족에게 자비를 베푸는 행동이다.

⑤ 안락사는 환자가족과 사회의 무거운 경제적 무담을 줄여준다.

전쟁의 도덕적 조건

전쟁에 대한 견해에는 세 가지가 있다. 즉 행동주의 · 평화주의 · 선별주의가 그것이다. 행동주의(Activism)는 조국에 복종하여 전쟁에 나가는 것이 항상 올바르다고 주장하고 평화주의(Pacifism)는 그렇게 하는 것이 항상 잘못이라고 주장하며 선별주의(Selectivism)는 때에 따라(즉 정당한 전쟁일 경우에는) 전쟁이 올바를 수 있다고 주장한다. 행동주의는 정부가 도덕적으로 잘못된 일을 하라고 명령을 내릴 때에도 복종해야 하는가 라는 문제를 낳기 때문에 현실과 맞지 않는다. 다른 한편 전적인 평화주의도 정당방위를 위한 살인이나 아무 죄 없는 사람의 보호 등을 간과하기 때문에 문제가 있다.

그러나 행동주의와 평화주의에는 간과할 수 없는 진리가 담겨 있다. 행동주의자들은 우리 스스로가 정부에게 권력을 주었다는 점을 올바르게 지적하고 있다. 그들은 또한 정부가 생명을 빼앗을 때조차도 복종해야 한다고 주장하고 있다. 반면에 평화주의자들은 우리가 평화를 추구해야 하고 모든 사람들과 평화롭게 살려고 노력해야 한다고 말하고 있다. 우리는 전쟁도발자가 아닌 평화옹호자가 되어야 한다. 그리고 우리는 전쟁을 위한 모든 노력이 실패로 돌아갔을 때 평화를 추구하기보다는 평화를 위한 노력이 실패로 돌아갔을 때에만 어쩔 수 없이 전쟁을 선택해야 한다.

전통적으로 정당한 전쟁의 이론은 두 측면에서 주로 고찰되었다. 한편으로 전쟁의 정당한 근거가 존립할 때 모든 국가는 전쟁을 할 수 있는 권리가 있으며 다른 한편으로 교전 중에도 특정한 도덕 원칙이 침해되지 않는다면 전쟁은 정당화될 수 있다는 것이다. 정당한 전쟁의 이론토대는 긴급한 상태에서 자신을 방어하기 위해 행사되는 정당방위권이다. 이런 맥락에서 본다면 전쟁권은 통상 개인에게 적용되는 사적인 정당방위권이 집단과 국가에 전용된 것으로 이해할 수 있다.

그러나 둘 사이에는 하나의 차이가 있다. 즉 개인은 도망을 한다거나 하여 자신의 생명을 보호할 수 있는 방법이 완전히 막혔을 때에 한해 공격자를 죽일 수 있다. 그러나 국가와 국가의 관계에서는 도망을 갈 수도 없고 제3자에게 예속됨으로써 자신의 생명을 보호할 수도 없다. 전쟁을 억제하고 개별 국가가 가지고 있는 자유·자주·정의에 대한 권리를 효율적으로 보호하는데 필요한 권한과 수단을 보유하고 있는 세계정부가 존재하지 않는 한 독립 국가는 전쟁 억제와 주권 확보의 기능을 스스로 실행해야 한다.

자연법사상의 대표자인 그로티우스(H. Grotius, 1583~1645)에 의해 발전된 정당한 전쟁이론에 의하면 전쟁이 정당한 방어권으로 인정되기 위해서는 대체로 세 가지 전제 조건을 충족시켜야 한다. 우선 전쟁은 정당한 정치권력에 의해 선포되고 수행되어야 한다. 여기서 말하는 정당성은 민주적 절차에 의한 시민의 합의와 국제적 인정을 뜻한다. 다음으로 전쟁은 훼손된 권리를 회복하고 평화를 보장하기 위해 사용할 수 있는 최후의 수단이어야 한다. 또한 폭력적 방어 수단을 사용하기 위해서는 참을 수 없는 공격행위가 선행되어야 한다. 방어의 목표는 원 상태의 회복에 있어야지 결코 적의 제거나 영토의 확장이 전쟁의 목표가 되어서는 안 된다는 것이다. 아무리 전쟁을 한다고 해도 전쟁 당사자들 사이에는 지켜야 할 인류애의 도덕적 요청이 존재한다.

◆ 생각하기 ·································

1. 전쟁은 과연 도덕적으로 평가할 수 있는 영역인가?
2. 정당한 전쟁의 이론은 핵무기를 사용하는 현대전에도 여전히 타당한가? 국가의 주권을 지키기 위해 우리는 자신의 파멸을 가져올 수 있는 핵무기를 사용해도 좋은 것인가?
3. 정당한 전쟁의 이론은 '어떤 상황에서도 죄 없는 사람을 고의로 살해해서는 안 된다.'고 주장한다. 그렇다면 전쟁에서 죄 없는 사람은 누구이고

죄 있는 사람과 죄 없는 사람을 구별하는 것은 어떤 의미를 가지고 있는가? 군인은 죄 있는 사람이고 시민은 죄 없는 사람인가?

시민불복종의 근거

통상 시민불복종(civil disobedience)에 대한 기본 입장은 크게 세 가지로 나눌 수 있다. 즉 시민 불복종은 항상 옳다, 결코 옳지 않다, 때에 따라서는 옳다 등이 있다. 여기서 첫 번째 입장은 무정부주의(anarchism)이고 두 번째는 급진적 애국주의(radical patriotism)이며 세 번째는 성서적 순종주의(biblical submissionism)이다.

급진적 애국주의는 정부가 참여하라고 명령한 이상 모든 전쟁이 정당하다고 주장하는 행동주의와 유사하다. 하지만 여기서의 초점은 다른 나라와의 전쟁에 있는 것이 아니라 자기 나라에 대한 시민의 의무에 있다. 누구든지 자기 나라의 법을 지키지 않아야 하는가 라는 물음에 급진적 애국주의는 결코 그렇지 않다고 말한다. 그들은 "옳든 그르든 나의 조국이다!" 라고 외친다.

정부에 대한 불복종이 때에 따라서는 필요하다는 데 동의하는 사람들—성서적 순종주의를 지지하고 있는—사이에서도 어떻게 불복종해야 하는가에 대해서는 이견이 분분하다. 어떤 사람들은 부당한 정부에 대해서는 반란을 일으켜야 한다고 생각하지만 실제 성서의 입장은 정부가 아무리 부당하더라도 반란을 일으키지 말고 저항해야 한다는 것이다. 이러한 저항은 정부가 저지르는 불의의 수동적 수용이 아니다. 정부에 반대하는 적극적인 정신적·도덕적·정치적 운동과 관련이 있다.

악법 공표에 반대하는 입장	악법 강제에 반대하는 입장
정부가 잘못된 행동을 용인할 때	정부가 잘못된 행동을 하라고 명령할 때
정부가 악법을 공표할 때	정부가 잘못된 조치를 강제할 때
정부가 자유를 제한할 때	정부가 자유를 부정할 때
정부가 정치적으로 억압적일 때	정부가 종교적으로 억압적일 때

언제 정부에 불복종해야 하는지에 관한 두 견해

반　란	거　부
폭력적으로 정부에 반란을 일으킴 정부와 맞서 싸움 정부의 처벌을 거부함	비폭력적으로 정부에 복종하기를 거부 될 수 있으면 정부에 맞서지 않고 피함 정부의 처벌을 감수함

정부에 불복종하는 방법에 관한 두 견해

◆ 생각하기 ··································

1. 그렇다면 혁명에 대해서는 어떻게 이야기해야 하는가? 혁명은 성공만 하면 언제나 정당화될 수 있는가? 정당한 전쟁이 있다면 정당한 혁명도 있지 않을까? 미국의 독립을 정당화시킨 토마스 제퍼슨(T. Jefferson, 1743~1826)의 다음과 같은 독립선언서(The Declaration of Independence) 부분을 읽고 미국혁명은 과연 정당한 혁명이었는지를 논해 보라.

   "우리는 다음과 같은 진리는 자명하다고 주장한다. 즉 모든 인간은 태어날 때부터 평등하며 양도 불가능한 권리를 갖게 된다는 것 그리고 이러한 권리를 보호하기 위해 설립된 정부는 통치 받는 사람들의 동의에 입각한 권력을 가져야 한다는 것, 어떤 형태의 정부든지 이러한 목적을 달성하지 못하는 경우 국민에게는 정부를 교체시키거나 없애 버린 다음 새로운 정부를 구성할 권리가 있다는 것 등 … 그러나 변함없이 똑같은 목적을 추구하면서 오랫동안 권력의 남용과 권리의 침해과정이 거듭되어 정부를 절대적인 독재로 환원시키려는 의도가 명백해질 때 이러한 정부를 전복하고 미래의 안전을 위해 새로운 보호자를 내는 것은 국민의 권리이며 의무이다. 지금까지 이곳의 시민들은 오래 참아 왔다. 현재 정부체계를 변화시키는 것이 요구되고 있다."

2. 독재적인 전제정부에는 어떻게 대응하는 것이 바람직한가?

환경윤리의 문제

환경(環境)에 관한 견해는 크게 세 가지가 있는데 그 각각은 상이한 세계관에 바탕을 두고 있다. 유물론적 환경관은 진화상의 지위가 높기 때문에 주위 세계를 책임지고 있는 인간을 수천 년 동안 존속시켜 온 무한한 에너지 자원으로 환경을 바라보고 있다. 유물론자에 따르면 인간은 기술을 통해서 목적달성에 바람직한 방향으로 환경을 변화시킬 수 있다. 유물론자의 반대편에는 '자연이 곧 신'이라고 믿는 범신론적 환경관이 있다. 범신론자에 따르면 우리에게는 자연세계를 존경하고 기술의 침입으로부터 자연세계를 보호해야 할 의무가 있다. 이 두 견해와 대조적으로 기독교는 기술에 의한 착취는 물론 신비주의적인 숭배도 신뢰하지 않는다. 기독교에 따르면 신은 창조자이며 인간은 신이 창조한 장엄하고 빛나는 세계의 보호자이다. 따라서 세계를 더럽히지 않고 깨끗이 관리하는 것과 오염시키지 않고 보존하는 것은 우리 인간의 의무이다.

환경윤리(Environmental Ethics)는 이러한 지구의 자연환경 문제를 윤리학적 관점에서 고찰하는 응용윤리의 한 분야이다. 인간존재와 자연환경 간의 도덕규범을 설정하고 그 가능성과 타당성을 탐구하는 것을 중점으로 삼고 있다. 기존의 규범윤리학의 이론과 원칙을 확대하여 동물·자연·환경의 보전 및 보호의 원칙을 세우고 나아가 올바른 환경윤리적 의사결정을 위한 환경윤리 교육의 이론적 토대를 만들어감으로써 윤리학의 새로운 연구영역으로 자리 잡아가는 분야이다.

환경윤리는 제2차 세계대전 이후 규범윤리학 내에서 논쟁을 통해 환경윤리의 주장이 세분화되기 시작하였는데 환경윤리에서 제일 먼저 논의의 대상이 된 것은 보전(保全)과 보존(保存)의 대립과 논쟁—이 논쟁은 오늘날까지도 계속되고 있다—이었다. 미국의 생태학자인 알도 레오폴드(A. Leopold, 1887~1948)가 그의 『모래땅의 사계』(*A Sand County Almanac*, 1949)에서 인간의 윤리적 책임은 땅 위에 있는 모든 것에까지 확대되어야 한다는 땅의 윤리(The Land Ethic)를 내세우고 노르웨이의 철학자인 안 네스(A.D.E. Naess, 1912~2009)가 자연의 '보존'은 심층생태학(deep ecology)이며 자연의 '보전'은 표층생태학(shallow ecology)이라고 한 비판적 주장들이 확산되면서 인간의 관점이 아닌 그 이외의 관점을 채택한 환경윤리라는 말이 1970년대에 생기게 되었고 이때부터 환경윤리가 본격적으로 논의되기 시작하였다.

환경윤리는 기본적으로 세 가지 주요한 사고방식이 근간을 이룬다. 이 세 가지 사고방식이 곧 보편적 환경윤리인데 첫 번째는 자연생존권 개념이다. 인간뿐만 아니라 자연도 생존의 권리를 가지며 인간은 자연의 생존을 지킬 의무를 가진다는 사고방식이다. '자연과 인간의 공생(symbiosis)'이라는 고찰방식으로 정리할 수도 있다. 지나친 자연중심주의보다는 어디까지나 공존·공생을 염두에 둔 공평한 논의를 목적으로 한다.

다음으로 세대 간 윤리이다. 오늘을 살고 있는 세대는 미래 세대의 생존가능성에 대해 책임이 있다는 사고방식이다. 세대 간에 가로놓여 있는 불균형을 조정한다는 의미에서 '세대윤리론'이라고도 부른다. 좀 더 깊이 논의해보면 논리적 모순도 발견될 수 있지만 '현재 세대의 미래 세대에 대한 책임'은 어느 정도 수용되고 있다. 이 사고방식은 오늘을 살아가고 있는 인류가 환경문제에 직면했을 때 그것을 회피하지 않고 책임 있게 행동하기 위한 근거가 된다.

끝으로 지구 유한주의를 들 수 있다. 지구의 자원은 유한하므로 현세대는 미래 세대의 생존가능성 보장에 우선권을 부여하여 계획적으로 자원을 이용해야 한다는 사고방식이다. 즉 쾌적한 생활·건강·행복·경제적 이익 등의 획득보다 유한한 지구환경—생태계와 지구자원을 축으로 하는—을 지키는 것을 최우선으로 생각하는 것이다. 이를 지나치게 강조하면 환경 파시즘(environmental fascism)으로 비판받을 수도 있다.

이 세 가지 기본주장은 거시적인 환경문제의 대책을 세울 때 활용하는 근거가 된다. 물론 미시적인 환경문제—지역의 공해문제나 작은 공장의 폐수 방류 등—는 이 사고방식을 그대로 활용하기 어려운 측면이 있다.

한 사람 한 사람의 인간은 다양한 사물에 경제적 가치 · 건강 · 쾌락과 같은 행복의 가치를 인정하고 있다. 그것은 개별 인간이나 인류전체가 행복하게 살고 싶다는 목적과 관계된다. 이를 달성하는데 환경문제는 족쇄가 되기도 한다. 그리하여 자연과 자원의 가치를 인정하면서 행복도 실현하여 이 족쇄를 풀려고 하는 것이 '자연생존권'과 '지구 유한주의'이다. 그리고 이들을 장기적 관점에서 보려고 하는 것이 '세대 간 윤리'이다.

환경윤리가 그 시작부터 인간의 관점이 아닌 그 이외의 관점을 채택했다는 것은 그것이 기본적으로 인간중심주의(anthropocentrism)에 대한 반성과 비판을 토대로 비(anti)-인간중심주의의 입장에 서서 환경문제 해결을 시도했다는 것을 의미한다. 물론 이 비-인간중심주의도 몇 가지 차이점 때문에 다양한 형태로 분화되는데 대략 다음과 같은 사고방식들이다.

자연중심주의(naturecentrism): 인간과 자연은 자연환경 가운데 공생하고 있으므로 인간은 자연을 인위적으로 변화시킬 때 절도를 지켜야만 한다는 사고방식이다.

생명중심주의(biocentrism): 인간과 생물은 생태계 가운데서 서로 유기적인 관계를 가진 공동체의 구성원이라는 사고방식이다. 구성원 가운데서 인류만이 자기 이익을 위해 환경파괴를 일삼기 때문에 그에 따라 인류는 생태계 전체에 대한 책임을 가지게 된다. 자연중심주의보다 적극적이고 진보적이다.

생태계중심주의(ecocentrism): 생태계 가운데서 인간과 생물은 모두 평등한데 그것을 이렇게 혼란하게 만든 원인제공자가 생태계를 원래 있어야 할 상태로 되돌릴 의무를 진다는 사고방식이다. 생명중심주의보다 적극적이고 진보적이다.

약한(weak) 인간중심주의: 생태계 · 자연 · 생물에 대해 판단하고 보호하며 책임질 권리를 보장하는 것은 어디까지나 인간이기 때문에 인간은 인간중심적인 사고에서 벗어나기가 쉽지 않다는 사고방식이다. 예컨대 인류의 생존에 관한 궁극적 선택에 직면했을 때 생태계와 인간 중 어느 쪽을 선택할 것인가 라고 물으면 인류를 선택할 수밖에 없다는 입장이다. 환경을 배려하여 인간중심주의를 가능한 한 억제하는 입장이다.

환경주의(environmentalism): 자연은 그 자신을 위해 존재하고 보존되는 것이지 인간의 이해득실을 기준으로 하는 것이 아니라고 생각하는 사고방식이다. 인간의 이익보다 환경문제의 해결을 최우선으로 생각하는 것으로 1970년대 무렵에 등장하여 환경보호운동의 핵심적인 입장이 되었다.

생활(living) 환경주의: 환경문제를 해결할 때 그곳에 사는 주민의 생활을 중시하면서 해결점을 찾으려는 사고방식이다. 환경문제 해결의 수단으로 기술이나 공적인 제도를 이용하는 '근대 기술주의'와 자연과 생태계의 보전・보존을 이용하는 '자연 환경주의'를 비판하고 전통적인 생활방식을 존중하는 입장이다.

생태학(ecology): 원래 생태학적 관점을 환경문제에 끌어들이는 사고방식인데 최근에는 '환경에 적합한' 이라는 의미로 바뀌고 있다. 종종 환경 캠페인의 키워드로 이용되고 있는데 이로 인해 이데올로기의 경향이 강하다고 지적받고 있다. 환경윤리 중에서는 가장 잘 알려져 있는 사고방식인데 다른 주장에 비해 원만한 입장을 취하고 있다.

지속가능성(sustainability): 다양한 인간 활동이 환경문제나 자원문제 혹은 기타 사회문제 등을 컨트롤하여 장기적으로 지속할 수 있는가 어떤가를 나타내는 개념이다. 환경윤리의 주류에서 보면 주변적이지만 이를 토대로 소비사회에 대한 비판과 반성에서 생긴 소비에 대한 태도로서 소비주의를 정면에서 부정하는 반-소비주의(anti-consumerism)와 환경을 배려하여 절도 있는 소비를 지향하는 윤리적 소비주의 등이 생기기도 하였다. 이러한 주장 가운데서 자연과 동식물의 권리를 지키려는 사고방식도 나타나고 있다. 또한 최근 환경문제와 여성해방 운동을 통합한 환경보호 운동인 에코페미니즘(ecofeminism)도 등장하고 있다.

사실 인간이 세계를 자연환경을 오염시키고 있다는 것은 매우 역설적이다. 왜냐하면 우리는 환경을 오염시킴으로써 항상 먹어야 하는 음식물에 독을 집어넣게 되기 때문이다. 그리하여 우리는 환경에 대해서 뿐만 아니라 우리 자신에 대해서도 죄를 짓고 있다. 우리가 환경을 오염시켜 우리 자신을 파멸시키고 있다 해도 환경은 우리와는 별개로 존재할 것이다. 우리가 지구를 돌보지 않는다면 지구도 우리를 돌보지 않을 것이다.

이처럼 환경윤리는 단순히 인간에 의한 자연파괴를 비판하는 데 그치지 않고 자연과 공생하기 위한 인간의 생존방식에 대한 문제까지 제기하고 있다.

◆ 생각하기 ································

1. 우리 자신에게 다음과 같은 물음을 던져 보자: “나는 과연 지구의 보호자인가?”
2. 미래의 세대들이 야생 그대로의 자연을 높이 평가할 것이라고 확신할 수 있는가? 그들은 오히려 에어컨 시설이 된 백화점에 앉아 복잡한 컴퓨터 게임을 즐기면서 더 행복해 하지 않겠는가?
3. 세계 3대 환경문제로 등장한 환경호르몬 · 지구온난화 · 오존층파괴에 대해 세계는 어떻게 대응하고 있는지 사례를 들어 논의해 보라.

직업과 직업윤리

『맹자』, 「양혜왕」(梁惠王) 편에 다음과 같은 말이 있다. "백성은 일정한 생산이 없으면 일정한 마음을 가질 수 없습니다(若民則無恒産 因無恒心)." 이 말은 그만큼 인간의 삶에서 생업이 중요하다는 것을 반증하는 것이다. 마찬가지로 직업(職業)도 무엇보다 생계를 유지하기 위해 이루어지는 경제적 활동이 그 중요한 의의 중의 하나이다.

대가 없이 이루어지는 활동이나 여가시간에 종사하는 활동은 직업이라고 볼 수 없다. 같은 일을 하여도 취미나 명예를 위한 아마추어와 생활이 달려 있는 프로페셔널은 그 활동의 의미가 다르다. 일상생활의 모든 측면에서 경제가 차지하는 중요성이 확대되어 가고 있는 오늘날에는 진리추구나 미의 창조까지도 직업 활동이 되곤 한다. 수입을 올려 의식주의 필요를 해결하는 점에서는 '생업'이라는 개념이, 필요충족을 위한 활동으로서는 노동의 개념이 있는데 직업의 의의는 단지 필요에 따른 활동이나 영리를 목적으로 하는 영업(business)과는 확실히 다르다.

직업의 개념이 생업이나 노동으로부터 구별되는 것은 사회에서의 기능의 분화·분업을 전제로 하고 있다는 데 있다. 하나의 직업은 여러 직업간의 상호의존적인 조직 속에서 일정한 위치를 점하고(occupation에는 이런 의미가 포함되어 있다) 역할을 분담하는 것이다. 사회전체의 일에 참여하여 각자의 역할에 따라 책임을 다하는 것에 직업의 사회적 의의가 있는데 이러한 기여에 대해 비로소 보수가 주어지는 것이다. 이 점에서 직업은 인간이 사회의 구성원으로서 연대성의 실현에 참가하는 방법이기 때문에 반대로 사회에 해가 되는 것은 올바른 행위라고 볼 수 없다.

직업의 의의에는 보수를 받아 생계를 유지하고 또 사회에 기여하는 것 이외에 개성의 발휘 혹은 자아실현이라는 중요한 의의가 있다. 가령 수입이 적어도 생계를 유지하는데 부족함이 없다면 사람들은 삶의 보람이 느껴지는 직업을 보다 많이 고를 수 있을 것이다. 또한 역할을 분담하여 자기의 개성에 맞는 직업을 고를 수도 있다. 개성을 발휘함으로써 물질적 수입 이외에 명예나 권위도 얻을 수 있는데 삶의 만족도 주고 보람도 있으면서 자아를 실현할 수 있는 직업이라면 그것은 유형무형의 보수를 위한 수단 이상의 그 무엇일 것이다. 명예나 권위가 주어지지 않아도 하나의 직업을 선택하여 그 직업에 즐거이 종사할 수가 있다. 이 점에서 직업은 소명(calling)이며 인간의 내면적인 가치개념의 요구를 지향하는 것이 된다. 소명(召命) 혹은 천직(天職)이라는 말은 절대자에 의해 주어진 사명이라는 종교적·윤리적 의미를 기원으로 하고 있다.

이상의 세 가지 측면은 때에 따라 그중 어느 하나가 강조되어 상이한 직업관을 성립시켰는데 어느 쪽이나 모두 직업의 의의를 구성하는 중요한 계기이다. 실제로 이 세 가지 의의가 달성되는 것은 쉽지 않은데 그렇다고 하더라도 서로 조화를 이루어 실현 되어야 할 것이다.

직업윤리(professional ethics)는 바로 오늘날과 같은 '노동 분업적인 사회에서 다양한 직업들의 특수한 과제를 수행하는데 필요한 의무를 다루는 응용윤리의 한 분야'라고 정의할 수 있다. 훌륭한 삶의 가능성에 대한 윤리학적 논의에서 직업 활동은 개인의 인륜성과 자기발전에 결정적인 의미를 지니는 것으로 간주되는데 이런 경우 포괄적인 의미에서 직업윤리가 논의될 수 있다.

직업윤리의 실마리는 스토아학파에서 처음으로 마련되었다. 고전적인 그리스철학에서 직업윤리는 낯선 개념이었다. 당시 직업에 의한 구분은 동시에 신분의 차별이기도 하였다. 직업은 가업을 계승하는 것이 통례였고 전통적 사회질서 안에서 자신에게 주어진 분수를 지키고 그것을 감내하는 것이 윤리적 의무였다. 실제로 그리스의 상류계층은 노동을 긍정적 감정으로 받아들이지 않았으며 노동은 법적으로나 정치적으로 자유롭지 못한 위상을 가진 낮은 계층의 사람들이나 하는 것으로 생각하였다. 목적론적 이론을 지향하고 자유롭고 평등한 사람이 정치적인 행위 공동체의 내부에서 행복하게 살아야 한다는 목표를 정해 놓았던 당시의 윤리학은 노동을 부자유스러운 행위로 간주하여 고려의 대상에 넣지 않았다.

초기 기독교에서도 이 땅에서의 직업에 대한 열정이나 직업윤리에 대한 관심은 다가올 종말에 대한 기대감 때문에 뒷전으로 밀려났다. 중세초기에는 성직이라는 특권적 지위에 관심이 모아졌다. 마르틴 루터에 이르러서야 비로소 지상에서의 직업이 신의 소명(Beruf)으로 간주되고 신이 지정한 장소에서의 봉사가 신에 대한 봉사로 이해되었다. 신 앞에서 모든 직업은 평등하다는 루터의 이 사상은 칼뱅주의에서 신의 영광을 지상에 실현하는 도구가 되어 직업과 노동에 금욕적으로 몰두하는 것이 인간의 윤리적 의무라는 사상으로 정립되었다. 즉 직업을 외적으로는 신앙심을 입증하고 내적으로는 신이 선택했음을 알리는 징표로 높게 평가함으로써 직업에 대한 열정이나 직업적 성공을 영원한 축복의 시간적 징표로 간주했던 것이다. 이로써 신분적 질서에 대한 복종에서가 아니라 자유로운 개인의 독립적인 노력에 의해 수행되는 직업 노동 그 자체에 윤리적 가치를 인정하는 직업윤리가 확립되었던 것이다.

독일관념론은 이렇게 신학적으로 정당화된 직업윤리를 세속적으로 해석하여 직업 활동을 개인의 자기실현 가능성으로 이해한다. 이런 관점은 산업혁명과 기술의 발전이 진행될수록 계속해서 신화적인 틀에서 벗어난다. 직업은 갈수록 사회적으로는 필요한 노동 분업과 전문적인 노동 분화의 결과이자 생계유지의 수단으로 이해된다. 직업의 과제가 교환사회나 시장사회의 기능적인 규칙체계를 초월하는 경우 특수한 직업의 윤리가 기대되거나 요구된다.

현대에 이르러 사회와 생산 조직이 거대화 되자 노동하는 인간에게 전문인의 윤리가 요구되고 있다. 관료제(bureaucracy)라고 불리는 능률・실적 중심의 비즈니스 기구를 지탱하는 것은 합리적・계획적인 관리나 운영제도가 아니라 규율(discipline), 즉 직무의 집행에 맞추어 마치 자동기계처럼 주어지는 명령을 신속 정확하게 수행하는 태도이다. 이 규율의 실현을 위해서는 개인적인 이해관계나 감정을 배제하고 전문 직무에 몰두하며 직무에 대한 책임감을 갖는 등의 즉물적인 태도가 요구된다. 이런 이유로 현대인에게 직업생활은 엄청난 스트레스와 많은 문제점들을 양산하고 있다. 직업을 통해 개성과 주체성을 자유롭게 발휘할 여지가 점차 줄어들고 있기 때문에 직업에서도 인간소외 현상이 일어나고 있다.

현대의 직업생활이 가진 이러한 부정적인 측면은 사적인 영리 추구 때문에 사회적 시야가 상실되고 또한 기능적·형식적인 합리성의 추구 때문에 실질적인 합리성이 상실된데 따른 것이다. 이런 관점에서 '소명의 윤리'가 다시금 새롭게 고려되어야 할 것이다. 이 윤리의 종교적 측면은 탈색시키고 그 대신에 인간의 사회적 연대의 자각과 실현을 자기 직업생활의 목표로 삼을 때 직업에서의 인간소외는 극복될 여지가 있는 것이다.

◆ 생각하기 ································

1. 직업을 선택함에 있어 가장 중요한 조건은 무엇이라고 생각하는가?
2. 전문직으로 인정받으려면 필수적으로 윤리강령이 제정되어야 한다. 그 이유는 무엇인가?
3. 한국인에게 특별히 문제가 되는 직업의식에는 어떤 것들이 있는가?

기독교 윤리 기독교인들은 신의 계시를 믿을 뿐만 아니라 그들의 삶과 행위의 기초로 삼고 있는 성서가 규정하고 인정하는 삶의 방식에 관심을 갖는다. 기독교 윤리(christian ethics)는 일차적으로 사람들의 관습·계약·필요 혹은 어떤 당위적 규범에서 추론되어 나온 것이 아니라 초자연적인 신의 계시와 그 계시의 내용(성서)에 기초한다. 성서는 기독교 진리와 도덕적 의무에 불가결한 지식을 제공하는 원천이기 때문에 성서 이외의 어떤 것도 기독교 윤리의 기초로 삼을 수는 없다.

이런 이유로 기독교와 윤리라는 개념의 조합은 문제가 있어 보인다. 신의 명령이 최고의 도덕기준이라면 '도덕기준은 합리적으로 정당화되어야 한다.'는 윤리학적 요구에 부합되지 않기 때문이다. 『구약성서』와 『신약성서』의 인륜성은 신의 명령에 대해 의무감을 지닌 인간의 신앙적이며 실천적인 응답으로 이해된다. 규범과 행동규칙을 정당화하는 근거는 오로지 신의 전능함과 신성이다. 기독교에서 도덕적 삶의 목표는 구원의 역사에 동참하는 것인데 구원은 곧 신 자체를 뜻하며 신만이 구원을 허락한다.

기독교 윤리는 훌륭한 인간을 강조하지 않으며 자기 자신의 능력을 신뢰하는 덕도 높이 평가하지 않는다. 기독교 윤리는 신의 거룩함과 권능·정의·사랑 등을 칭송한다. 신은 자신의 위대함을 그에게 순종하는 민족이나 개인들에게 나타내 보인다. 기독교의 도덕은 신에 의해 규정되는 신 중심의 도덕이다. 그리스도이자 역사적 인간으로서의 예수(Jesus)에 대한 신앙 속에서 기독교 도덕은 신의 마음에 드는 전형을 발견하며 그를 따라야 할 의무감을 느낀다. 예수의 도덕적인 선언은 『신약성서』에서 지침이나 비유 등의 형태로, 덕과 악덕의 목록으로, 만찬에서의 가르침으로 표현되고 있다.

물론 기독교가 신의 계시인 성서 본문(text)을 강조한다고 해서 우리가 살고 있는 상황(context)에 대한 지식의 필요성을 부정하는 것은 아니다. 어떤 기독교 윤리학적 탐구라 할지라도 현실에 대한 적절한 이해가 없으면 성서 본문은 현대인에게 의미 있는 것이 되지 못할 것이다. 본문과 상황은 서로 상보적 관계에 놓여있고 서로가 서로를 해석해 주는 관계에 놓여 있다.

기독교의 가르침이 현대인에게 살아있는 목소리를 내기 위해서는 그들의 상황 속에서 전파되어야 하고 그들에게 의미 있는 언어로 해석되어야 한다. 상황에 대한 이러한 필요성에도 불구하고 우선권은 여전히 본문이 갖는다. 성서가 어느 시대에나 적용되는 보편적인 신의 가르침이라면 현대인의 상황에 의미와 규범을 제시할 수 있는 기초가 되어야 한다. 물론 성경이 현대인이 안고 있는 모든 문제들에 대해 직접적으로 해답을 제시해 주는 것은 아니지만 적어도 그런 문제들을 만들어 낸 인간의 상황과 본질에 대한 내면적이고 암시적인 중요한 시사점은 충분히 제시해주고 있다.

신의 계시가 기독교 윤리의 궁극적인 기초라고 한다면 우리는 기독교 윤리가 무엇인가를 살펴보기 전에 신적 계시의 성격에 대해 염두에 두어야 할 사실이 있다. 그것은 신의 계시가 어느 한 시대에 일시적으로 주어진 것이 아니고 여러 시대에 걸쳐 점진적으로 주어졌다는 사실이다. 각 시대마다 문화적 배경이 다르고 계시에 대한 이해의 정도가 다르기 때문에 신은 사람들에게 그의 뜻을 점진적으로 계시하였다. 이러한 계시의 점진적 발전의 개념이 기독교 윤리의 정립에 대해 가지는 의미는 『구약성서』의 윤리 · 교훈 · 관습들이 『신약성서』에서 보다 분명하게 드러난 계시의 빛에 비추어 해석되어야 한다는 것이다.

또한 기독교 윤리를 정립함에 있어 염두에 두어야 할 것은 규범적인(normative) 것과 서술적인(descriptive) 것 사이의 구분이다. 이 구분은 기독교 윤리를 성서에서 정립할 때 매우 중요한 의미를 지닌다. 때로 성서에 기록된 모든 것이 오늘날의 우리에게 규범을 제시하는 것은 아니다. 『신약성서』에서 흔히 노예제도를 인정하는 듯한 구절들을 발견하기 때문에 이런 것을 빙자하여 노예제도 같은 악법을 정당화하려는 사람이 있을지 모른다. 그러나 이것은 성서의 기본적 의도를 오해한 것이다. 이런 구절들은 성서 저자들이 당시의 풍습이나 사회제도의 악한 성격에 무지했다거나 무관심했다는 식으로 해석되어서는 안 된다. 성서 저자들은 당대의 악법이나 사회제도를 혁명적으로 뒤엎으려 하기보다는 그런 악법들이 반드시 개혁되도록 사람들의 의식을 변혁시킴으로써 문제를 근본적으로 해결하는데 보다 역점을 두었다. 즉 제도나 형식을 바꾸려는 노력보다는 인간의 심성을 새롭게 변화시키는데 더 큰 의미를 두었다는 것이다.

예수의 도덕적 가르침도 이러한 사고방식의 연장선상에 서 있다. 그럼에도 불구하고 예수의 가르침은 상당히 급진적인 성격을 띠고 있는 것처럼 보이는데 그것은 종말에 대한 기대와 연관되어 있기 때문이다. 예수의 많은 진보적 요구는 원시 기독교 공동체의 지침과 마찬가지로 두려운 상황의 심판에 직면한 시대적 상황으로 인한 경고이며 다가오는 신의 나라에 들어갈 수 있는 조건이라고 이해해야만 한다. 그러나 만약 예수의 도덕적 규정 가운데서 시대적 상황과 관련된 것을 모두 배제하면 기독교에만 특수한 요소는 거의 발견되지 않는다. 여기에는 부분적으로 헬레니즘 시대의 유대교나 그리스철학에서 발견되는 입장이 포함되어 있다.

무엇보다 예수가 「마태복음」 5장에서 종합하고 정리한 산상수훈(Sermon on the Mount)의 가르침은 한편으로는 『구약성서』의 십계명(Ten Commandments)을 신의 의지의 종합으로 인정한 것이며 또 다른 한편으로는 이를 더 보편적으로 진보적 방식으로 해석하거나 내면화한 것이다. 결정적인 것은 신과 이웃에 대한 사랑이라는 이중적인 가르침이다. 이것은 부분적으로 구약에 나타난 유대인의 특수한 민족적 한계를 초월한 것일 뿐만 아니라 존경심·공정성·정의·우정 같은 그리스철학의 덕목들도 초월한 것이다.

> 마음이 가난한 사람은 복이 있으니 하늘나라가 그들의 것이다.
> 슬퍼하는 사람은 복이 있으니 그들은 위로를 받을 것이다.
> 마음이 온유한 사람은 복이 있으니 그들은 땅을 차지할 것이다.
> 의에 주리고 목마른 사람은 복이 있으니 그들은 배부를 것이다.
> 자비로운 사람은 복이 있으니 그들은 자비를 입을 것이다.
> 마음이 깨끗한 사람은 복이 있으니 그들은 하나님을 볼 것이다.
> 평화를 위해 일하는 사람은 복이 있으니 그들은 하나님의 아들이 될 것이다.
> 옳은 일을 하다가 박해를 받는 사람은 복이 있으니 하늘나라가 그들의 것이다(5:3~10).

이와 같은 예수의 사랑의 윤리는 오래 참는 인내심과 온유한 심성, 사랑, 평화를 사랑하는 마음, 불의에 의해 고통 받는 중에서도 평정심을 유지하는 태도, 다른 사람을 위해 자신을 희생해야 한다는 것 등의 부분적인 덕목으로 나눌 수 있다. 사랑의 윤리는 죄인이 되어 버린 동류의 인간들과 함께 자유로운 해방의 공동체를 구성하도록 만들어 주며 '이 세상의 지혜'(wisdom of the world)를 통해서는 이해할 수도 실현할 수도 없다. 그것은 오직 예수의 종말론적인 구원의 역사를 믿고 이에 참여함으로써만 이해할 수 있고 또한 실현된다.

그런데 기대했던 그리스도의 재림이 지연되자 기독교 공동체는 세속의 역사에 참여할 수밖에 없게 되었다. 스토아학파의 이론이나 신플라톤학파 및 아리스토텔레스의 이론을 수용함으로써 기독교는 자연적인 도덕법칙과 기독교의 복음을 종합하려는 노력을 보여준다. 기독교 윤리의 근본적인 문제들은 자연과 초자연 · 죄와 구원 · 자유와 은총 사이의 관계를 규정하려는 시도에서 집중적으로 나타난다. 고전적인 그리스철학은 도덕적 결함을 열정(pathos)과 맞서는 이성의 오류나 허약함으로 규정하는데 기독교에서는 죄를 구약 사상의 연속선상에서 악에 근거한 자유의지의 결과로 그리고 신과 신이 창조한 질서에 대한 반항으로 이해한다. 이러한 이유로 결국 기독교인의 윤리는 신의 구원 사건에 근거한 윤리이자 도덕적 선행의 토대를 믿음에 두는 믿음의 윤리(faith ethics)가 되는 것이다.

또한 기독교 윤리는 신앙인 안에 역사하는 성령의 내적 감동과 인도를 따라 행하며 그렇게 해서 깨달은 신적 의지와 뜻을 실천하는 인간의 윤리라고 할 수 있다. 어떤 학자들은 이 윤리를 개인의 판단이나 생각에 의지하도록 만드는 주관주의 윤리라고 간주하기도 한다. 그러나 성령을 따라 행하는 윤리라고 해서 규범이 없는 것은 아니다. 바울은 성령을 따라 행하는 삶은 율법의 본질과 모순되는 것이 아니라 오히려 그것을 완성하고 성취할 수 있다고 주장한다. 성령의 사람은 사랑 · 기쁨 · 평화 · 인내 · 친절 · 선행 · 성실 · 온유 · 절제와 같은 성령의 열매를 맺게 되는데 기독교 윤리의 본질을 표현하는 이 윤리적 성품은 바울의 입장에서 볼 때 결국 율법의 본질과 다른 것이 아니다. 성서에 의하면 신이 개인과 역사를 마지막 날에 심판할 것이기 때문에 기독교인의 모든 행위는 어떻게 보면 독특한 종말론적인 윤리에 근거하고 있는 셈이 된다. 이 말은 기독교인의 윤리적 행위와 삶이 특별한 시간구조 속에 뿌리박고 있다는 것을 의미한다.

◆ 생각하기 ································

1. 구원받지 못한 인간들의 죄에 대해 해석에서 가톨릭교회와 프로테스탄트 교회는 어떻게 해석하고 있는가?
2. 도덕적으로 훌륭한 삶을 살기 위해 요구되는 덕목들 중에 특별히 '기독교적'이라고 부를 수 있는 덕목들이 존재하는가?
3. 기독교 윤리의 장단점을 들어 보라.

불교의 윤리 불교는 인간의 윤리도덕을 성취하고 고양하기 위해서는 중생심(衆生心)으로 닫혀 있는 우리의 마음을 정화함으로써 심체를 회복하는 길밖에 없다고 말한다. 이를 위해 색과 상에 대한 집착을 끊어버리고 그것을 공화(空化)시켜야 한다. 그렇게 함으로써 비로소 올바른 실상에 대한 파악이 가능해진다. 이것은 색과 상에 붙들린 거짓된 마음을 버림으로 참된 나를 실현하려는 것이다.

불교윤리의 단초는 고(苦)에 관한 근본적 명제다. 그것은 네 가지의 성스러운 진리인 사성제(四聖諦)로 요약되는데 간단히 고집멸도(苦集滅道)라고도 한다. 고제라는 것은 인생은 고로 가득 차 있다는 것이다. 집제는 고를 일으키는 원인이 갈애(渴愛)와 무명(無明)임을 설한다. 멸제는 고의 원인을 초극하면 해탈할 수 있다는 것이다. 도제란 고를 멸하는 데는 일정한 수행방법이 있다는 것이다. 그 방법이 바로 팔정도(八正道)이다.

팔정도는 어떻게 사람이 도덕적인 자기교육을 통해 점차 모든 충동과 허상으로부터 자유로워질 수 있는가를 보여준다. 팔정도는 다음과 같다.

정견(正見): 바르게 보는 것.
정사(正思): 바르게 생각하는 것.
정어(正語): 바르게 말하는 것.
정업(正業): 바르게 행동하는 것.
정명(正命): 바르게 생활하는 것.
정정진(正精進): 바르게 노력하는 것.
정념(正念): 바르게 기억하는 것.
정정(正定): 바르게 마음을 집중하는 것.

팔정도는 도덕적인 근본태도를 함축하지만 구체적인 행위의 지침을 포함하는 것은 아니다. 따라서 팔정도는 개인적으로나 사회문화적으로 급변하는 인생의 상황에 개방되어 있다. 이 여덟 가지 길은 붓다 이래로 두 가지 극단 사이의 중도(中道)를 뜻한다. 두 가지 극단 중의 하나는 세속적이며 감각적인 집착이나 쾌락에 빠지는 것이고 또 하나는 고행과 금욕적인 쾌락의 추구를 의미한다.

팔정도가 최종적으로 지향하는 목표는 열반이다. 이는 깨달음이자 해탈로서 모든 집착과 삶의 욕망을 완전하게 해소하는 것이다. 또한 열반은 깨달은 자가 증오와 탐욕, 망상 등의 주요한 악덕과 함께 이와 결부된 개인의 소아적(小我的) 요소를 단계적으로 모두 제거한 상태를 의미한다. 그렇다고 해서 세상에서의 삶을 포기하는 부정적인 태도가 아니라 세계를 능가하는 역동적이고 적극적인 태도를 뜻한다.

세계에 대한 우월성은 깨달은 자가 무명과 집착 그리고 번뇌 등으로부터 영원히 해방된 상태에서 자기를 부정하고 희생함으로써, 그리고 항상 모든 생명의 행복을 위해 노력함으로써 가능하다. 불교윤리의 근본원칙이자 이상은 모든 생명체에 대한 자비심을 품고 그들의 행복을 발원하며 그들을 사랑하며 우애를 베푸는 태도를 계발시키는데 있다.

이런 이유로 불교에서 인간의 종교적 실천의 원리로서 크게 대두되는 것이 자비(慈悲)의 정신이다. 불교의 윤리는 자비의 윤리에 근거한다. 자비라는 것은 아무런 조건이나 시기를 묻지 않고 실천하는 가장 순수한 사랑을 의미한다. 남을 위해 자신을 희생하고 사랑하는 자비의 정신은 본질적으로 불교의 공의 사상과 관련이 있다. 불교는 현세를 부정하고 끊어버릴 것을 설하기 때문에 피상적으로 보면 허무(虛無)와 적멸(寂滅)을 일삼는 종교처럼 보이지만 실상은 세계부정을 말하는 단공(斷空)의 논리를 다시 역부정하여 적극적으로 중생구제를 향해 나아가는 진공(眞空)의 논리를 가르친다. 이것이 불교의 입세간적(入世間的)·현실 지향적 자비정신의 논리적 기초가 된다.

자비는 사랑의 폭과 대상을 인간에게만 국한시키지 않고 법계의 일체 미물까지 확장하여 포괄하는 보편적인 것이다. 이 점에서 불교의 윤리사상은 온 우주의 미물에게까지 자비를 베풀 것을 말하는 보편주의적인 사상이라고 할 수 있다. 오히려 그것은 사해동포주의(cosmopolitanism)와 같은 성격을 가진다. 불교의 이러한 보편적 자비의 정신은 모든 중생들에게 베풀어져야 할 사랑의 정신이다.

여기서 중요한 것은 불교의 윤리가 자신의 마음의 평정을 지향하는 상태를 넘어서서 자비의 정신을 타인과 타물에게 구체화하고 실천하는 보살행을 해야만 한다는 점이다. 자비정신은 타인도 결국 나와 같으며 나도 결국 타인과 마찬가지라는 자타불이(自他不二)의 사실에 근거하기 때문에 타인의 아픔을 나의 아픔으로 삼고 소아를 버리고 타인을 나의 관점에서 볼 수 있는 대아(大我)의 자비정신을 강조한다.

이와 같은 사실은 불교윤리의 또 다른 측면인 평등주의적인 성격을 보여주는 것이다. 이것을 대승불교가 가르치는 절대평등의 중도윤리라고 말한다. 이 세상에 다양한 계급이 존재하고 있기 때문에 절대평등을 말한다는 것은 무의미하게 보일지 몰라도 그 계급은 지위상의 문제이지 결코 존재의 원리는 되지 못한다. 계급이 높다고 해서 그 사람의 본질이 보다 고귀한 것은 아니다. 인간은 누구나 지위 고하를 막론하고 동일한 존재적 가치를 지닌다.

중도는 사회의 모든 계급과 지위를 부정하려는 태도가 아니다. 부처가 살고 있던 당시에도 주인과 노예와 그 권속 또는 부모와 자녀의 계급적 질서와 그 상하관계 질서가 인정되었다. 왜냐하면 사회의 계급질서라는 것은 단순히 신분적 관계이지 인격적 주권의 관계는 아니기 때문이다. 절대평등의 중도세계에 들어가는 법문을 가리켜서 불이법문(不二法門)이라고 하는데 이 법문에 들어가는 방법은 상당히 다양하다.

이와 같은 다양한 중도법문은 일체의 대립과 모순을 초월하고 지양함으로써 인간이 만들어 놓은 관념의 대립까지도 파괴한다. 이것은 일체의 존재가 무상(無常)하고 일체가 실체가 없는 무아(無我)이며 일체가 공이라는 진여(眞如)의 지평에서 가능한 관점이다. 모든 존재는 이러한 절대지평의 관점에서 볼 때 평등한 것이라고 할 수 있다. 이와 같은 경지에서 일체중생에 대하여 대자대비의 보살정신이 수행되는 것이고 중생을 널리 구제하는 것도 가능하게 되는 것이다.

모든 존재가 평등하다고 해서 개체에 대한 신뢰를 무시하는 것은 아니다. 전체와 개체의 문제가 윤리적으로 얼마나 중요한가는 불교의 화엄사상에서 잘 드러난다. 화엄에서는 개체와 전체의 관계에서 개체의 능동적이고 주체적인 참여와 역할을 인정한다. 그리하여 전체는 개체의 작용과 연기에 의해 스스로 자연적으로 이루어지는 것으로 본다. 우주만상에는 어느 것 하나 자체의 존재의미와 질서를 가지고 있지 않은 것은 없다. 이러한 불교의 화엄사상은 인간사회에서도 윤리의 목적은 개별적 자아에 대한 완전한 존재의미와 가치를 부여하는데 두어야 함을 보여준다. 이로써 분명해지는 것은 불교의 윤리사상은 개인의 권리와 존재의미를 인정하는 토대위에서 만인이 평등하다는 주장을 하고 있다는 사실이다.

◆ 생각하기 ································

1. 비록 재가(在家)나 입세간적(入世間的) 측면이 있다고는 하지만 그래도 불교의 본령은 출가(出家) 혹은 출세간(出世間)이 아닌가?
2. 윤리적 실천의 측면에서, 특히 사회정의와 사회참여 등의 문제에서 불교가 타종교에 비해 적극적이지 못한 이유는 무엇인가?
3. 오늘날의 관점에서 불교윤리의 장단점을 들어 보라.

유교의 윤리

유교사상은 일차적으로 인간중심적이고 현세 지향적인 성격을 지니기 때문에 근본적으로 유교의 도덕은 예(禮)에 근거한다. 그러나 여기서 중요한 사실은 고대중국인에게 예는 단순히 개인이 실천해야 할 도덕질서에 그치는 것이 아니었다는 것이다. 그들에게 예란 천(天)이 만물을 창조하고 운행하는 모든 도리를 가리킨다. 이것은 예의 개념이 단순히 인간의 윤리적 질서라기보다는 보다 광범위하게 인간과 세계를 지배하고 규정하는 보편적 질서라는 것을 시사한다.

나아가 예는 우주를 운행하는 천의 도리를 가리킬 뿐만 아니라 인간의 도덕규범과 문화형식의 근본도 된다. 이것은 우주가 진행되고 운행되는 질서가 인간의 사회적이고 도덕적인 질서와 근본적으로 하나라는 사실을 전제한 것이다.

이처럼 유교의 윤리는 기본적으로 천명(天命)과 예의 사상에 기초하고 있다. 예는 천명으로 주어진 것이기 때문에 예를 실천하는 것은 결국은 천을 따르는 것이다. 유교도덕의 목표는 바로 인간이 본성적으로 가지고 있는 이러한 예를 따르고 실천하는 것이다. 예는 공자에게 있어 중용(中庸)의 예 또는 중도(中道)의 예라고 불린다.

중용의 사상은 공자에게서 발전되어 맹자에 와서 구체화된다. 공자에게 예는 중(中)에 바탕을 두고 있고 절도(節度)를 그 형식으로 삼는다. 중용 또는 중도란 과불급이 없는 중화(中和) 또는 시중(時中)의 도를 가리킨다. 공자는 『논어』, 「양화」 편에서 중용의 오덕(五德)과 육언(六言) 그리고 육폐(六蔽)를 다음과 같이 표현하고 있다.

> 자장(子張)이 인을 물었다. 공자가 말하기를 "다섯 가지의 아름다운 덕을 실행한다면 이것이 곧 인이다." 자장이 그 다섯 가지 인을 물었다. 공자가 말하기를 "공손함(恭) · 너그러움(寬) · 신용(信) · 민첩함(敏) · 은혜(惠)를 베푸는 다섯 가지를 말한다. 공손은 업신여김을 받지 않고, 너그러움

은 인심을 얻고, 신용은 신뢰를 얻고, 민첩하면 공을 세우고, 은혜를 베풀면 백성이 저절로 협력한다."

공자가 말하기를 "유(由)야! 너는 여섯 가지의 미덕과 폐단을 들었느냐?" 자로(子路)가 대답하기를 "아직 듣지 못했습니다." 공자가 말하기를 "앉아라. 너에게 말하겠다." "어진 것(仁)을 좋아하면서 배움을 싫어하면 그 폐단은 어리석음이고, 지혜로움을(知)을 좋아하면서 배움을 싫어하면 그 폐단은 방탕함이고, 믿음(信)을 좋아하면서 배움을 싫어하면 그 폐단은 의리(義)를 해치는 것이고, 정직함(直)을 좋아하면서 배움을 싫어하면 그 폐단은 가혹함이고, 용맹함(勇)을 좋아하면서 배움을 싫어하면 그 폐단은 난폭함이고, 굳셈(剛)을 좋아하면서 배움을 싫어하면 그 폐단은 광(狂)이다."

여기에서 공자가 강조하고자 하는 것은 인(仁)·지(知)·신(信)·의(義)·직(直)·용(勇)·강(剛)이 중용의 미덕이기는 하지만 이런 미덕들을 실천하지 않으면 사람은 반중용의 악덕으로 떨어지는 폐해를 당하게 된다는 것이다. 그러므로 실천과 행함이 중요하다고 강조한다. 공자가 그처럼 중시하고 찬미했던 예의 세계는 다름 아닌 중용의 예의 세계이다. 그리고 이 중용의 예 세계는 그 사상 체계 속에서 볼 때 인의 질서가 밝히 드러나고 실현되는 세계이다. 그러므로 공자의 도덕세계는 인과 예에서 그 절정을 이룬다.

이처럼 그가 이상으로 내세운 도덕적 인간은 인의 질서가 드러나는 중용의 예를 체득하고 실천하는 사람이다. 공자는 중용의 예를 실천하는 사람이다. 공자는 중용의 예를 실천하는 참다운 사람을 군자(君子)라고 지칭하고 소인(小人)과 철저하게 구별한다. 그에 의하면 "군자는 의에 밝고 소인은 잇속에 밝다." 그러므로 군자가 되느냐 아니면 소인이 되느냐는 사람이 의(義)에 서느냐 아니면 이(利)에 서느냐에 달려있다. 이를 추구하는 사람이 소인이 되는 까닭은 이가 인간의 욕망 때문에 중도를 손상시키기 때문이다. 따라서 의를 따르지 않는 이의 추구는 악덕일 수밖에 없다. 이런 이유로 공자는 "의가 아니면 이익을 추구하지 않는다."고 하였으며 「이인」(里仁) 편에서 "부(富)와 귀(貴)는 사람마다 바라는 것이나 중용의 도로써 얻은 것이 아니면 거기에 머물러 있지 아니하며 빈(貧)과 천(賤)은 사람마다 싫어하나 중용의 도로써 얻은 것이 아니라도 거기서 떠나지 아니한다."고 하였다. 철저하게 중용의 덕을 실천함으로써만 사람은 군자가 될 수 있다.

이렇게 인의 덕, 중용의 덕을 지닌 군자는 결코 외롭지 않으며 반드시 이웃이 있기 마련(德不孤, 必有隣)이다. 군자는 두루 사귀어 치우치지 않기 때문에 반드시 이웃이 있고 외롭지 않으나 소인은 치우쳐 두루 사귀지 못하기 때문에 이웃도 없고 외로운 것이다. 군자는 덕으로부터 이탈하는 것을 외로움으로 생각하는 반면 소인은 사람들로부터 소외당하기 때문에 외로움을 느낀다. 그래서 "군자는 태연하되 교만하지 아니하고 소인은 교만하되 태연하지 못한" 이유가 바로 여기에 있다.

결론적으로 공자의 이상적인 인간상은 중용의 덕과 중용의 예를 체득하여 실천하는 군자이다. 사람은 군자가 되기 위해서 부단한 자기성찰과 자기성실을 실천해야만 한다. 공자에 의하면 군자가 되는 도리는 단적으로 인(仁)·지(知)·용(勇) 세 가지이다. 「헌문」(憲問) 편에서 공자는 다음과 같이 고백한다. "군자의 도에는 세 가지가 있는데 나는 모두 능통하지 못하다. 인자는 근심하지 않고, 지혜로운 자는 미혹되지 않고 용감한 자는 두려워하지 않는다."

공자 스스로 이 세 가지 도리중 하나도 능통한 것이 없다고 고백한 것은 이런 중용의 덕을 체득하고 실천하기란 매우 어렵다는 것을 시사한다. 이런 이유로 맹자가 성인의 등급을 백이(伯夷) 같은 청렴한 청성(清聖), 이윤(伊尹) 같은 사명감에 충실한 임성(任聖), 류하혜(柳下惠) 같은 조화로운 화성(和聖), 공자 같은 중용의 시성(時聖)으로 나누고 공자를 최고의 성인인 시성이라고 하였다.

유교윤리에서 인륜(人倫)은 인간이 타고난 질서이면서 동시에 하늘의 질서를 뜻한다. 그래서 인륜은 곧 천륜(天倫)이다. 맹자에 의하면 인간이 하늘로부터 타고났으며 사람들 사이에서 실천해야 할 인륜의 질서는 다섯 가지가 있는데 이를 후대에서는 오륜(五倫)이라고 불렀다. 유교는 인간 상호간에 존재하는 이런 도덕적 질서가 인간이 인위적으로 제정한 것이 아니라 천명으로 정해진 것이라고 한다. 유교는 인간의 본성을 인의예지(仁義禮智)로 설명하는데 이러한 본성이 인간 상호간 속에서 나타나는 것이 인륜이다. 이것은 유교가 인간의 본성을 선하게 평가했다는 것을 다시 한 번 증명해준다.

◆ 생각하기 ································

1. 유교사상은 신분윤리를 주장함으로써 절대군주 체제를 옹호하는 이데올로기로 전락하였다고 20세기 초반부터 비판받았다. 과연 그러한가?
2. 중국 공산주의는 유교사상 때문에 중국이 정치적·과학적·사회적으로 낙후되었다고 비판하였다. 그 근거는 무엇인가? 그럼에도 불구하고 중국 공산주의가 오늘날 다시금 유교사상을 부활시키려는 이유는 무엇인가?
3. 오늘날의 관점에서 유교윤리의 장단점을 들어 보라.

덕치와 법치

유학(儒學)이 공자로부터 시작되었다는 것은 누구나 잘 아는 바이다. 공자가 태어난 노나라는 주(周)의 제후국이었다. 주는 문왕이 덕을 쌓아 나라의 기초를 닦고 그의 아들 무왕이 군사를 일으켜 은나라를 멸하고 세운 나라이다. 그런데 이 주나라를 세운 사람은 무왕이지만 주의 모든 제도를 정한 것은 무왕의 아우인 주공(周公)이었다. 주공은 지혜가 뛰어나고 덕이 높은 사람이었다. 그는 주나라의 운명이 오래 계속되도록 정치적인 두 가지 기본 제도를 정하였는데 바로 종법제도(宗法制度)와 봉건제도(封建制度)였다.

주나라 보다 앞선 왕조인 은나라는 맏아들이 왕을 하다가 죽으면 그 아우가 이어서 왕이 되는 이른바 형제 상속제도였다. 그리하여 형제간에 누가 왕이 되느냐의 문제를 두고 항상 문제가 생기고 왕실이 서로 친목할 수가 없었다. 이러한 사실을 감안하여 주공은 언제나 맏아들만이 임금이 되어야 한다는 원칙을 세웠던 것이다. 그리고 천자가 다스리는 왕도(王都) 부근을 제외한 주변의 땅을 종친들에게 나누어주어 다스리게 하는 정치제도를 마련하였다. 땅을 나누어준다는 뜻의 봉토(封土)와 그 땅을 다스리는 제후를 세운다는 뜻의 건후(建侯)의 첫 글자를 따서 이를 봉건제도라고 한다. 노나라도 이러한 봉건제도의 한 제후국이었다.

언제나 맏아들이 왕이 된다는 대원칙 아래 왕실이 잘 단결되고 변방에는 종친들이 울타리가 되어 왕실을 잘 보호해 주면 주나라는 오래도록 나라가 번창하리라고 생각했던 것이다. 그러나 이 세상에 완전무결한 제도란 없는 것이다. 이 주공의 사려 깊은 제도도 시간이 지남에 따라 문제가 생기게 되었다. 즉 처음에는 형제나 숙질 등 가까운 혈연들이 제후국을 다스렸으므로 문제가 없었으나 시간이 지남에 따라 혈연이 멀어지게 되고 제후국간에 상호갈등이 잦아지게 되었다. 제후국 상호간의 국경 문제로 인한 분쟁이 생겨나 그로 인한 전쟁이 일어나고 전쟁으로 인하여 제후국의 존폐문제가 생기면 거기서 또 신분상의 변화가 생겨나게 되는 등 여러 가지 사회문제가 복잡하게 얽히기 시작하였다.

공자가 태어난 때는 이처럼 주나라가 혼란기로 접어드는 시기였다. 이 때를 일러 중국역사상 춘추시대(春秋時代, BC 772~481)라고 하는데 이 춘추시대를 이어 전국시대(戰國時代, BC 480~222)가 이어진다. 중국역사, 특히 중국정신사에서 이 춘추전국시대 약 500년간은 실로 중요한 시기이다. 고대의 중국 통일국가였던 주나라의 질서가 근본적으로 뒤흔들리고 바야흐로 새로운 시대가 열리려고 하던 시대였다. 따라서 사람들의 생각에 일정한 기준이 없고 무질서가 난무하던 정신적 암흑기였다. 그러므로 뜻이 있는 사람들은 어떻게 하면 이러한 혼란에서 벗어나 하루 속히 인간사회의 질서를 회복할 수 있을까 걱정하게 되었고 이러한 걱정이 뚜렷한 체계를 이루게 될 때 그것이 사상이 되는 것이다. 춘추전국시대에는 중국역사에서 가장 많은 사상이 생겨났던 시대이다. 그 때의 많은 사상가들을 표현하여 제자백가(諸子百家)라고 표현한다. 여러 선생과 수많은 사상가라는 뜻이다. 공자도 이러한 많은 사상가 중의 한 사람이었다. 그리고 유가(儒家)란 공자를 중심으로 한 학파를 표현한 말이다.

그러면 공자는 인간의 사회윤리 그리고 국가를 다스리는 정치윤리는 어떻게 생각했던가? 여기에 공자의 정치윤리・정치사상이 전개된다. 그 원리만을 간단히 설명하면 사회 각계각층의 사람들이 자기가 위치한 명분(名分)에 합당하도록 행동해야 한다는 것이다. "임금은 임금의 명분에 합당하게 신하는 신하의 명분에 합당하게 행동해야 한다."는 것이다. 오늘날의 표현으로 하면 대통령은 대통령이란 명분에 합당하게 장관은 장관이란 명분에 합당하게 행동해야 한다는 것이다. 이와 같이 모든 사람이 자기가 위치한 신분에 알맞은 행동을 하면 사회는 질서가 서게 된다는 것이다. 이것을 정명(正名) 사상이라 한다. 공자는 나라를 다스리는 원리에 있어서도 권모술수나 힘으로써 다스리는 것이 아니라 백성을 진심으로 사랑하는 덕으로 다스려야 한다고 주장하였다. 즉 법치를 배격하고 덕치(德治)를 주장하였다.

그러나 공자는 악을 완전하게 제거할 수는 없으며 다만 통제할 수 있을 뿐이라고 보았다. 즉 그는 도덕적 신념이나 설득의 힘을 믿었으며 법이나 형벌이 아니라 예와 과거의 전범에 따라 악을 통제할 수 있다고 믿었다. 이처럼 공자는 덕에 의한 정치의 필요성을 역설한다. 따라서 국가 권력을 배경으로 한 법률과 형벌의 필요성을 인정하지 않는다. 그에 대한 우려를 공자는 『논어』(論語), 「위정」(爲政) 편에서 다음과 같이 언급하고 있다. "인도하기를 법으로써 하고 가지런히 하기를 형벌로써 하면, 백성들이 형벌을 면할 수는 있으나 부끄러워함은 없을 것이다." 이것은 권력정치에 의해 백성을 지도하고 형벌로써 백성을 다스리면 백성은 오로지 법망을 피할 것만을 생각하여 나쁜 일을 해도 부끄러움이 없게 됨을 지적한 것이다.

이상이 공자사상의 큰 줄거리라고 할 수 있다. 그러나 따지고 보면 인간은 누구나 강렬한 자기중심적인 욕망을 가진 존재이다. 그러한 인간이 과연 제 욕망을 억누르고 공자가 제시한 도덕과 윤리를 실천할 수 있을 것인가? 그것이 쉬운 일이라고 할 수는 없다. 그러나 그렇게 하는 길이 인간다운 길이라는 것은 또한 틀림없는 사실이다. 그것이 아무리 어려울지라도 그렇게 해야만 인간이 인간다울 수 있는 것이다. 공자는 인간에게 그 높은 이상을 제시해 준 것이다. 그리고 공자는 그 길만이 인간의 길이라는 것에 대한 확고한 신념을 보여 주었다.

공자는 말하기를 "육신을 희생시킬지언정 인간다움(仁)은 성취시켜야 한다."(殺身成仁)고 확실하게 말하였다. 또 『논어』에 이런 대화가 있다. 공자의 제자 자공(子貢)이 공자에게 "나라가 유지되려면 구비해야 할 조건이 무엇입니까?"하고 물으니 "경제(食)와 국방(兵)과 신의(信)니라."고 하였다. 자공이 다시 묻기를 "세 가지 가운데 한 가지를 부득이 희생시켜야 한다면 무엇을 먼저 버려야 합니까?" 하니 "국방을 희생시켜야지." 하였다. 자공이 다시 "남은 두 가지 가운데 한 가지를 희생시켜야 한다면 무엇을 희생시키겠습니까?" 하니 "경제를 희생시켜야지." 하였다. 경제는 생명과 직결되는 것이다. 경제를 희생시킨다는 것은 목숨을 버린다는 뜻이기도 하다. 이것은 상식과 어긋나는 것이다. 공자도 이 점을 생각한 듯하다.

그리하여 그는 다음과 같은 설명을 덧붙였다. "사람은 언제나 죽기 마련이다. 인간사회에 신의가 없으면 사회가 성립되지 않는다."고 하였다. 도의가 없으면 왜 사회가 성립되지 못하는가? 사람이 도의를 지키지 아니하고 각자의 욕심대로 행동하면 짐승처럼 서로 싸우게 되어 공동사회가 성립되지 않는다는 뜻이다. 공자의 이 말을 뒤집어서 표현한다면 '나는 동물처럼 살기보다는 사람으로서 죽겠다.'는 뜻이 된다. '차라리 목숨을 버릴지언정 사람답게 살겠다.'는 것이 공자의 확고한 신념이었다. 그러나 도덕만으로 정치를 하는 것은 비현실적이어서 공자는 이를 보강하기 위해 예(禮)의 존중을 설하는 예치(禮治)도 주장하게 된다. 예는 사회적인 '관습'이며 도덕과는 달리 인간을 외부로부터 구속하는 힘을 가지고 있기 때문이다. 결국 공자의 입장은 덕과 예에 입각해 있다고 볼 수 있다.

공자 사후 전국말기가 되자 한비자(韓非子, BC ?~233)를 비롯한 법가(法家)가 출현하게 되었다. 왜냐하면 그것은 전국 말기의 열국이 종래 봉건국가의 조직으로는 존립할 수 없다는 것을 자각하였기 때문이다. 봉건국가는 대부나 사(士) 등의 세습신분의 신하에 의해서 구성되고 동족 사회적인 경영이 행해지고 있었는데 열국과의 경쟁이 격화되자 이러한 체제로는 더 이상 대응할 수 없게 되었다. 제자백가가 나타난 것도 새로운 두뇌의 도입이 요구되게 되었던 결과인데 전국시대의 말기가 되면 그것만으로는 틈을 메울 수 없게 되고 봉건국가 자체를 합리화할 필요에 직면하게 되었다.

그렇다면 봉건국가를 합리화하기 위한 새로운 원리는 무엇인가? 그것은 법이다. 이전의 봉건국가를 지탱했던 것은 충효의 도덕이나 의리 · 인정이라는 인간적인 것이었다. 그러나 인정이나 도덕으로는 국가의 합리적 운영은 있을 수 없다. 이에 반해 법은 비정한 것이며 기계적・형식적으로 운용할 수 있는 것이다. 한비자를 시초로 하는 법가의 사람들이 법치(法治)를 들고 나타난 것도 이러한 시대의 요구에 부응했기 때문이었다. 그리하여 한비자에 이르면 다양한 각도에서 법이 도덕에 대해서 절대적인 우월성을 가졌음이 강조되기 시작한다.

① 첫째로 유가의 주장처럼 덕치나 예치라는 것은 인구가 적고 생활이 편안하였던 고대에서만 효과를 거두는 것이고 오늘날과 같이 인구가 증가하여 생존경쟁이 치열한 시대에는 통용되지 않는다. 옛날 사람들에게 도덕심이 강했다는 것은 재산이 풍부했기 때문이며 오늘날의 사람들이 재산을 다투는 것은 도덕심이 저하되었기 때문이 아니라 재산이 궁핍하게 된 결과이다. 이러한 경쟁이 치열한 시대에는 도덕이 무효이며 오로지 법에 의해서만 다스려질 뿐이다. 그럼에도 불구하고 유가와 같이 고대의 요순(堯舜) 시대에 유효했다는 이유만으로 지금까지도 덕치의 필요성을 고집하는 것은 시대착오적인 것이다. 이는 그 옛날 송나라 사람의 수주대토(守株待兎)를 되풀이하는 것이다.

② 둘째로 도덕은 소수자에게만 통용되는 원리여서 다수자에게 적용할 수 없다. 원래 도덕을 지키는 인간은 한 나라에서 10사람만 있으면 좋은 정도에 불과한데 이러한 소수자의 원리를 일국(一國)이라는 다수자에 적용하려고 하는 데에 근본적인 무리가 있다. 본래 다수자에게 선한 일을 행하게 하려는 것에는 절망적인 곤란을 수반하지만 그러나 악한 일을 하지 않게 하는 일은 쉽다. 예컨대 길에 떨어져 있는 물건을 집으면 사형에 처한다는 법률을 만들면 길에 백 냥의 금이 떨어져 있어도 이것을 줍는 것은 붉게 달궈진 쇠를 손으로 잡는 것과 똑같은 것이므로 도척(盜跖)이라 하더라도 손을 내밀기 어려울 것이다.

도덕은 인정을 토대로 하는 것이며 인정이라는 것은 좁은 범위 안에서만 성립하는 것이고 더욱이 그것조차 충분히 행해지지 않는다. 예컨대 가정 안에서 아버지는 자식을 사랑하지만 자식은 아버지의 명령에 따르지 않는 자가 많다. 유가는 가족 도덕의 정신으로 국가를 다스리려고 하지만 이것은 한 집안조차 충분히 다스릴 수 없는 원리로써 큰 나라를 다스리려는 것이어서 처음부터 불가능한 것이다.

③ 셋째로 도덕은 본질적으로 사적인 것이고 국가의 공공성과는 상반되는 것이다. 예컨대 이러한 이야기가 있다. 옛날 노나라의 병사 중에 참전한다고 해 놓고 탈영한 자가 있었다. 공자가 이상하게 여겨 그 이유를 물으니 그 병사는 "집에 연로하신 아버지가 계셔서 내가 죽으면 부양할 사람이 없습니다." 라고 대답하였다. 그래서 공자는 "이 사람은 기특한 효자이다." 라고 칭찬하고 노나라의 군주에게 올려 표창하였다. 거기까지는 좋았으나 그 후에 노나라의 군대가 출전했을 때 병사들이 너나없이 탈영해 버려 노나라는 대패를 면하지 못하였다.

④ 마지막으로 대저 인간에게 도덕을 가르친다는 이른바 도덕교육은 불가능하다는 것을 들 수 있다. 그것은 인간이 가진 도덕성이 목숨의 장단 등과 마찬가지로 선천적으로 결정된 것이고 인위에 의해서는 변할 수 없는 것이기 때문이다.

예를 들면 성인의 전기를 읽고서 자신도 그와 같은 사람이 되고자 원하는 것은 전적으로 무의미한 것이다. 그것은 모장(毛嬙)이나 서시(西施)같은 미인을 보고서 몇 번이나 아름답다고 감동해 보아도 자신의 얼굴은 예뻐질 수 없는 것과 똑같은 것이다. 그 보다도 집에 돌아가 화장을 잘하면 조금은 나아 보이게 된다. 그 화장에 해당하는 것이 바로 법이다. 법은 인간에게 나쁜 일을 하지 못하게 하는 것, 요컨대 인위적인 선인(善人)을 만드는 것이다.

이처럼 한비자는 그 특유의 독설과 풍자를 섞어 가면서 유가의 덕치·예치주의를 통렬히 비판해 법치주의의 우월성을 주장하는 것이다.

◆ 생각하기 ································

1. 부인할 수 없는 공자사상의 위대함에도 불구하고 '공자가 죽어야 나라가 산다.'는 식의 극단적인 비판이 횡행하는 이유는 무엇인가?
2. 개인으로서의 공자와 체계화된 공자사상은 전혀 무관한 것인가?
3. 그러나 법률을 폐지하고 오로지 민중의 도덕적 자각에 기대하는 정치는 이미 정치가 아닌 정치의 포기가 아닌가? 왜냐하면 그것을 정치라고 부르기에는 너무나 비현실적이기 때문이다.
4. 효와 자애 등은 한편으로는 사사로운 감정이라 할 수 있고 따라서 전체의 사회 공익과 상충된다. 그렇다면 공공의 이익보다 인륜을 법 위에 두는 공자의 입장은 과연 정당한 것인가?
5. 공자의 정명은 이미 불평등한 신분을 전제로 하고 있는 것이 아닌가?
6. 법가가 유가의 덕치를 비판한 후 내세운 대안은 무엇인가?
7. 한비자처럼 법에 의거해서만 바람직한 사회를 건립하고자 한다면 어떠한 문제가 생기는가?

성의 의미

육체적 생활 가운데 인류가 예로부터 특별히 중요한 것으로 주목해 왔던 성(性)의 영역이 있다. 이것이 오늘날 많이 논의되고 있는 성문제의 대상이 된다. 오늘날 성문제에 관해서 많은 사람이 이러쿵저러쿵 하지만 이 문제에 대해서는 말할 수 있는 자격을 제한할 필요가 있다. 그렇다면 이 같은 진지한 인생의 중대 문제를 논할 자격이 있는 자는 어떤 사람인가? 일단 어리고 미숙한 사람은 이 문제에 대해서 무자격자라고 해야 할 것이다. 그는 이 문제를 논할 만한 인생경험이나 지식이 없기 때문이다. 성문제는 실제로 연구되어야 할, 지식으로써 다루어야 할 하나의 중요한 문제임에도 불구하고 유감스럽게도 종종 간과되는 경향이 있다.

다음으로 단순한 학자, 즉 인생의 살아 있는 힘에 내면적으로 접촉한 일도 없고 진지하고 깊이 있는 인생경험을 갖고 있지도 않은 학자 샌님도 또한 이 문제를 논할 자격이 없다. 그는 지식을 갖고는 있지만 지혜가 없다. 지혜는 경험과 평소의 성실한 실천에 의해서만 얻을 수 있다.

오늘날 성문제를 여러 가지로 상세히 연구하고 있기는 하지만 이것은 이전 시대에 대한 하나의 반동으로 생각된다. 즉 이전에는 육체 경시, 육체 적대시의 풍조로 인해 성의 영역에 대한 심한 불신감과 종종 병적이라고도 할 공포심으로 차 있었다. 그러나 그러한 태도가 얼마나 그릇된 것인가? 성의 영역은 그 작용 및 의의가 매우 높고 또한 깊기에 특별히 외경의 태도를 요구할 권리를 갖고 있다.

우리들은 육체의 의미를 토대로 성의 의미를 규정할 수 있다. 육체의 의미는 육체적 생활이 심적-정신적 생활과 그 목적에 봉사하는 관계 속에 있음을 우리는 알고 있다. 성은 육체적 생활의 한 부분적 기능이기 때문에 성의 의미도 또한 위의 규정에 의해서 설명된다. 즉 성충동이 인간의 고차원적인 정신적 생활의 목적에 종속될 때 혹은 인간이 동물적-성적인 것을 심적-정신적인 것에 봉사케 할 때 성의 의미는 충족된다. 따라서 성적인 것은 종속관계에서 벗어날 때, 즉 그것이 그 자체를 위해서 긍정되고 본래적인 자체 목적으로 생각되고 취급될 때는 성의 의미가 어긋나게 된다. 그 때 인간은 정신 및 정신적인 가치들로부터 추락하게 된다. 그리하여 정신적인 것 · 신적인 것 가운데 있는 자신의 사명에 불충실하게 된다. 그는 높은 곳으로 이르는 길을 가지 않고 낮은 곳으로 치닫고 동물적인 존재와 삶의 단계로 침몰한다. 그러한 태도는 본질적으로 비윤리적이다. 왜냐하면 그것은 인간본성의 정신화 또는 인격의 완성이라는 인간의 최고의 가치목적을 부정하고 부인하기 때문이다. 인간 안에 있는 이 '동물적인 것'에 집착하는 것은 단지 정신적인 것의 부인일 뿐 아니라 그것을 넘어서 영혼의 심각한 모독과 멸시이며 영혼의 가장 높은 본질을 훼손하는 오욕이다.

물론 정신적인 것의 중시가 성적인 것의 부정이나 감성적 영역의 거세를 뜻하는 것은 아니다. 고차원적인 정신적 · 윤리적 삶의 목적에 봉사하는 감성적 영역의 작용은 순수하다. 결혼의 경우가 바로 그러하다. 이 경우 성적 충동은 감성적인 것의 윤리화를 뜻하는 정화를 경험한다. 이 정화는 한편으로 부부애 속에 다른 한편으로 부모가 된다는 데 존재한다. 전자는 결혼의 의미를 나타내고 후자는 결혼의 목적을 나타낸다. 사랑 없는 결혼은 결혼의 의미에 어긋나는 것이므로 비윤리적이다. 그러나 자손 없는 결혼은 결혼 본연의 목적을 충족시키지는 못하지만 결혼의 의미를 충실히 하고 있는 것일 수 있다.

일부일처제(monogamy)는 결혼의 본질에 속한다. 왜냐하면 결혼은 정신적-감성적 존재의 한 생활 공동체여서 그것은 정신적이면서 감정적인 성질의 사랑에 의거하고 있기 때문이다. 그런데 이 공동체의 근본요인인 정신성은 다수 인격에 대한 헌신을 배제한다. 따라서 진정한 결혼은 일부일처이다. 결혼이 일부일처로써만 그 의미를 충족시킨다는 사실은 역사와 민족학의 반대에 의해 동요될 수 있는 것이 아니다. 오히려 그 반대로 역사적 발전은 일부일처제를 뒷받침해 주고 있다. 독점성과 밀접히 연관되고 있는, 결혼의 또 하나의 본질적 요소가 있다. 그것은 결혼의 영원성으로서 이것은 부부애의 본질과 더불어 주어져 있다. 왜냐하면 올바른 사랑의 본질에는 지속성과 시간적 무한성이 속해 있기 때문이다.

결혼의 '단일성'과 '영원성'은 결혼공동체의 정신적 본질에 근거해 있다. 이것을 인정하지 않는 자는 단일과 지속이라는 결혼의 이상 및 그로부터 존재하는 윤리적 요구에 대한 이해를 가지지 않는다. 그런데 결혼의 정신적 본질은 자연주의적 세계관과 인생관의 지반 위에 서 있는 모든 사람들에 의해서 오인되곤 한다. 자연주의는 인간을 오로지 자연적 측면으로부터만 본다. 자연주의에서 인간은 그 생활기능의 엄청난 분화와 복잡성에 의해 자연의 다른 존재로부터 단지 정도상으로만 구별되는 단순한 자연존재이다. 인간존재 속에는 자연적 측면 외에 또한 정신적 층이 있고 바로 이 정신적 층 속에 특별히 인간적인 것이 존재한다는 것을 자연주의는 모른다. 그리하여 이처럼 성의 관점에서 본 인간은 자연주의에서는 결국 생물적-에로틱한 과정일 뿐이기 때문에 인간은 성 영역의 정신적-윤리적 가치관련과 목적관련 및 이 관련 속에 근거해 있는 부부의 성 공동체의 의미구조를 전혀 알지 못한다. 현대의 성 연구자와 성 윤리학자들의 저작들에 대해 우리는 니체의 말을 빌려 다음과 같이 말할 수 있다. "그들의 영혼의 밑바탕에는 시궁창이 있다. 그들의 시궁창이 또한 정신을 갖고 있다면 얼마나 비통한 일일까!"

결혼이 인간의 인격의 존엄성 즉 인간의 정신적-신적인 의무와 결부될 수 있는 감성적 영역을 실현하는 유일한 형식이라면 결혼 없는 모든 성생활은 비윤리적인 것임에 틀림없는 것이다. 현대의 조류가 결혼 없는 성교를 매우 강력하게 방조하고 있기 때문에 이것은 더욱 중요하다. 성교를 선호하는 자는 이것을 맹목적인 자연의 위력에 대한, 인간을 매우 행복하게 하는 인간의 매우 위대한 승리라고 칭찬한다. 그러나 이것은 인간을 성충동의 주인공으로 만드는 것이 아니라 오히려 그 노예로 만든다. 오늘날 이러한 것을 예찬하는 사람들은, 그것에 의해서 사람들이 걸어가야 할 험악한 길을 전혀 걱정하지 않고 있다.

결혼 외의 성교는 상대방, 즉 남녀를 단순한 물건으로 향락의 대상 및 향락의 수단으로 보고 또 그렇게 취급하므로 윤리적으로 배척되어야 한다. 특히 성매매가 그러한 것이다. 성매매가 인간을 매우 비천하게 만드는 이유는 성매매에 의해 육체 및 영혼이 더럽혀질 뿐만 아니라, 육체와 정신이 다 함께 비천하게 됨으로써 향락이 더 한층 높여진다는 것에 있다. 어떠한 고매한 사상가도 성매매 근절에서 물러설 수가 없겠지만 이 성매매 근절의 주요한 전제는 성매매 종사자라는 이 불행한 존재의 추방을 강조한다는 것보다도 오히려 성매매 행위를 구조적으로 추방하는 것이다. 인간의 운명과 인간관계를 필요라든가 돈이라든가 기분 전환 같은 이기적인 개념 아래에 포섭하는 이 가장 나쁜 의미에서의 부르주아적 행위에 대한 투쟁의 주요목표는 여기에 있다.

넘치는 성에도 불구하고 오늘날 종종 현대의 성적 곤궁이 언급되고 있다. 그러나 사람들은 대개 다만 사회관계 및 경제관계의 개조가 필요할 뿐이고 이것들이 개조되면 모든 성적 곤궁은 소멸되어 버린다는 식으로 이 사태를 설명한다. 그와 같은 해석은 이 곤궁의 가장 심오한 본질을 전혀 오인하고 있는 것이다. 성적 곤궁은 인류와 함께 오래된 것이고 본질적으로는 성적-윤리적 곤궁이다. 그것은 인간존재의 구조, 즉 그 이층성(二層性) 및 이와 더불어 주어져 있는 영과 육 · 윤리성과 감성의 불화 속에 그 기초를 갖고 있다. 그러나 그것은 궁극적으로 내면으로부터만 극복될 수 있다. 정신적인 가치와 힘을 함양함으로써만 극복될 수 있다.

◆ 생각하기 •

1. 니체의 다음과 같은 물음에 대해 자신의 입장에서 답해 보라. "너는 젊었고 자식과 결혼을 원하고 있다. 그러나 나는 너에게 묻는다. 도대체 너는 자식을 원해도 될 그러한 사람인가? 너는 승리자인가, 자기 극복자인가, 관능의 지배자인가, 너의 덕의 주인인가?"

퇴계의 경 사상 유가적 수양의 정신은 『중용』(中庸)의 널리 배우고(博學) 살펴서 물으며(審問) 삼가서 생각하고(愼思) 분명히 분별하며(明辯) 독실히 행하는(篤行) 것을 들 수 있을 것이다. 또 다른 사람이 한 번 하면 나는 백 번을 하고(人一己百) 다른 사람이 열 번을 하면 나는 천 번을 하는(人十己千) 독실한 방안과 선을 밝혀 몸을 성실하게 하는(明善誠身) 것도 언급할 수 있다. 이러한 방법들을 반성하고 구현한 것이 거경궁리(居敬窮理)의 태도이다. 이 거경궁리는 『중용』의 '덕성을 존중하고 묻고 배움에 말미암는'(尊德性, 道問學) 것과도 서로 통하는 것이라 할 수 있다. 즉 거경은 우리의 정신이 순연히 정제(整齊)되는 상태에 머무는 공부로서 곧 내적 정신수양이고 궁리는 사물의 이치를 밝히는 공부로서 객관적인 이법추구의 작업이다.

그렇다면 이 거경궁리의 구체적인 방안이 무엇이었던가? 이에 대한 해명을 퇴계 이황의 논의를 통해 살펴보기로 하자. 퇴계에 의하면 거경(行)과 궁리(知)는 별개의 두 가지 공부이면서 서로 뗄 수 없는 긴밀한 상관관계에 있는 것이다. 비록 양자가 불가분리의 상관관계에 있지만 여기에서는 퇴계의 경 사상을 보여주는 거경을 중심으로 논해보고자 한다.

거경의 방법 거경(居敬)은 궁리와 대칭되는 것으로서 내적 정신적 수련에 그 본뜻이 있다. 그러나 거경은 궁리와 대등하게 대치되는 것에 그치는 것이 아니다. 거경은 궁리의 바탕이 되기도 한다. 그러므로 거경은 유교의 수양에서는 가장 근원적인 것이다. 그리하여 퇴계는 "대저 사람이 학문을 함에 있어 일이 있고 없음과 뜻이 있고 없음을 막론하고 오직 경(敬)으로써 주를 삼아야 한다."고 하여 거경의 절대성을 강조하였다. 이와 같은 경의 절대시는 불교의, 특히 선종(禪宗)의 자극에 의하여 발안된 유교적 수행의 한 방안이라고 볼 수 있다. 퇴계는 그의 「성학십도차」(聖學十圖箚)에서 "경을 간직한다는 것은 사학(思學)을 겸하고 동정(動靜)을 관통하는 일이며 내외(內外)를 합하고 현미(顯微)를 하나로 하는 도입니다." 라고 하여

경의 근원성을 강조하고 「대학도설」(大學圖說)에서는 "경은 일심(一心)의 주재이며 만사의 본근이다." 라고 하였다. 그렇다면 그 경에 도달하기 위한 방법이란 어떠한 것인가?

① 정제엄숙(整齊嚴肅) 퇴계는 경에 관한 해설들 즉 정제엄숙·주일무적·정신이 항상 맑고 또렷하게 깨어있어야 한다는 상채(上蔡) 사량좌(謝良佐, 1050~1103)의 상성성법(常惺惺法)·마음을 수렴하여 일물도 허용하지 않아야 한다는 화정(和靖) 윤돈(尹焞)의 기심수렴불용일물(其心收斂不容一物) 이라는 사조설(四條說)을 들고 그것이 결국 별개의 것이 아니라 하나로 통하는 것이라 하고 우선 정제엄숙을 실천함이 좋으리라고 권하였다.

명도(明道) 정호(程顥, 1032~85)가 설한 정제엄숙은 심신을 엄숙하게 가지는 것이다. 경이 물론 내적 정신적 전일(專一)을 추구하는 것이기는 하나 내적 전일이 외적 규제와 상호작용을 하는 것이다. 그러므로 가장 가까운 방법으로 외적 정제를 요구하게 된다. 「경재잠」(敬齋箴)에서 "의관을 바르게 하고 눈매를 존엄하게 하며 마음을 가라앉혀 가지고 있기를 상제를 대하듯 하라."(正其衣冠, 尊其瞻視, 潛心以居, 對越上帝)는 것을 제일 먼저 제시함도 그러한 이유에서라고 할 것이다.

그렇다면 정제엄숙을 실천하는 구체적 방안은 무엇일까? 퇴계는 그 실천 방안으로 안회(顔回)의 "예가 아니면 보지도 듣지도 말하지도 움직이지도 말라"(非禮勿視聽言動)는 것을 들고 있다. 이것은 사회적 규범에 충실할 것과 처신의 은인자중을 강조한 것이다. 이의 실천을 오래 계속하면 자연 우리의 마음이 이법에 익숙해지고 따라서 우리의 마음이 순일하게 되어지기 마련이다. 그것은 곧 경으로 나아가는 길이다. 정제엄숙이 경의 방법으로 강조되는 까닭도 이러한 이유에서인 것이다.

② 주일무적(主一無適) 주일무적은 이천(伊川) 정이(程頤, 1033~1107)의 경에 대한 해석이다. 그 해석 자체가 바로 그 방법을 나타내는 것이기도

하다. 주일무적이란 마음이 한 가지 사실에 전일케 되어 다른 것에 흩어지지 않음을 뜻함이다. 퇴계도 이 주일무적을 역설하였다.

> 경이란 무엇인가? 주일(主一)을 이름이다.

> 한 그림에 관하여 생각할 때는 마땅히 그 그림에 전일해서 딴 그림이 있음을 알지 못하는 듯이 하고 한 가지 일에 관하여 익힐 때에는 마땅히 그 일에 전일해서 마치 딴 일이 있음을 알지 못하듯 해서 아침에나 저녁에나 항상 그러해야 하고 오늘에도 내일에도 항상 그러해야 합니다.

주일무적이란 즉 당면한 일에 전심하는 것이며 공연한 안배를 피함이다. 그것은 곧 「경재잠」의 "일을 당하여서는 그 일에만 마음을 두어 그 마음씀을 딴 데로 가지 않도록 하라(當事而存, 靡他其適)"는 것과 같은 의미이다. 그런데 한 가지 사실에 전일한다고 해서 그것에 집착되어서는 아니된다. 주일무적 해야겠다고 바싹 정신을 긴장시켜 한 가지 일에 정신을 집중시키는 것, 그것이 곧 착의(着意)이다. 그리하면 이미 그것은 자연스럽고 순일한 정신상태는 아니다. 다시 말해서 참다운 경이 되지는 못한다. 그렇다고 방일하고 허탄해져서도 안 된다. 그러므로 착의도 착의 아닌 것도 아닌 다시 말해서 착의도 착의 아닌 것도 넘어선 자연스럽고 본래적인 마음의 자세로 돌아올 때 경은 획득되는 것이라 할 것이다.

③ 물망물조(勿忘勿助) 퇴계는 제자에게 당부하는 글에서 "다만 때에 따르고 일을 좇아 힘써 잘 처리해 가는 공을 쌓되 물망물조해서 경의(敬義)를 아울러 가지고 조금도 쉼이 없는 것이 가장 긴절(緊切)한 공부이다." 라고 말하고 있다. 물망물조는 원래 『맹자』(孟子)의 '호연지기'(浩然之氣)를 설명하는 가운데 나오는 구절인 '일을 함에 있어 반드시 미리 예단하지 말고 마음에 잊지 말며 조장하지도 말고 송나라 사람같이 하지 말지니라(必有事焉而勿正, 心勿忘, 勿助長也, 無若宋人焉', 「공손추」(公孫丑) 上)에

서 유래한 말이다. 이 표현은 본래 맹자가 호연지기를 키우는 방법으로 주장했던 것인데 송대에 와서는 그 법이 그대로 지경(持敬)의 방법으로 채용된 것이다. '물정'의 정(正)을 주자(朱子)는 예기(豫期)라 하여 우리가 사물을 대할 때 그 일이 어떻게 되리라는 것을 앞질러 예단하지 말라는 뜻이라고 했다. 예기함은 이리저리 안배함이니 거기에 사의(私意)가 개입되어 순수하고 전일한 경이 될 수 없는 것이다.

'물망'은 그 일을 잊지 않고 그윽이 마음속에 간직함을 뜻한다. 잊지 않음은 생각을 간직함이다. 즉 존심(存心)하고 명심(銘心)함이다. 존심은 바로 경으로 나아가는 길이다. 그러므로 송대(宋代)에는 '존심'이 매우 강조되었다. 존심양성(存心養性) 등의 용어의 빈번한 사용례가 그것을 나타내고 있다. 그런데 이 존심 공부는 심이 함부로 방일(放逸)되지 않고 내 속에 간직될 때 나의 주체성이 행사되어진다. 그리고 존심이 철저하면 철저할수록 나의 주체성도 따라서 확고해진다.

우리의 용어에 '심주(心柱)가 굳다'는 말이 있다. 존심은 곧 조심(操心)이다. 이 '존심' 또는 '심주가 확고히 되어 간다는 것'은 곧 선의지가 확고해져 간다는 의미이기도 하다. 왜냐하면 유교의 정통사상은 성선(性善)이기 때문이다. 확고한 선의지가 기둥처럼 확고해지는 이러한 경지는 유가적 공부의 궁극처이다. 그런데 이 경지의 응결에까지 이르는 데는 마음의 소재를 잊지 않는 오랜 물망의 공부가 있어야 하는 것이다. 여기에 물망이 강조되는 까닭이 있다.

물조장은 무리를 하지 말라 함이다. 맹자는 조장의 예로서 송나라 사람이 자라지 않은 곡식이 민망하여 하나하나 뽑아 올렸더니 그대로 시들어 버렸다는 이야기를 인용하였다. 양기(養氣)에 있어 무리한 조장은 그만큼의 기의 결핍을 동반하기 마련이다. 그러므로 조장은 배제되어야 한다. 그런데 존심에서도 이치는 마찬가지이다. 조장은 곧 무리한 정신의 집중을 뜻하는 것이며 그것은 필연적으로 그만큼의 해이를 수반하기 마련이다.

물망물조는 즉 정신의 방일함도 무리한 집중도 피하고 허명한 마음의 본체를 밝히려는 노력이다. 그것이 곧 경으로 나아가는 길이다.

④ 적구점숙(積久漸熟) 적구점숙은 문자 그대로 오래 쌓음으로써 점차 완숙해져 간다는 뜻이다. 적구점숙은 궁리의 방법 중 침잠완색 가운데 은연중 뜻이 포함되어 있는 것인데 거경의 방법으로도 중요한 의미가 있다.

우리는 학문하는 과정에서 간혹 확연한 순간을 맛보게 되고 스스로 만족스러운 경험을 가지는데 다시 별개의 상황에 처하면 새로운 의혹을 가지게 되기 마련이다. 그것은 깨달음이 철저하지 못하기 때문이다. 다시 말해서 깨달음이 완숙하지 못하기 때문이다. 그는 이 점을 지적하였다.

> 평안하고 조용한 가운데서 명쾌하고 시원함을 느끼고 그 상태가 그대로 지속될 듯 여겼는데 갑자기 부질없는 일이 한 가지 닥칠 때 응접함에 있어 조금이라도 점검하지 않으면 그만 (그 명쾌함이) 없어져버리니 그 이유는 다름 아니라 완숙하지 못하기 때문이다.

완숙하지 못함으로 인하여 명쾌한 경지가 사라져버린 것에 대해 실망할 필요는 없다. 공부만 부단히 쌓으면 그 성공은 필연적인 것이다. "애써 노력하기를 오래 계속해서 그치지 않으면 어찌 성공하지 못할 것을 근심하겠는가?" 라고 하여 노력만 하면 기필코 성공할 수 있음을 확신시키고 더욱 그 노력을 강조하여 "점진적인 노력을 쌓아 완숙하려면 그 효과를 가까운 시일에 구하지 말고 얻지 않고는 그만두지 않는 자세, 즉 종신사업으로 삼아야 한다."고 하였다. 이와 같은 구도자의 자세로서 지성스러이 공부하면 마침내 확고부동하는 명쾌한 경지에 머무를 수 있는 것이다. 그러므로 퇴계는 "다만 묵묵히 공부를 해서 전진하기를 그치지 않고 오래오래 학습을 쌓아서 마침내 완숙한 지경에 이르면 자연히 마음(心)과 이치

(理)가 하나가 되어 때로 포착하기도 하고 때로 잃어버리기도 하는 그러한 병폐가 없어질 것이다." 라고 하였다. 적구는 말하자면 침잠완색을 계속 쌓음이다. 그리하여 그 경지가 점차 완숙해지는 것이 점숙이다. 그런데 완숙한 경지란 어떠한 경지인가? 흙덩이에 물이 흠뻑 배이듯이 마음과 이치가 완전히 융합됨이다(心與理一). 여기서는 주관과 객관의 분화를 넘어선 혼연한 전체가 있을 뿐이다. 이것이 동양적 지혜의 궁극처이다.

◆ 생각하기 ••••••••••••••••••••••••••••••••

1. 퇴계의 경 사상이 일본을 비롯한 여러 나라에서 각광을 받는 이유는 무엇인가?

퇴계학파의 전개

고려 말에 도입된 중국의 성리학이 16세기 후반 영남에서는 퇴계학파와 남명학파로 양대 산맥을 형성하였는데 인조반정 이후 내암(萊庵) 정인홍(鄭仁弘, 1535~1623)이 반역 죄인으로 몰리면서 남명학파(南冥學派)는 몰락의 위기에 처하였다. 그리하여 남명학파는 정인홍을 대신하여 한강 정구를 적전으로 부각시켰다. 그러나 한강은 이미 미수 허목에 의해 퇴계학파의 적전으로 인정되고 있었으므로 남명학파의 이러한 움직임은 결국 남명학이 퇴계학과 대등한 위치를 유지하기 어렵게 되는 계기가 되었다. 더욱이 정인홍의 연원이 남명(南冥) 조식(曺植: 1501~1572, 본관은 창녕)에게 소급되자 한강의 문하생들은 스스로 퇴계의 연원임을 자처하고 남명의 연원임을 거부하게 됨으로써 남명학파의 정맥은 자취를 감추게 되었다.

남명학은 모든 사상과 학문을 하나로 융합하는 초탈원융(超脫圓融)의 입장에서 현실을 내려다보고 현실사회에 필요한 의리와 예법을 강조한 것에 그 특징이 있었다. 이러한 특징들은 음양으로 후대에 영향을 끼치게 되었는데 한말의 심재 조긍섭이 남명을 평하여 "그 광대하고 고명함은 조선의 유학자 가운데 비교할 자가 드물다."고 한 것은 남명학의 예학이 후대에 영향을 끼친 한 예라 하겠다.

예란 사람의 삶의 양식에서 나타나는 규범이다. 이러한 규범은 자유를 속박하는 요인으로 인식되기 쉽다. 그러나 모든 것을 초탈한 입장에서 가장 순수한 삶을 영위하는 방법으로 나타나는 외적 행동양식도 역시 예로 이해되므로 남명이 설명하는 예의 내용은 후자에 속할 것이다. 이러한 예의 정신은 자유를 실천하는 방편이 된다. 이러한 의미에서 남명의 예사상은 큰 의미를 갖는다고 하겠다.

남명의 예사상은 허목에게 전해져 사계(沙溪) 김장생(金長生, 1548~1631)의 예사상과 더불어 예송(禮訟)을 일으키기기도 하였지만 남명의 예사상을 바로 이해할 수 있는 문헌이 남아있지 않기 때문에 그 자체를 알기 어려운 문제점이 있다.

또한 남명학의 입장은 죽음까지도 초월할 수 있는 고상한 철학을 제공하면서 한편으로 현실적 의리사상은 불의와 타협하지 않도록 하는 강렬한 비판정신을 불러일으키는데 이러한 정신이 임진왜란 때 왜군에 저항하는 의병운동으로 이어졌다. 임진왜란 때의 의병 중 남명의 문인들이 일으킨 의병이 가장 왕성하였던 이유가 여기에 있다. 이러한 의의를 지닌 남명학파이지만 17세기 후반부터 거의 퇴계학파에 통합되다시피 하여 그 이후로는 퇴계학파만이 영남학파를 대표하게 되었으므로 여기에서는 퇴계학파를 중심으로 살펴보고자 한다.

퇴계학의 성격 목은(牧隱) 이색(李穡, 1328~96)에서 시작된 한국의 성리학에서 학문의 출발점이 되었던 것은 유한한 인생에 대한 무상감을 극복하는 것이었다. 이러한 전통은 퇴계에게도 그대로 계승된다. 따라서 퇴계학의 성격은 우선 죽음을 극복하는 논리로 나타난다. 친우나 지인의 죽음을 들었을 때의 슬픔은 곧 자신의 죽음에 대한 슬픔으로 다가오기 때문에 친우·지인의 죽음을 보고 학문에 더욱 정진하였다고 할 때의 학문은 죽음을 극복하는 논리체계로 볼 수 있다.

퇴계에게서 기는 생사가 있는 것 리는 생사가 없는 것으로 파악되었다. 따라서 퇴계학에 있어 죽음을 극복하는 논리는 리의 세계와 합일하는 것으로 귀결된다. 인간존재의 두 요소 중에서 생로병사가 있는 것은 몸이기 때문에 퇴계에게 인간의 몸은 기로 파악된다. 그리고 인간의 마음에도 변하는 마음과 변하지 않는 부분이 있는데 변하는 마음은 기에 속하고 불변하는 마음은 리에 속한다고 할 수 있다. 이러한 논리에서 보면 죽음을 극복하고 인생의 유한성을 극복하는 길은 자신의 마음속에 있는 불변하는 마음을 회복하여 그 마음에 입각한 삶을 영위하는 것으로 귀결된다. 그러므로 퇴계의 철학은 불변하는 마음을 회복하는 것으로 집약될 것이다.

불변하는 마음을 회복하는 것을 퇴계는 마음과 리가 하나가 되는 것으로 표현한다. 실제로 마음과 리를 일체화하여 하늘과 하나인 본래의 모습으로 돌아간 자가 바로 성인이다. 그러므로 퇴계에 있어 학문의 과제는 마음의 본체를 온전히 하여 리와 일체가 되는 것이고, 구체적으로는 성인이 되는 것으로 귀결된다. 이러한 의미에서 보면 퇴계학은 성인이 되기 위한 수양의 과정으로 이해되기 때문에 퇴계학의 중핵을 이루는 것은 수양론이다.

수양을 통하여 성인이 되면 하늘과 하나인 본래의 모습을 회복한다. 또한 만물이 모두 하늘과 하나로 연결되어 있기 때문에 성인이 된 사람은 만물과도 하나가 된다. 만물과 하나가 되어 만물을 내 몸처럼 아끼고 사랑하는 마음을 갖는 것이 인(仁)이다. 인은 인의예지의 네 가지로 세분해서 이해할 수 있다. 이 인의예지가 발현된 것이 사단(四端)의 정(情)이다. 인간의 정이 사단의 정으로 충만되어 있으면 그것은 인의예지가 온전하게 실현되고 있는 것이므로 현실적으로 인의예지를 온전하게 실현하는 방법은 마음속을 사단의 정으로 가득 채우는 것이다. 그러므로 퇴계의 수양론의 중심은 인의예지를 실현하는 것에서 사단의 정을 확충하는 것으로 바뀐다. 그리고 사단의 정을 확충하는 방법을 퇴계는 경(敬)을 간직하는 것으로 통일시켰다. 경을 간직한다는 것은 항상 마음에 잡념이 들어가지 않도록 경건한 마음을 유지한다는 것이다.

경을 유지하는 공부가 원숙해져서 일체의 잡념을 가지지 않고 남과 하나가 되는 마음의 본질에서 생을 영위한다면 마음속에 남을 나로 여기고 만물을 나로 여기는 마음이 충만하여 그 마음이 몸 밖으로 배어나온다. 그렇게 되면 신체부자유자나 불쌍한 병자들까지를 내 몸처럼 느끼게 되는 것이니 이것이 퇴계가 말한 바의 인의 도를 실현하는 것이다. 수양철학을 완성한 퇴계는 몸소 인을 실천하였다. 그는 사랑의 힘으로 많은 사람들을 교화시켰다. 그의 문하에는 구름처럼 사람들이 몰려왔다. 그리하여 그의 문하생들을 중심으로 그의 수양철학을 잇는 학파가 형성되기에 이르렀다.

퇴계학파의 성립과 전개 퇴계의 제자는 『도산제현급문록』(陶山及門諸賢錄)에는 310명으로 기록되어 있고 『전고대방』(典故大方)에는 306명으로 기록되어 있다. 이 중 영남지방의 문하생 수는 190여명에 이르고 있으며 특히 안동지역의 학자가 105명에 이르고 있다. 이에서 보면 명종 때와 선조 때의 많은 선비들이 지역과 당파를 초월하여 퇴계의 문하에서 수학하였음을 알 수 있다. 많은 제자들 가운데 퇴계문하의 세 영수로 월천(月川) 조목(趙穆, 1524~1606)·학봉 김성일·서애 유성룡 등을 들기도 하고 여기에 백담(栢潭) 구봉령(具鳳齡, 1526~86)을 포함하여 4대 문인으로 지칭하기도 한다. 또 학문적 계보를 형성한 제자로는 학봉·서애·한강·죽천(竹川) 박광전(朴光前, 1526~97) 등을 들기도 하지만 그 문맥의 왕성한 점을 들어 통상 서애·학봉·한강 등의 세 계열을 든다. 이 세 계열의 특징과 학맥을 약술하면 다음과 같다.

1) 한강(寒岡) 정구(鄭逑: 1543~1620, 본관은 청주)

한강은 성주 출신으로, 남명과 퇴계 양 문하를 출입하였으나 남명 연원으로 자처한 동강(東岡) 김우옹(金宇顒: 1540~1603, 본관은 의성)과 동향이다. 13세 때 성주향교의 교수이었던 덕계(德溪) 오건(吳健, 1521~74)에게서 배웠다. 덕계는 남명과 퇴계 및 하서(河西) 김인후(金麟厚, 1510~60)의 문하에서 두루 배운 인물이었다. 한강이 나중에 남명과 퇴계의 문하를 왕래한 것도 덕계의 영향을 받았기 때문일 것이다. 한강은 예학에 특히 밝았고 경학과 의학 및 병학에도 뛰어났다. 한강도 동강처럼 남명과 퇴계 양 문하에 출입하였으나 동강과 달리 자신을 퇴계 연원으로 자처하였다. 학문과 덕행이 훌륭하여 사림의 존경을 받았으며 교우 및 문인으로 여헌(旅軒) 장현광(張顯光: 1554~1637, 본관은 인동)·송암(松菴) 김면(金沔, 1541~93)·동계(桐溪) 정온(鄭蘊, 1569~1641) 등 60여 명이 있다.

그 중 여헌 장현광이 가장 뛰어났다. 여헌의 학문이 미수(眉叟) 허목(許穆, 1595～1682)으로 이어지면서 퇴계학이 기호지방으로 전파되는 계기가 되었다. 그 뒤 성호(星湖) 이익(李瀷, 1681～1763)이 허목을 사숙하였기 때문에 퇴계학의 학통이 다시 실학으로 발전하는 계기가 되었다. 성호에서 다시 사승관계가 순암(順庵) 안정복(安鼎福, 1712～91)·하려(下廬) 황덕길(黃德吉, 1750～1827)·성재(性齋) 허전(許傳, 1797～1886)·방산(舫山) 허훈(許薰, 1836～1907)으로 이어진다.

2) 서애(西厓) 류성룡(柳成龍: 1542～1607, 본관은 풍산)

서애는 안동의 하회 출신으로 임진왜란이 일어나기 전에는 퇴계의 문하에서 수양철학에 전념했으나 임진왜란이 발발하자 영의정에 올라 국무와 군무를 동시에 수행하여 국난을 극복한 중심적인 역할을 하였다. 임진왜란이 끝난 뒤에는 강학과 저술에 전념하여 퇴계학파의 학통을 계승하는데 노력하였다. 그는 정치에 깊이 관여하였기 때문에 그의 저술에는 성리학에 관한 이론보다 시사와 경세에 관한 것이 많다. 이 때문에 서애의 성리설을 규명하려고 한다면 어려움이 많지만 그의 학문은 대체로 퇴계학을 계승하여 수양철학을 강조하고 수양을 토대로 한 경세를 피력한 것이다.

문인으로는 우복(愚伏) 정경세(鄭經世, 1563～1633)·창석(蒼石) 이준(李埈, 1560～1635)·학호(鶴湖) 김봉조(金奉祖, 1572～1630) 등 10여명이 있으나 상주출신인 우복이 으뜸이다. 우복의 문하에 수암(修岩) 류진(柳袗, 1582～1635)과 백졸암(百拙菴) 류직(柳稷, 1602～62) 등이 있고 뒤에 활재(活齋) 이구(李榘, 1613～59)로 이어진다. 한말에 이르러 계당(溪堂) 류주목(柳疇睦, 1813～72)이 우복을 사숙함으로써 서애의 학통을 이었고 방산 허훈이 계당의 학통을 이음으로써 방산은 서애 계열의 학통과 한강 계열의 학통을 모두 이어 종합하는 역할을 하였다.

3) 학봉(鶴峰) 김성일(金誠一: 1538~1607, 본관은 의성)

학봉은 안동의 천전(川前, 내앞) 출신으로 임진왜란 때 보주성 방어에 힘쓰다가 순절하였다. 일본에 통신부사로 다녀와서 병화가 없을 것이라고 주장한 것 때문에 후대의 평가가 분분한 점이 있으나 그의 강직한 지절, 일본 사행에서의 주체적 외교 활동, 항일 의병활동 등이 긍정적으로 칭송되고 있다. 문집이 있으나 대부분 시문이나 언행록이고 성리설이나 이기설 등 철학적 이론체계에 관한 구체적 내용이 남아있는 것이 거의 없기 때문에 그의 사상적 특징을 밝히기는 쉬운 일이 아니다. 그러나 그의 독실한 성품과 강직한 지절은 남보다 뛰어난 점이 있었다. 그의 문하에 늘 문인들이 홍성하였던 이유는 그의 학문 이외에도 이러한 그의 인간미와 관계가 있을 것이다.

그의 대표적인 문하생으로는 경당(敬堂) 장흥효(張興孝, 1564~1633, 본관은 안동)·운천(雲川) 김용(金涌, 1557~1620)·기봉(岐峰) 유복기(柳復起, 1555~1617) 등 수인이 있으나 경당이 으뜸이다. 경당은 처음에 학봉·서애를 사사하고 뒤에 한강의 문하에서 학문을 닦았으므로 명실 공히 퇴계학의 정맥이라 할 수 있다. 이러한 경당의 학문은 사위이자 갈암 이현일의 부친인 석계(石溪) 이시명(李時明, 1590~1674)과 갈암의 중형이자 스승이기도 한 존재(存齋) 이휘일(李徽逸, 1619~72)을 거쳐 갈암 이현일에게 이어지게 된다. 갈암의 제자로 밀암 이재가 있고 밀암에서 다시 대산 이상정으로 이어지며 대산에서 다시 손재 남한조로 이어지고 손재에서 다시 정재 류치명으로 이어지며 정재에서 다시 서산 김흥락으로 이어진다. 학봉의 계열은 영남에 있으면서 퇴계의 수양철학을 계승하였기 때문에 일반적으로 학계에서는 학봉계열을 퇴계학의 정맥으로 인정한다. 이 외에도 퇴계를 사숙한 한주 이진상이 있고 또 여헌 장현광을 사숙한 사미헌(四未軒) 장복추(張福樞, 1815~1900)가 있다. 다음은 퇴계학파의 정맥이다.

① 갈암(葛菴) 이현일(李玄逸: 1627~1704, 본관은 재령)

갈암은 현재의 영덕군 창수면 인량동에서 출생하여 성장하였으나 만년에 안동의 임하면 금소동에 살면서 후진양성에 힘써 안동지역의 학문발전에 큰 업적을 남겼다. 어머니는 경당 장흥효의 딸로 나중에 정부인에 오른다. 일찍이 외조부인 경당 장흥효에게 수학하여 성리학에 정진하였으며 아울러 도덕적 실천을 강조하였다.

갈암은 퇴계의 리 중심의 성리학을 계승하여 리를 도덕사회의 가치기준이며 만물생성의 근원으로 이해하였다. 사단과 칠정도 그 소종래의 근본이 다르므로 리가 주가 되는 사단과 기(氣)가 주 되는 칠정을 엄밀하게 대립시켜 보아야 한다는 이원론적 입장을 견지하였다. 그리고 인간의 인심과 도심도 비록 같은 심이지만 인욕과 천리의 분별이 있으므로 마땅히 나누어 보아야 한다는 입장에서 율곡설을 비판하였다.

갈암은 무엇보다도 도덕정치의 주창자였다. 많은 저술과 진강(進講)에서 정치를 덕으로써 하기 위해서는 이기(利己)를 버리고 천리(天理)를 회복하여야 하는데 그것을 위해서는 궁리가 순수하고 생활이 경건해야 할 것이라고 말하였다. 후학에 의해 실질적인 영남학파의 창시자로 인정되어 영남유림 절대숭상의 상징으로 간주되고 있다. 그것은 갈암이 자신의 형제들인 존재 이휘일 · 항재(恒齋) 이숭일(李崇逸, 1631~98)과 함께 조선후기 성리학의 가장 큰 논쟁이 된 '인물성동이론'(人物性同異)을 촉발시켰기 때문이기도 하다. 인물성동이론은 기호학파에서보다 반세기쯤 앞서 문제를 제기했던 것으로도 유명하다. 결국 이 형제간의 논쟁은 기호지역의 노론계열 학자들에게 이어져 100년 이상 계속되었다. 그의 문인들 중에는 밀암 이재를 비롯하여 창설재(蒼雪齋) 권두경(權斗經, 1654~1726) · 소한(素閑) 권두기(權斗紀, 1647~84) · 병곡(屛谷) 권구(權榘, 1672~1749) · 제산(霽山) 김성탁(金聖鐸, 1684~1748) 등 저명한 사람이 많으나 그의 학통은 그의 아들 밀암 이재로 이어진다.

② 밀암(密菴) 이재(李栽: 1657~1730, 본관은 재령)

밀암은 갈암의 셋째 아들로 영양의 수비에서 출생하였다. 그는 아버지 갈암에게서 학문을 전수받아 리 중심의 퇴계학을 계승하였다. 어려서 둘째 큰아버지 존재에게 배우고 성년이 되면서 작은아버지 항재에게도 스승의 예를 갖추었다. 존재 이휘일이 밀암에게 태극과 『중용』을 강학하면서 감탄하는 말이 "이 아이의 견식(見識)에 나는 따를 수 없다." 하였다. 이후 성장하여 선대의 갈암 학통을 이은 성리학자이자 밀암 학설로 일가견을 세운 석학이 되었다. 당시 나라에서 밀암을 영남 제1인자로 천거하여 크게 등용하고자 했으나 끝내 응하지 않고 학문에만 뜻을 두었다.

그는 퇴계 이래의 리 중심의 이기설을 더욱 분변하여 선현의 미발처(未發處)까지 언급하였다. 밀암이 이발(理發)에 대한 근거를 주자의 이동설(理動說)에서 찾아 리는 기의 작용에 의하지 않고 리 자체만으로도 일용동정(日用動靜)의 체용이 갖추어진다고 주장한 것이 바로 그것이다. 즉 리에는 기가 동정할 수 있는 동정인(動靜因)이 있기 때문에 다른 구체적인 물질에 의하지 아니하고서도 이발이 가능하다는 것이다. 이러한 이론을 바탕으로 밀암은 퇴계의 호발설(互發說)을 지지하고 율곡의 기발일도설(氣發一途說)을 비판하는 입장을 취하였다. 밀암의 문인으로는 외손인 대산 이상정과 소산(小山) 이광정(李光靖, 1714~89) 형제·구사당(九思堂) 김낙행(金樂行, 1708~66) 등 60여명이 있으나 그의 학통은 외손인 대산으로 이어진다.

③ 대산(大山) 이상정(李象靖: 1710~1781, 본관은 한산)

대산은 목은 이색의 15대손으로 안동군 일직면 소호 출신이다. 밀암의 수제자이자 외손으로서 퇴계학의 정통을 계승하여 그 이론을 더욱 심화시켰으므로 소퇴계라고 불리어지기도 하였다. 그는 이기의 관계나 동정(動靜)의 문제에 대하여 객관적이면서도 종합적인 입장에서 이해하였다. 즉 이기의 분개설과 혼륜설은 각각 다른 것이 아니라 한 가지 현상을 보는 두 측면일 뿐이라는 것이다. 또 이기의 동정에 있어서도 동정하는 현상 그 자체로 볼 때는 '기동정'(氣動靜)이지만 동정하게 하는 주재의 입장에서 본다면 '이유동정'(理有動靜)이라는 것이다. 본래의 리는 궁극적으로 모든 사물을 주재하므로 스스로도 능히 발용할 수 있는 활물이라는 새로운 학설을 제시하였다. 그것은 이와 기의 동정 가운데 리의 묘(妙)만을 강조한 것이라 하겠다. 즉 리는 무위 가운데서의 위이고 부재하는 가운데서의 재(在)이라는 의미에서의 묘가 된다는 입장에서 리의 능동성을 말한 것이다.

아울러 덕성을 배양하는 일용궁행(日用躬行)의 실천적 공부도 중시하였으며 일용평상(日用平常)의 도리인 유학의 본지로 돌아가는 일을 몸소 실천하였다. 그의 문인은 손재(損齋) 남한조(南漢朝: 1744~1809, 본관은 의령)를 거쳐 노애(蘆厓) 류도원(柳道源, 1721~91) · 입재(立齋) 정종로(鄭宗魯, 1738~1816) · 광뢰(廣瀨) 이야순(李野淳, 1755~1831) 등 200여 명을 넘으나 그의 학통은 손재를 거쳐 정재 류치명으로 이어진다.

④ 정재(定齋) 류치명(柳致明: 1777~1861, 본관은 전주)

정재는 대산의 외손으로 일직에서 출생하였다. 어려서 종조인 동암(東巖) 류장원(柳長源, ?~?)에게 수학하였고 20세 때 손재의 문하에 들어갔다. 그는 대산의 '활물설'(活物說)을 계승하여 리 중심의 퇴계철학을 더욱 발전시켰다. 그는 리에는 능히 동정할 수 있는 신묘한 작용이 있다고 봄으로써 리 스스로의 동정으로부터 음양오행의 기가 생긴다고 하였다. 즉 리는 우주생성의 주체가 될 뿐만 아니라 심(心)의 본체가 된다고 하여 기가 없는 리의 동정만으로 천도의 유행을 설명하기 시작한 것이다. 그리고 또한 기의 역할과 가치를 격하시키고 리의 역할과 가치를 강조함으로써 리 중심의 철학을 더욱 강화시켰다.

그의 문인은 한주(寒洲) 이진상(李震相: 1818~1886, 본관은 성산) · 척암(拓庵) 김도화(金道和, 1825~1912) · 서산 김흥락 · 서파(西坡) 유필영

(柳必永, 1841~1924) 등 150 여명에 이른다. 이 가운데 한주는 성주 지역을 중심으로 하여 독자적 학문 계보를 형성하여 한말 도학파의 한 줄기를 이루어 면우(免宇) 곽종석(郭鍾錫: 1846~1919, 본관은 현풍)·심산(心山) 김창숙(金昌淑, 1879~1962) 등에게로 그 학통이 이어진다. 안동지방에서 정재를 계승한 학맥은 서산 김흥락으로 이어진다.

⑤ 서산(西山) 김흥락(金興洛: 1827~1899, 본관은 의성)

서산은 정재의 문하에서 수학하여 퇴계학파의 정맥을 계승한 한말의 마지막 거봉이었다. 그는 이기론에서 리 중심의 철학을 취하였으나 그의 학문적 관심은 순수이론의 추구에 있었던 것이 아니라 도덕적 인격완성을 위한 자기성찰에 있었다. 이러한 입장에서 그는 『입학오도』(入學五圖)를 지어 도학정신에 입각한 학문방법을 체계적으로 구성하여 천명하였다. 또한 그는 지경설(持敬說)을 깊이 연구하였는데 그 연구를 바탕으로 「경재잠집설도」(敬齋箴集說圖)를 작성하여 내면적 수양에 힘썼다.

그의 문인은 석포(石圃) 김동진(金東鎭, 1867~1952)을 위시하여 성재(省齋) 권상익(權相翊, 1863~1935)·심재(深齋) 조긍섭(曺兢燮, 1873~1933)·석주(石洲) 이상룡(李相龍, 1858~1932) 등이 저명하다. 이들 중에서 석포가 그 학파의 정맥을 이어갔다. 그러나 외세가 밀어닥치는 한말의 상황에서 대부분의 문하생들은 학문의 길을 버리고 항일의병에 가담하거나 독립운동에 헌신하는 등 구국의 길로 나아갔다.

영남학파의 순기능 퇴계학파와 남명학파에 의한 영남학파의 확립으로 말미암아 조선사회에는 많은 변화가 일어났다. 그 이전까지의 학자들은 중국의 학자들과 중국의 학계에 관심을 기울였으나 기호학파의 성립과 더불어 영남의 양 학파가 형성된 이후에는 학자들의 관심의 대상이 퇴계와 남명 및 율곡의 삼인에게 기울어지게 되었다. 특히 퇴계의 도덕철학과 남명의 실천철학은 성리학을 바탕으로 한 삶의 양상이 한국사회에 정착하는데 많은 역할을 하였다. 그 결과 조선사회는 성리학적 도덕사회로 변모하고 국난을 극복하는 의리정신이 정착하게 되었다.

1) 도덕사회의 확립

퇴계 · 율곡 · 남명의 출현으로 한국 성리학은 최고의 수준을 이루게 되고 성리학적 민중교화가 효과를 드러내기 시작하여 성리학적 가치관과 삶의 방식은 전 국민에게 확산되어갔다. 국립학교인 360여 향교와 사립학교인 수많은 서원에서 성리학을 가르쳤으며 마을마다 서당이 생겨 아동들을 가르쳤다. 또한 향규(鄕規) · 향약(鄕約) · 동약(洞約) 및 각종 계(契)가 널리 보급되었다. 이러한 향규나 향약은 성리학의 발달과 함께 보급된 일반적인 현상이다. 그런데 이러한 운동의 선도적인 역할을 한 곳이 영남지방이었다. 향규 · 향약 · 동약 등을 제정하는 주체는 항재 이숭일 같은 각 고을의 향촌사회를 이끌었던 토착 선비이었기 때문에 그 대두 시기는 고을에 따라서 각각 다른 것였다. 전 지역에 두루 보급된 것은 17세기가 되어서였다.

이 두 가지 기능, 즉 서당이나 서원에서의 성리학의 교육과 향규나 향약 등을 통한 성리학적 도덕사회의 건설로 말미암아 성리학적 사고와 성리학적 삶의 방식이 거의 전 백성에게 확산되었다. 이로 말미암아 많은 백성들이 군자의 모습을 갖추게 되었다. 그리하여 미풍양속이 일반화되고 많은 국민들이 의리와 교양을 갖추게 되었다. 집집마다 서적이 있고 글 읽는 소리가 끊어지지 않았다. 당시의 한국인은 세계에서도 가장 앞선 문화적 선진국이었다. 한국인에게 일반화된 의리와 교양은 국가의 위기를 극복하는 저력이 되었다. 나라가 위기에 처할 때마다 나라를 구하기 위해서 의병이 전국적으로 일어난 것도 이러한 이유 때문이다. 조선이 내부에 여러 가지 모순이나 어려운 점을 내포하고 있으면서도 500년을 유지할 수 있었던 원동력은 전국의 백성들에게 스며든 이러한 도덕정신 때문으로 이해할 수 있을 것이다.

2) 국난극복의 원동력

임진왜란이 일어나자 전국에서 유림들의 의병이 일어났으나 특히 영남 지방에서는 퇴계 · 남명 양 학파가 경상좌도와 우도를 중심으로 의병운동을 선도하는 역할을 담당하였다. 특히 퇴계학파의 김성일과 남명학파의 정인홍 등이 그 중심이 되었다. 전국에서 의병활동이 가장 먼저 일어났고 가장 활발하였던 곳은 남명학파에 의해서 주도된 경상우도에서였다. 남명학파로 의병에 참여하였던 사람은 내암 정인홍 · 송암(松庵) 김면(金沔, 1541~93) · 망우당(忘憂堂) 곽재우(郭再祐, 1552~1617) · 대소헌(大笑軒) 조종도(趙宗道, 1537~97) · 송암(松巖) 이로(李魯, 1544~98) · 탁계(濯溪) 전치원(全致遠, 1527~96) · 황암(篁巖) 박제인(朴齊仁, 1536~1618) · 영무성(寧無成) 하응도(河應圖, 1540~?) · 이정(李瀞, ?~?) · 매와(梅窩) 노순(盧錞, 1551~?) · 부사(浮査) 성여신(成汝信, 1546~1632) · 설학(雪壑) 이대기(李大期, 1551~1628) 등을 위시하여 200여명에 이르렀다.

남명학파로서 창의한 문사들은 각기 거주지 중심으로 가장 · 복병장 · 의병장 · 가수(假守) · 수성장 · 향병장 등의 직함을 가지면서 다양한 신분의 용사들을 효과적으로 조직 · 동원하여 많은 전과를 올렸다. 남명학파의 의병장들은 경상우도라는 역사적 전통과 남명의 사상적 · 학문적 감화를 깊게 받아 의리를 중시하고 죽음을 가볍게 여길 수 있었기 때문에 우도의 험준한 지세와 낙동강을 무대로 혁혁한 전공을 세웠다.

한편 퇴계의 문인인 김성일은 그의 동문인 류성룡의 도움을 받고 초유사(招諭使)로 의병의 창의를 독려하였다. 김성일은 그의 재임기간 의병편에서 관 · 의병 사이를 조정 · 화해시키고 각 의병부대들의 전공을 수시로 보고하여 포상을 내리게 하고 무기와 군량을 적절히 조달해 주었으며 호남의 곡물을 경상우도로 이송 조달케 하기도 하는 등 많은 공을 세웠다. 이 외에도 경상좌도에서 의병을 일으켜 활약한 인물로는 근시재(近始齋) 김해(金垓, 1555~93) 등이 있다. 영남학파의 의병활동은 영남학파의 학문적 성과와 사상적 감화를 바탕으로 한 것으로서 영남학파가 순기능을 한 대표적인 예라 할 수 있을 것이다.

영남학파의 역기능 퇴계나 남명이 성리학의 최고봉을 이루었다는 자신감 때문에 그 학파의 사람들은 서로 자신의 스승이 최고봉이라고 주장함으로써 자기도취에 빠지는 경향이 생겨났다. 그리고 그 문하생들의 문하생들은 또한 자신들의 스승이 퇴계 또는 남명의 정통이라고 주장함으로써 분쟁과 갈등이 야기되기도 하였다. 이러한 분위기는 율곡을 정점으로 형성된 기호학파에서도 일어나는 현상이기도 했으나 영남학파에서 더욱 치열하였다. 퇴계의 문인 중 학봉을 정통으로 보려는 학봉계열과 서애를 정통으로 보려는 서애의 계열들이 벌인 병호시비(屛虎是非)는 그 대표적인 형태로 이해할 수 있다.

1) 자기도취에 의한 편협성

자기의 학파만을 최고봉으로 인정하려는 이러한 분위기는 자기의 학파에 대한 자긍심과 애착을 갖게 하는 계기가 되기도 하였지만 반대로 다른 학파는 인정하지 않는 편협한 태도를 갖게 하는 계기가 되기도 하였다. 그리하여 문사들은 이러한 편협성으로 말미암아 차츰 문중과 씨족 중심으로 분열되어갔다. 16세기에는 학파중심으로 또는 일읍 공동으로 서원이 설립되었으나 18세기가 되면 씨족 중심의 개별적인 서원이나 사묘(祠廟)가 분립되기 시작하였다. 이러한 분립은 19세기가 되면 더욱 심해지고 급기야는 씨족과 문중 단위의 졸렬한 분쟁으로까지 이어졌다.

2) 사교육 비대에 의한 국론분열

학파가 성립하여 많은 긍정적인 기능을 한 반면 부정적인 기능을 한 면으로는 학문의 객관성을 유지하지 못하고 자기의 학파를 중심으로 폐쇄적으로 흘렀다는 점이다. 각 학파들은 각기 자기의 학파에 소속된 문사들을 배향하는 서원의 건립을 경쟁적으로 추진하였다. 조선은 유학을 정치

이념으로 삼았기 때문에 건국 초기부터 유학의 교육기관으로서 서울에 성균관과 사부학당을 두고 지방에 향교를 두어 유교의 교육을 담당했다. 이는 국립학교에 해당하는 것이었다.

그러나 조선중기에 이르면서 유학의 교육을 일반화시키기 위하여 사립학교에 해당하는 서원을 세우기 시작한 것인데 그것이 학파의 성립과 함께 가속화되었다. 최초의 서원은 중종 38년에 풍기군수 주세붕(周世鵬, 1495~1554)에 의해 건립된 백운동서원이었다. 이 백운동서원은 명종 5년에 당시 풍기군수로 재직하던 퇴계의 요청으로 사액(賜額)을 받고 이름을 소수서원(紹修書院)으로 고쳤다. 사액이란 국가가 서원의 이름을 쓴 액자를 하사하는 것으로 이는 국가가 공인한다는 의미를 갖는다. 국가는 액자를 하사할 때 액자 외에도 서원의 유지관리를 위해 토지와 노비 및 서적을 주었다.

16세기 중반 퇴계학파와 남명학파가 성립되면서 서원의 건립이 활발하게 추진되었는데 이러한 현상은 전국적인 현상이었지만 영남지방이 더욱 활발하였고 그 중에서도 안동지방이 가장 활발하였다. 안동지방에서만 하더라도 도산서원 · 호계서원 · 역동서원 · 병산서원 · 묵계서원 · 여강서원 등이 경쟁적으로 세워졌다.

퇴계학파와 남명학파는 각기 경상 좌 · 우도지방의 대표적인 재지사족이 중심이 되어 형성되었는데 그들은 퇴계 남명 당시부터 각기 거주지 소재 서원을 중심으로 그들의 재지적 기반을 더욱 공고히 해갔다. 순흥 · 풍기지방이 소수서원을 영주지방이 이산서원을 예안현이 역동서원을 함양군이 남계서원을 현풍현이 도동서원을 성주목이 천곡서원을 중심으로 각기 재지사림의 위치를 굳혀갔던 것이다.

서원이 성리학적 소양을 보급하는 중요한 기반이 된 점도 무시할 수 없지만 그 동시에 많은 폐단을 낳았다. 그것은 서원이 씨족과 문중을 중심으로 한 유림들의 세력집단으로 변함으로써 분열과 반목의 본거지로 변하였기 때문이다. 따라서 서원은 유림들이 분열할수록 그 수를 더하여 현종 때에 이르면 급기야 그 수가 엄청나게 불어나 전국의 서원수가 174개소에 이른다. 서원이 불어날수록 그 서원을 유지하고 관리하기 위한 경제 기반이 필요하였다.

서원은 사립학교였기 때문에 국가로부터 경제적 지원을 하는 것이 아니었으나 지방의 사림들로부터의 지원과 비공식적이긴 하였으나 지방관으로부터의 지원을 받았다. 서원에 일단 귀속된 토지는 면세의 혜택을 누렸으므로 서원전(書院田)의 수적 증가는 곧 국가재정의 축소를 의미하는 것이었다. 조선시대 말기에 이르면 서원의 수는 기하급수적으로 불어나 고을마다 여러 개의 서원이 설립되어 결국 국가경제를 피폐하게 만드는 원인이 되었다. 또한 서원에는 정치적 출세를 목적으로 하는 사람들이 모여들었기 때문에 결국 당쟁의 소굴이 되었다. 이러한 서원의 폐해는 결국 나라가 멸망하는 하나의 원인이 되었다. 이것이 학파의 성립으로 말미암아 파생된 폐단의 대표적인 것이라고 할 수 있을 것이다.

◆ 생각하기 ································

1. 영남학파의 정신은 오늘날 어떤 모습으로 계승되어야 바람직한 것이라고 할 수 있는가?

한국인: 그 변명과 전망 구한말의 개혁가들에게 가장 존경을 받았던 외국 논객인 청나라의 사상가 양계초(梁啓超, 1873~1929)는 공덕(公德)이 확립되어 있지 못해 사덕(私德)으로 돌아갔던 당대의 중국사회를 개탄한 적이 있다. 그에 따르면 유교의 윤리가 모든 사회관계를 임금과 신하・부모와 자녀・친구 등의 사적인 관계로 압축시켰다는 것이다. 물론 임금과 부모의 은혜를 알고 윗사람에 대해 보은지심을 가지며 아랫사람을 자비스럽게 봐주는 인의염치의 인간이 한 사람의 사적 인간(私人)으로서는 훌륭한 인간이겠지만 그가 국가와 국민을 모르고 오로지 임금 섬기는 줄만 알며 아는 사람만 챙길 줄 안다는 것은 공인(公人)으로서 큰 문제라는 것이 양계초 논리의 중심이었다.

사적 관계 중심의 전통 농경사회의 윤리가 보편적인 국가차원의 법치논리로 바뀌지 않는 한 서구의 물질문화의 수입이 재앙만 낳을 것이라고 양계초는 내다보았다. 물질적으로 부강해졌음에도 사적인 관계밖에 알지 못하는 사람들이 잘 모르는 사람에게는 야수처럼 대접할 것이기 때문이라는 것이다. 이러한 관점 하에 양계초는 그의 「조선멸망의 원인」(朝鮮滅亡之原因, 1910)에서 조선의 멸망에 대해 다음과 같이 한탄하고 있다.

> 아! 이제는 조선이 명실상부하게 망하였구나. 이제 중국의 동쪽 일본의 서쪽, 황해와 동해 사이에 돌출한 하나의 반도가 다시 어디에 있는가? 다시는 국가도 없고 군주도 없고 정부도 없고 민족도 없고 언어도 없고 문자도 없고 종교도 없고 법과 문물제도도 없다. 2천년을 통해 소유했던 것은 압록강 물이 도도하게 동쪽으로 흐름을 따라서 다하였다. 이제 오직 더럽고 비린내 나며 음참(陰慘)하고 어두운 낭패와 치욕의 사적만이 남았다. 길이 백두산의 눈빛을 더럽혀서 씻을 수가 없게 되었다. 이렇게 슬픔을 생각하면 그 슬픔을 알 수 있다. 옛날 한(漢)의 육가(陸賈)가 『신어』(新語)를 지은 것은 그 뜻이 진나라가 망한 까닭을 추론하여 한나라의 훈계를 삼으려는 데 있었다. 한때 방문(方聞)의 선비인 가산(賈山)・가의(賈誼)・동중서(董仲舒)가 저술한 것은 진(秦)

의 일을 인용하였다. 그 글은 위태로움의 절박함을 말하였고 한은 이를 거울삼아 소강(小康, 잠시 편안함)으로써 자뢰(資賴)하였으므로 그 뜻을 여기에 붙여 둔다.

다음 조선이 멸망한 원인을 논하여 우리 임금과 대부와 여러 집사와 우리나라의 여러 친구들에게 알려주려고 한다. 옛사람이 말하기를 "다스림과 도(道)를 같이 하면 창성하지 않음이 없고 어지러움과 도를 같이 하면 망하지 않음이 없다."고 하였다. 우리 왕과 대부와 여러 집사들과 우리나라 사람 여러 친구들은 한번 스스로 반성해야 할 것이다. 또한 한두 가지라도 조선과 길을 같이 하는 것이 있는가? 만일 있다면 곧 나는 조선을 위하여 슬퍼할 겨를이 없을 것이다.

조선이 멸망한 가장 큰 원인은 실로 오직 **궁정**이다. 오늘날은 입헌국이므로 군주가 정치상의 책임이 없고 악정(惡政)도 할 수 없다. 그러므로 어질고 어질지 못한 것은 한 나라의 정치와는 무관하다. 그러나 전제국가는 이와 달라 국가의 운명이 오로지 궁정에 달려 있다. 그러므로 가끔 군주 한 사람과 한 집의 일로 하나의 털을 잡아당김으로써 전신을 움직임이 억조 백성에까지 미쳐 모두 병들게 하는 독을 받게 한다. 우리나라의 역사를 기록한 사적(史籍)을 살펴보면 실패했던 자취는 모두 그와 같은 류였다. 조선은 최근 거울삼아 경계해야 할 하나의 뚜렷한 예이다. 조선의 이른바 태황제(太皇帝, 고종황제)가 지위에 있은 지 50년에 위로는 소생(所生, 대원군)에게 흔들리게 되고 안으로는 총명한 부인에게 견제를 받고 아래로는 귀척(貴戚)과 호족에게 위협을 받고 좌우의 측근에게 의혹을 받아서 정사가 여러 갈래에서 나와 기반이 정해지지 않아서 국가의 원기가 드디어는 끊어져서 다하였으니 한국이 망한 것은 실로 한황(韓皇, 조선은 독립을 선포한 후 국호를 고쳐 한(韓)이라 하였다)이 망한 것이다.

한황의 계보는 서얼에서 나왔다. 그의 부친인 대원군은 가난하여 스스로 생존할 수가 없어서 아들을 대통에 입계하게 하여 드디어는 그로 인하여 전정(專政)을 맡게 되어 20년간을 대원군이 섭위(攝位)하여 한황의 친정(親政)과 더불어 서로 전위하여 대[擅代]를 삼았으나 주권이 하나에서 나오지 않았으니 한의 정치의 어지러움은 실로 이에 기인한다. 대원군은 그 천성이 각박한 사람이다. 그 음흉하고 날렵한 재주는 한나라 조정을 들어서 그 위에 나가는 일은 없었다. 오직 교만하고 사치스러우며 성미가 급하고 시기가 많았으므로 임금으로서의 기량이 없었다. 그 섭정이 시작된 지는 조선이 본래 오래됨에 이미 중간에 쇠퇴하였다. 그 기강을 정비할 것을 생각하지 않고 오직 토목과 유람을 숭상하고 전국 백성들의 고혈을 자아내서 경복궁 하나를 세우는데 전후 5년에 걸쳐 그 백성에게 가혹하게 세금을 거둬들인 것은 말로는 일일이 다 할 수 없으며 이른바 결두전(結頭錢, 일종의 부가세) · 원납전(願納錢, 원해서 바치는 기부금) 등 백 가지 천 가지 명목을 내세워 세금을 거둬들였으니 연못을 말려서 고기를 잡아내는 격이었다.

또 덕의 역량을 생각지 않고 구구히 드러내고자 하는 한국은 세계 여러 나라와 적을 삼았다. 이 당시 조선의 천주교도가 이미 10만을 넘었는데 대원군은 별안간 군대에 명하여 만여 명이나 죽였던 것이다. 이리하여 울음소리가 하늘을 진동하였고 유혈이 강을 이루었으니 이는 죄를 천하에 얻은 것이다. 대원군의 사람됨이 비록 과감하고 결단성이 있어 이전의 한왕들이 따를 수 없었으나 한국을 망하게 한 화(禍)의 으뜸을 논한다면 그가 실로 주가 될 것이다.

또 하나의 나라에 이존(二尊)있게 된 것이 난의 계제가 되었고 대원군의 전제는 한황이 부(府)를 지키는 것같이 하였다. 부자간의 원망이 여기서 일어났다. 그 뒤에 대원군이 지위를 피한 것이 세 번이었고 분기하여 다시 섭정한 것이 세 번이었다. 많은 소인배들이 날마다 그 사이에서 선동하여 궁당(宮黨, 고종편)과 원당(院黨, 대원군편)이 서로 상극이 되어 다투었으며 내부에서는 살기가 등등하여 사람마다 스스로 불신하고 위험한 마음을 갖게 되었다. 외국이 있음을 기화로 삼아 출세할 연줄로써 기이한 이익을 취하였다. 한국은 이로부터 대개 나라 구실을 못하였다. 그러나 한황이 과연 중주(中主, 범상한 군주)의 자세가 있어서 그 세위(勢位)를 빙자하여 일찍이 화를 미리 막았던 것이다.

그러나 한황의 사람됨이 겁이 많고 나약하며 스스로 세력을 떨치지 못하였으며, 의심이 많고 결단성이 적었으며 참언(讒言, 남을 헐뜯는 말) 듣기를 좋아하고 사리에 어두우며 폐첩(嬖妾, 아양을 떨어 귀염을 받는 첩)이 많고 간사스럽고 소견이 좁은 사람을 가까이하며 조그마한 슬기를 기뻐 행하고 계교가 항상 졸렬하며 남에게 의뢰하고 자립하지 못하며 허식을 좋아하고 실제를 힘쓰지 않았다. 이 모든 것 중에서 하나만 가졌더라도 그 사람은 진실로 사직을 주관할 수 없는 자인데 한황은 이를 곧 다 갖추고 있었다.

그러므로 민비(閔妃, 명성황후)가 정사를 멋대로 하고 염처(艷妻, 아름다운 아내)가 날뛰어서 온 나라 사람들은 왕비가 있는 것만 알고 임금이 있는 것을 알지 못한 것이 거의 20년이 되었다. 곧 진(晉) 혜제(惠帝)가 가후(賈后)에게 견제를 받은 것과 같다(한황의 생모가 또한 민씨이며, 민비는 곧 그의 질녀이다. 민족(閔族)의 전제는 민태비(閔太妃)의 힘 때문이었다). 이에 대원군과 틈을 만들어 소인으로 하여금 이에 편승하게 함은 곧 당(唐) 숙종(肅宗)이 장량(張良)의 누이에게 현혹당함과 같다. 여자의 보임이 성행하고 잡되게 궁성에 나아감은 곧 한의 안제(安帝)가 왕성(王聖)을 총애함과 같다. 모든 민씨가 조정에 가득 차고 포저(苞苴, 뇌물로 보내는 물건)가 공행(公行, 공공연히 행함)하여 수년간에 민씨가 기가(起家, 집안을 일으킴)하여 백만 이상의 부자가 십여 인이나 되었다. 그 김씨(金氏) · 조씨(趙氏)의 여러 후족(后族, 왕후의 집안)이 이를 칭하였으니 곧 한의 전두(田竇) · 왕량(王梁)은 허물할 것이 없다.

갑신(甲申, 갑신정변) 이후 집정한 자는 반년도 그 지위를 편안히 하지 못하였다. 조관(朝官, 조정의 신하)과 금자(金紫, 조정의 고위 관리)가 저녁에 네거리에 횡행함은 명(明) 장렬(莊烈) 16년에 재상을 56명이나 바꾼 것과 같다. 여러 번 당옥(黨獄)을 일으키고 과만초(瓜蔓抄, 연좌제)를 지어 애국지사가 무더기로 목 베이고 수사자(瘦死者, 병들고 굶어 죽은 자)가 줄을 이었으며 밖으로 귀양을 간 자가 백여 인이었으니 곧 한의 당고(黨錮)와 명(明)의 동림당(東林黨)과 같다. 갑오(甲午, 갑오경장) 이후에 망할 징조가 모두 드러났으나 당파는 아직도 성행하여 그치지 않았으니 곧 명의 복왕(福王)이 남도(南道)에 숨어살다가 다스리게 되자 사직을 회복한 것과 같다.

대국(大國)의 사자(使者)가 그 앞에서 성내며 침을 뱉고 욕하여도 귀를 막고 감히 바로 잡지 못하였는데도 또한 편안히 여겨 이상하게 여기지 않은 일은 곧 석경당(石敬瑭)이 나를 용납하여 임금을 삼을 사람을 구함과 같다. 듣기 좋은 말을 하면 신임하며 어린아이가 떡을 얻은 것과 같이 여김은 곧 초(楚)의

회왕(懷王)이 장의(張儀)에게 속임을 당한 것과 같다. 여기서 핍박을 받으면 곧 저기에서 도움을 구하여 자립할 것을 생각지 않고 오직 호랑이를 이끌어 스스로를 호위하였으니 곧 송(宋) 이종(理宗)이 원(元)에 언약하여 금(金)을 멸하고 자신이 그 뒤를 따름을 돌아보지 않음과 같다. 사변(事變)이 한번 생기면 어지러워 주장이 없이 사람에게 맡겨 농담만 하고 문을 바라보며 투숙(投宿)함은 곧 한의 헌제(獻帝)가 이각(李傕) · 곽범(郭氾) · 번조(樊稠) · 장제(張濟)에게 도움을 바람과 같다.

일을 하면 실패하고 그 책임을 지지 않으며 위죄(諉罪, 죄를 떠넘김)를 동하여 뜻을 받들어 봉행하는 신하에게 받게 함은 곧 당 문종(文宗)이 이훈(李訓)과 정주(鄭注)를 판 것과 같다. 날마다 법을 만들고 제도를 세워서 미관(美觀)을 삼고 하나도 실행함이 없음은 곧 왕망(王莽)이 주례(周禮)를 법으로 함과 같다. 또 이것을 빌어서 백성을 화로 이끄는 도구를 삼음은 곧 송(宋) 휘종(徽宗)이 채경(蔡京)을 등용하여 사치한 말을 소술(紹述, 선대의 일을 이어 받아 밝힘)케 함과 같다. 이웃을 강압하고 국경을 눌러서 명(命)이 조석에 있어서 색황(色荒, 여색을 탐함) · 금황(禽荒, 사냥을 탐함)해도 조금도 감(減)함을 듣지 못함은 곧 제(齊)의 동혼(東昏)이 「무수천자」(無愁天子)를 지음과 같다.

대개 역대의 나라를 망하게 한 임금의 악덕은 한황이 거의 모두 갖추었다. 그러나 기타는 다 작은 일이라 하겠지만 홀로 그 정견이 없이 반복을 좋아하며 권위를 믿고 책임지기를 꺼리고 시기가 많아 현신(賢臣)을 등용하여 스스로 도울 수 없음은 고질병이니 비록 편작(扁鵲)이라도 다스릴 수 없을 것이다. 이와 같은 사람이 임금이 되면 비록 나라 안의 훌륭한 선비를 쓰고 사방에 약간의 경고가 없더라도 그 나라가 오히려 급급하여 얼마 가지 못할 것이다. 하물며 조선의 기반이 본래 얇은데 전대미문의 변고를 당하였다. 덕을 잃은 임금은 국가에 대대로 있었다. 그러니 진실로 그 아랫사람이 또한 보좌하여 구원해야만 한다. 범울종(范蔚宗)이 한말(漢末)의 조정을 논하여 기울기는 했으나 엎어지지는 않았으며 터지기는 했으나 새지는 않았으니 다 어진 사람과 군자의 심력에서 나온 것이라 함은 참으로 독실한 이론이다.

조선 사회와 같은 것은 또 망국의 사회이다. 조선은 귀족과 평민의 구별이 금일에 이르기까지 매우 엄격하다. 이른바 **양반**(兩班)이란 것이 있어서 나라의 정치상 · 사회상 · 생계상의 세력을 모두 독점하였던 것이다. 양반이 아니면 관리가 될 수 없었고 학업도 종사할 수 없었으며 사유재산도 안전하게 보전할 수 없었다. 질적으로 말하면 조선국 중에는 자유의사를 가진 자와 독립된 인격을 가진 자는 오직 양반뿐이었다. 그리하여 양반은 모든 악의 근원이었다. 저 양반이라는 사람은 모두 높은 자리에 앉아서 교만하여 일하지 않고 오직 벼슬을 하는 것으로 유일한 직업을 삼았다. 그러므로 다른 나라에서 관리를 두는 것은 국사를 힘써 다스리기 위한 것이었는데 조선에서 **관리**를 두는 것은 오직 직업 없는 사람들을 위한 것이었다.

그 관리는 오로지 번거로운 글과 욕절(縟節, 번잡한 절차)에만 힘써서 한번 명하면 겸종하는 이가 구름과 같았다. 국민을 호축(呼蹴, 큰 소리로 불러 쫓아 냄)하기를 짐승과 같이 하고 국민의 생명과 재산은 조금도 법률상의 보장이 없으며 관리에 맡기면 스스로 취하고 스스로 자기 것을 만들어 각종 조세를 국고에 바치는 것이 백성에게서 취한 재산의 3분의 1도 되지 않았다. 그러므로 관리는 조선에서 가장 유리한 **영업**이었으므로 전국이 이에 따르는 것이 오리 떼와 같았다. 명예를 훼손하고 법을 무시하면서 이런 것을 구해 얻는 것은 불쌍한 것이 아니었다. 그러나 관리가 되려는 자의 수효는 모두 관리 정원 수보다도 많고 지나쳐서 사재가 진실로 흡족치 못하여 이에 서로 알력이 생기고 쟁탈하게 되었다.

그러므로 조선은 가장 **붕당**(朋黨)이 많고 음모를 좋아하였다. 100년 이전에 곧 이른바 남종(南宗) · 북종(北宗) · 노론(老論) · 소론(少論)의 여러 파가 있어서 파에 의한 배척을 일삼아 최근에 이르러 더욱 성하였다. 이른바 당파라는 것은 또 하나의 공동 목적이 있는 것이 아니라 각각 당을 빌어서 사리사욕만 영위할 뿐이었다. 그러므로 아침에 악수하고 저녁에 창을 잡아도 이상할 것이 없었다. 그러므로 조선은 서로 정권을 쟁탈함이 매우 치열하였다.

근 10년 이래 외국에 유학하여 학업을 마치고 돌아온 자는 또한 궁핍한 사람은 아니나 모두 배운 것을 가지고 벼슬하기 위한 도구로 삼았으며 벼슬하려면 곧 관계(官界)의 전문 과학이 있으니, 무슨 술책으로 끌어당기며 무슨 술책으로 귀를 기울이게 할 것인가? 전에 배운 것을 버리고 이것을 배우지 않으면 얻지 못한다. 조선의 이른바 새로운 지식이 있다는 인사가 있으나 그 정신이 모두 이 사이에 가리어서 다시 다른 것을 돌아볼 겨를이 없었다. 그러므로 해외에서 졸업을 한 **유학생**이 약 천 명이나 되지만 지금까지 하나의 완전한 학교를 경영할 줄 모르고 지금까지 한 사람도 하나의 저서를 이룬 자가 없으며 번역한 책도 볼만한 것이 없다. 그 사람들은 시대를 따라 가장 잘 변하였다. 이에 앞서 완고하고 저명한 인사들은 갑오 이후에 곧 날로 시대를 따라서 개혁을 말하였다. 이에 앞서 중국 편은 수년이 못되어 갑자기 일본 편이 되고 또 수년이 못되어 러시아 편이 되고 또 변하여 일본 편이 되었으니 오직 힘이 강하여 보살펴 주거나 옹호해 줄 수 있는 자면 따랐던 것이다.

대개 전 세계에서 이기주의가 가장 발달한 나라는 조선이 그 으뜸이다. **조선 사람**은 말하기를 가장 좋아한다. 두 세 사람이 서로 만나면 하루 종일 이야기로 날을 보낸다. 외국 사람으로 조선인의 성격을 조금 아는 자는 말하기를 "조선 사람이 말하는 것은 하나도 진심에서 나온 말이 없다."고 한다. 조선 사람은 화를 잘 내고 일을 만들기를 좋아한다. 한번 모욕을 받으면 곧 팔을 걷어 올리고 일어난다. 그러나 그 성냄은 얼마 안가서 그치고 만다. 한번 그치면 곧 이미 죽은 뱀처럼 건드려도 움직이지 않는다. 조선 사람은 미래의 관념에 대하여 매우 박약하다. 소민(小民)은 한번 배부르면 서로 두 셋이서 짝을 지어 차를 다리며 나무 그늘에 쉬면서 한담으로 날을 보낸다. 다시 내일은 어떻게 먹을 것을 구할까 하는 생계 문제를 계획하지 않고 유유하기가 고대 태평시대의 사람과도 같다.

벼슬한 사람들도 또한 그러하다. 다만 오늘에 벼슬을 하고 권세가 있으면 내일에 나라가 망하더라도 그러한 것은 관심 밖이었다. 그러므로 일본이 통감부(統監府)를 설치한 후로부터 모든 사람은 조선의 운명이 얼마 남지 않았다는 것을 알았다. 조선 사람이 스스로 이것을 알았는지 또는 몰랐는지를 감히 말할 수는 없지만. 그 다음 합병조약이 발표되자 이웃 나라의 백성들이 오히려 조선을 위하여 많은 눈물을 흘렸는데 조선 사람은 만족해하였으며 고관들은 날마다 출세를 위한 운동을 하여 새 조정의 영예스러운 벼슬을 얻기를 바랐으며 가볍게 생각하였다.

무릇 조선 사람 천만 명 가운데서 안중근(安重根)과 같은 사람이 하나 둘쯤 없었던 것은 아니다. 내가 어찌 일률적으로 멸시하겠는가. 그러나 이러한 류의 사람이 한 두 사람이 있더라도 또한 사회에서 중시되지 않았다. 중시되지 않을 정도가 아니고 아예 사회에서 스스로 생존할 수 없었다. 대개 조선사회는 음험하고 부끄러움이 없는 자가 항상 우수한 수에 놓여 있고 정결하고 자애하는 자는 항상 열세였다. 그 사람의 미워함이 반드시 천성에서 나온 것은 아니며 반수는 사회현상의 핍박함이 그렇게 한 것이다.

서양철학에서 항상 말하였다. "정치는 국민심리의 반영이다." 이와 같은 궁정과 이와 같은 사회에서는 그 정치현상의 표현은 말할 것도 없다. 조선이 40년 전에 이미 군사 훈련의 급함을 알고 일찍이 군사 제도를 개혁하고 외국사람에게 청탁하여 교습하게 하였으나 내 온 군량은 지극히 잡되어 흙과 모래가 섞였다. 그러므로 훈련하는 자가 얼마 안가서 흩어졌다. 갑오 이후에 한황이 일찍이 군신을 거느리고 태묘(太廟)에 맹세하고 홍범(洪範) 14조를 반포하였다. 한번 맹세한 후에는 그 임금이 신하와 같았으니 이미 아득하여 다시 기억하지 못한다.

일찍이 크게 관제를 개혁하여 이른바 1부(府) 8아문(衙門)을 세운 명칭은 모두 일본의 명칭을 모방한 것이다. 일본정부가 가지고 있는 기관은 하나도 빠진 것이 없다. 당시 한국에 유람한 자가 기록한 것에 의하면 높고 넓은 집이 서울 복판에 약간 우뚝 솟아 있는데 문에 크게 방(榜)을 내걸어 무슨 부(部) 무슨 부라 하고 그 중에는 하나의 문독(文牘, 공문서)도 없고 대신이 회의하면 오직 한 탁자에 둘러앉아 담배 연기만 가득 차 있고 서로 하는 말은 잡담으로 근거가 없으니 한 마디도 정무에 쓰일 만한 것이 없었다. 대략 이 몇 가지를 열거하였으니 다른 것은 이것을 미루어 알 수 있을 것이다. 다른 일은 오히려 가차(假借, 사정을 보아 줌)할 수 있으나 다만 재정이 없으니 낙관할 수는 없다.

조선의 재정은 어떠한가? 러·일 전쟁을 당하여 일본정부파인 메가타 타네타로(目賀田種太郎, 1907년 조선통감부 재정감사 장관)란 자가 조선재정의 고문이었다. 그의 보고서에 이르기를 "사람이 한국 재정의 문란을 말하지만은 나의 소견으로는 문란이란 두 글자로도 족하지 않다."고 하였으니 대개 재정이 고갈된 형편이었다. 아! 이것도 상상할 수 있는 것이다. 그러면 조선 십수년래 이 작은 나라의 관리들은 어디서 나오는 것을 구하였는가? 말하자면 여러 가지 악세(惡稅)로 그 이름을 이루 다 열거할 수 없다. 그러나 조선 관리가 백성에게 취함은 반드시 법으로 정한 조세에 의거한 것이 아니라 욕심나는 것을 마음대로 약탈할 뿐이었다. 그러나 직접적인 약탈은 또한 이미 약탈할 수 없음에 이르렀다. 그러나 수년 전에 오히려 간접적인 약탈방법이 있었으니 말하자면 화폐를 주조한 것이다.

조선이 일찍이 일본의 화폐법을 취하여 적용시켰으며 이것을 폐제 개혁이라고 하였다. 그러나 위폐(位幣, 화폐의 자리를 정함)만을 주로 하였지 일찍이 한 매(枚)도 주조하지 못하였으며 오직 이른바 오전 동폐(五錢銅幣)를 주조한 것은 헤아릴 수 없는 수였다. 또 경찰기관이 갖추어지지 않아서 외국의 사주(私鑄)가 수입되어 끊이지 않아 이런 종류의 악폐가 시장에 충일하고 백물이 등용하여 백성들이 살기 어려웠다.

조선의 **백성**은 본래 게을러서 생산을 일삼지 않고 정부는 다시 삭감하기를 마다하지 않고 농민은 해를 마치도록 부지런히 움직여도 얻어먹을 것이 없었다. 그러므로 온 국내의 밭이 모두 황폐하고 갈지 않아서 풀과 쑥이 무성하였다. 관직을 결원으로 게시하고 팔되 공공연하게 숨기지 않았으며, 팔 결원이 없으면 과거급제를 더하여 한 번 진사를 하는데 값이 2,500원이었다. 그 외교는 지혜와 술수를 희롱하며 매일 말하되 생각나는 대로 패합(捭闔, 변론이 장황하여 끝이 없음)하고 항상 연합의 어떤 나라를 들추어 어떤 나라를 제어하고 실제로 어깨를 베어서 매를 먹이고 몸을 버려 호랑이를 길렀으므로 매와 호랑이가 배부르지 않으면 몸과 살이 이미 뭉개져서 죽음에 이르러도 깨닫지 못하였다. 대개 조선 정치의 분란은 다스릴 수 없으며 썩은 냄새는 가까이 할 수 없었다. 비록 남산의 대나무를 다 쓰더라도 그 만에 하나도 서술할 수 없다. 한마디로 말하면 곧 더욱 힘써 난을 도모하였고 발분하여 스스로를 해칠 뿐이었다.

미산(眉山) 소씨(蘇氏)의 말에 "육국(六國)을 멸한 자는 육국이요 진(秦) 나라가 아니며 진을 멸한 자는 진 나라이지 천하가 아니다." 라고 하였다. 일본이 비록 정예를 길렀지만 남의 나라를 망하게 할 실력이 있겠는가? 생각건대 어찌하여 다른 나라를 꾀하지 않고 오직 조선을 꾀하였으며 다른 나라를 망하게 하지 않고 오직 조선을 망하게 하였는가? 조선으로 하여금 망함을 취할 길이 없었다면 일본인들이 조선에서 어찌하겠는가? 스위스나 네덜란드를 보지 못하는가? 그 영토와 인구가 모두 이미 조선만 못함에도 유럽의 여러 강국들이 이를 멸망시키지 못하였다. 이것은 그래도 국제법상에 영구중립을 빌려서 다행히 존재한 것이다. 이에 앞서 강한 프랑스가 독일의 20여 개의 작은 지방을 멸망시키려 했어도 하지 못함을 보지 못하는가? 또 강한 오스트리아가 오래 쇠약한 이탈리아를 멸망시키고자 하였어도 얻지 못함을 보지 못하는가?

이런 고로 조선을 망하게 한 자는 조선이지 일본이 아니다. 조선 사람은 이미 스스로가 망하는 것을 즐겨 하였으니 또한 무엇을 불쌍히 여기겠는가? 그러나 중국과 일본, 일본과 러시아가 두 차례의 전쟁을 하게 되어 세 나라의 백 수십만의 생명을 죽이고 세 나라의 백성들의 피와 땀으로 생산한 자재를 전쟁의 비용으로 하였다. 일본 사람이 이를 얻었으니 그 대가는 이미 적지 않으나 오히려 큰 손실을 입어서 오래도록 회복하기 어려운 두 나라가 되었으니 곁에서 그 장례를 찬양하겠는가? 아 상서롭지 못한 나라로구나!

아! 이제서야 조선이 끝났으니 황실의 위엄이 어디 있으며 관리의 권세가 어디 있으며, 양반 집이 어디 있으며, 백성의 고혈을 짜내어 세운 경복궁은 어디 있으며, 외척 민씨들의 호화로운 주택은 어디 있으며 남종 · 북종 · 노론 · 소론의 당파가 어디 있으며 일진회(一進會)와 대한협회(大韓協會)는 어디 있으며 뇌물을 쌓던 것은 어디 있는가? 사기(四紀)의 천자가 오직 눈물을 뿌리며 수레를 타고 돌아가며 후(侯)에게 옛날의 나라를 줄 것으로 명할 것인가? 주인의 은혜를 받아서 입에 풀칠함은 그 예전 진(晉)의 왕원지(王垣之)나 사안(謝安)과 같다.

다행스런 자는 작은 녹을 얻어서 농사를 대신하고 불행한 자는 노예가 되어 추위에 떨고 굶주림을 면치 못하였다. 호랑이의 위엄을 빌려서 스스로 종(宗)을 접목하는 자는 또한 새[鳥]가 다하니 활을 감추는 격이다. 다만 영원히 한 매국노의 이름을 사적에 남겨서 후세에 길이 비웃음만 받게 하였다. 수십 년래의 일을 돌이켜 생각하면 얼마의 갈고리를 낭비하여 서로 다투었으며 얼마의 주먹의 힘으로 서로 죽였으며 얼마의 아첨으로 한 생명의 영예를 구하였으며 얼마의 악랄하고 교묘한 방법과 수단을 써서 돈주머니를 채웠는가? 이제는 재처럼 모두 다 날아갔고 음향처럼 사라졌다. 깊이 생각하고 살펴본들 누구를 위한 것인가? 그러나 조선 사람이 진실로 오늘날에 이르기까지 아직도 깨닫지 못한 것이 아닌가?

또한 조선사회의 폐단을 개혁하기 위해 애를 썼던 영조시대 조선의 남인 실학자인 성호 이익은 그의 책 『성호잡저』(星湖雜著) 「논뢰유」(論賂遺) 편과 「붕당론」(朋黨論) 편에서 조선사회의 병폐를 다음과 같이 말하고 있다.

뇌물을 주는 것은 우리나라의 오랜 병증이다. 국가의 피폐와 백성의 빈곤이 모두 이에 연유한다. 조정에서 금하지 않을 뿐더러 심지어 가르치는 실정이다.

외국에서 사신이 오면 각 고을에 서간을 띄워 그 여비를 떠맡기는데 일정한 액수도 없다. 그러므로 음직(蔭職, 조상의 공덕으로 얻은 벼슬)과 무관으로 수령이 된 자는 앞을 다투어서 재물을 실어 나른다. 또, 나라에 크고 작은 잔치가 있으면 반드시 여러 가지 물품을 각 고을에 떠맡겨서 구해 들인다. 각 고을에서는 각 마을에 배당하여 구해 들이니 그 잔학함이 매우 심하다. 이와 같이 하면서 어찌 사람들의 뇌물통래를 금하겠는가? 명절에는 반드시 각 고을에서 고관에게 문안차 보내는 선물이 있다. 무식하고 벼슬을 탐내는 무리는 반드시 이런 기회를 틈타 승진되기를 바란다. 구관(舊官)이 이미 후하게 실어 보냈으므로 신관(新官)은 더욱 많이 실어 보낸다. 뇌물을 더 보내는 자는 유능한 수령이라 하고 그렇지 못한 자는 중상모략을 당한다.

뇌물을 보내는 물품은 원리 국비에서 계산된 것이 아닌데 어디서 구해 오는 것인가? 받는 자는 아무렇지도 않게 여기지만 백성은 점차 병들게 된다. 그러므로 조정에서도 예사로 알고 따라서 상하의 풍습이 되어 버렸다. 한 물건을 실어 오는 것이 관가의 수입에는 사소하지만 덧붙여서 백성의 재물은 남김이 없게 된다. 이런 짓을 어찌 그만둘 수 없는가!

법이란 마땅히 조정에서 지키기 시작하여야 한다. 연향(宴饗, 국빈을 대접하는 잔치)이나 사신의 접대 같은 일은 모름지기 국비 중에서 마련할 것이지 정당한 세금 외에 더 걷는 일이 없어야 한다. 그리고 각 고을에서 고관에게 문안차 보내는 것은 곧 옛날의 의장(義贓, 정부에서 묵인해 주는 장물 · 뇌물)이라는 것이나 비록 말채찍이나 구두 신과 같은 하찮은 물품이라 하더라도 모두 막는 것이 마땅하다.

문안차 보내는 물건은 그 품목과 수량을 정하도록 건의한 자가 있었다. 그러나 사사로이 주고받는 것을 누가 살필 것인가. 또 숙폐(宿弊, 오래된 폐단)를 갑자기 금할 수 없다. 그러므로 사헌부의 감찰관에게 그 일을 맡기는 것이 마땅하다. 고을에서는 조정에 있는 신하에게 보내는 물품은 그 건수를 문서에 기록하고 먼저 사헌부에 보내어 날인하여 증명한 다음 받도록 한다. 그리고 지나치게 많으면 대관(臺官)이 증거를 들어 논평한다. 이와 같이 하면 오직 일종의 비열한 자 외에는 감히 턱없이 주고받지 못한다. 이것도 또한 백성을 유익하게 하는 일단이다(「논뢰유」).

… 우리나라는 중세 이후로 간사한 자가 자기 마음대로 정사를 맡아 사화(士禍)가 잇달았다. 앞서는 무오(戊午) · 갑자(甲子)에 살육이 있었고 그 뒤 을묘(乙卯) · 을사(乙巳)에 또 상잔(相殘)이 있었다. 한때의 충신 현사(賢士)가 이 물결에 휩쓸려 함께 죽었으나 그 때는 아직 붕당은 없었다. 그런데 선조 이후로 하나가 갈려 둘이 되고 둘이 갈려 네 당이 되고 넷이 또 갈려 여덟 당이 되었다.

이것이 대대로 전해져 그들의 자손은 그대로 원수가 되어 더러는 죽이기까지 하였다. 조정에서 함께 벼슬하고 같은 마을에 살면서도 늙어 죽도록 서로 왕래도 안했다. 길사나 흉사가 있으면 수근수근 서로 헐뜯으며 서로 통혼이라도 하면 무리를 지어서 공격하였다. 심지어는 언동과 복식까지 모양을 달리하여 길에서 만나도 가려내어 알 수 있다. 이역(異域)이라 그런지 풍속이 달라서 그런지 참으로 심하기도 하다.

이렇게 된 까닭은 더듬어 살필 수 있다. 우리나라는 사람을 뽑는데 오로지 과거에만 의존하였다. 그러나 처음에는 뽑는 수효가 적었다. 선조 이래로 점점 많아지다가 오늘날에 있어서는 아주 많아졌다. 옛날 북조(北朝)의 최량(崔亮)이 "열 사람이 관직 하나를 함께 하여도 오히려 제수해 낼 수 없었다."고 하였는데 오늘날 일과 꼭 부합되는 말이다.

그러므로 벌열(閥閱, 벼슬을 많이 한 벌족)이 성한 가문과 문장이 좋은 문호(門戶)에서도 매미의 배와 거북의 장처럼 굶주리면서 홍패(紅牌, 문과에 급제한 사람에게 주던 붉은 종이의 합격증)만 어루만지며 탄식하는 자의 이름을 이루 다 적을 수 없으니 어찌 분당되지 않으랴. 대개 이권은 하나인데 사람이 둘이면 문득 두 당을 이루고 이권은 하나인데 사람이 넷이면 문득 네 당을 이룬다. 이권은 일정한데 사람만 많아지니 열 당, 여덟 당으로 더욱 갈라지는 것은 당연하다. 여러 당파를 다 물리치고 오로지 한 당에게 맡게 한들 그들도 또한 철은 철일 뿐이지 녹여도 금으로는 만들 수 없다. 어디에서 온 날카로운 칼날이든 셋, 다섯으로 반드시 분열된다. 그들이 뜻을 얻으면 과장(科場)을 광설(廣設)하고 사사로운 정에 따라 난잡하게 뽑아 올리면서 이것을 '식당'(植黨)이라 한다. 현우(賢愚)를 불문하고 요직에 불러들이면서 이것을 '장세'(張勢)라 한다.

이리하여 의정(議政)은 셋인데 정일품인 대신의 계자(階資)는 여섯이고 판서는 여섯인데 정이품인 자헌(資憲)의 계자는 열이나 되며 초헌(軺軒)을 타고 조복(朝服)을 입은 자와 대관같은 중한 벼슬까지 관료가 관직 수의 배를 넘지 않는 것이 없다. 그러므로 겨우 외적을 평정하자 내홍(內訌)이 은연히 싹튼다. 하물며 이런 당파가 있은 뒤 운우(雲雨)가 번복하듯 하는 정세는 아무리 총명하여도 모두 기록하지 못한다. 중립을 지켜 시비를 가리는 자는 용렬하다 하고 붕당을 위해서는 죽어도 굽히지 않는 자를 절조라 한다. 사람을 때로는 무릎에 올려놓듯 하고 때로는 연못 속에 떨어뜨리듯 하여 영욕이 갑자기 바뀌니 어찌 붕당을 만들어 싸우지 않겠는가?(「붕당론」).

◆ 생각하기 ••••••••••••••••••••••••••••••

1. 양계초가 말하는 실질적인 조선멸망의 원인을 무엇인가?
2. 오늘날의 한국인은 양계초와 이익의 비판으로부터 자유롭다고 할 수 있는가?
3. 우리 민족정신의 장점은 경천(敬天)사상·조화정신·생명존중 사상·평화애호 정신·선비정신·장인정신·공동체의식·경로효친 사상·풍류정신 등으로 나타나고 있다. 이를 토대로 양계초의 조선관을 비판해 보라.

삶의 의미 삶은 의미가 있는 것인가? 이것이 모든 인생 문제의 가장 중요한 물음이다. 이 물음은 인생의 소소한 일들이나 개별영역들에 관한 것이 아니고 생존의 전체, 인생의 총체에 관한 물음이다. 우리들의 삶의 형성은 이 물음에 대한 해답에 의존해 있고, 우리들의 인생길이 빛나고 높은 곳으로 나아가는가 아니면 어두운 나락으로 빠지는가는 오로지 이 물음에 대한 해답에 달려 있다.

이 물음은 매우 중요한 것이어서 회피할 수도 없다. 누구의 생애든 이 물음이 강력하게 의식 속에 떠오를 때가 있는 것이다. 지금까지 우리들에게 자명한 것처럼 여겨졌던 우리들의 생존이 갑자기 의심스럽게 된다. 우리들은 이 세계 속에 놓여져 있다. 그러나 몇 년 전에는 아직 이 세계 속에 없었고 또 몇 년 후 언젠가는 이 세계 속에 있지 않게 된다. 내가 이 세계 속에 놓여져 있다는 것이 어떠한 의미와 목적을 갖고 있는가? 나는 무슨 목적으로 여기에 살고 있는가? 나는 어디에서 와서 어디로 가는 것일까?

이 물음은 종종 외부세계의 사건이나 체험을 통해 환기된다. 여러 가지 실패나 불운 · 번뇌나 고통 · 병이나 죽음은 우리들에게 생존의 의미에 대한 물음을 일으킨다. "도대체 산다는 것이 무엇인가?" 이와 같은 기분이 누구에게나 한 번은 닥쳐오게 되는 것이고 그와 더불어 "무슨 목적으로?"라는 물음이 또한 닥쳐오게 되는 것이다. 그러나 문제는 이러한 물음이 닥쳐오기 전에 우리는 의식적으로 이 물음을 설정해야 한다는데 있다. 이러한 물음을 설정해서 그것과 진지하게 맞붙는다는 것은 인간의, 특히 참으로 교양 있는 인간의 본질에 속하는 일이기 때문이다. 왜냐하면 모든 진정한 교양의 핵심은 스스로 획득하고 스스로의 정신적 격투에 의해 획득한, 그렇기 때문에 인격의 깊이에 뿌리박고 있는 세계관 및 인생관이기 때문이다.

대부분의 사람들이 세계관 및 인생관을 단지 교육이나 전통 혹은 환경의 산물에 불과하다고 여기는 것은 개탄할 일이다. 교양인이라고 자부하는 사람들조차 그들의 세계관이나 인생관을 오늘날 가장 두려운 권력인 매스컴에서 얻고 있다. 그러한 세계관의 내용이 어떠한 것인가를 논할 필요는 전혀 없다.

이러한 상황은 유감스럽게도 많은 연구가나 학자에 대해서도 말할 수 있는 것이다. 그들은 그들의 전문영역의 한계를 넘어서 밖을 내다 본 적이 없고 생존의 가장 깊고 궁극적인 물음과 맞붙은 적도 없다. 따라서 이 물음에 대해서는 종종 마치 어린아이처럼 아무것도 할 수 없다. 이러한 사람들은 아무리 그들의 지식이 넘쳐도 정신적 지도자나 선구자가 될 수 없다. 그럼에도 불구하고 만일 그들이 이러한 역할을 수행하려고 시도한다면 장님이 장님을 인도하는 격이 된다. 정신적 지도자에게는 지식 이상의 지혜가 필요한 법이다.

이러한 사실과 관련하여 셸러는 「대학과 전문학교」(Universität und Fachschule)라는 그의 논문 속에서 대학의 인격교육의 불충분함을 다음과 같이 지적하고 있다.

> 직업교육에서 극히 중요한 성격적 · 의지적 · 심정적 태도는 거의 함양되지 않는다. 세상과의 접촉을 갖지 않은 애송이 학자들이나 어설픈 주지주의자들이 그 소화되지 않은, 직업에 적용될 수 없는 지식들을 뱃속에 딸랑거리면서 대량으로 대학 문을 나선다. 지식은 많지만 태도를 결정하는 능력과 이 태도결정에 대한 책임감, 공동 책임감은 부족한 채로 이것이 유감스럽게도 우리나라의 대학을 졸업하는 청년들이 종종 제3자의 눈에 비치는 인상이다.

이상의 언급으로부터 인생의 의미에 대한 물음 및 그 연구의 의의는 충분히 밝혀졌을 것이다. 그런데 이 물음에 접근해 가는 자들 중에는 먼저 그 해결을 의심하는 경향이 있다. 즉 인생에는 해답이 없다는 것이다. 그러나 인생의 의미에 대한 해석은 개별적 차원에서는 각양각색이지만 그 모든 해석들이 '인생은 어떤 의미를 갖고 있다.'고 생각하고 있다는 점에서는 일치한다. 인생의 의미가 '무엇'인가에 대해서는 각양각색이지만 인생이 의미를 갖고 있다는 사실에 대해서는 일치하고 있다는 것이다.

사실 인생은 어떤 의미를 갖고 있다. 왜냐하면 우리는 모든 행위에서 반드시 어떤 하나의 의미를 전제하고 있기 때문이다. 만약 우리의 삶이 하나의 거대한 무의미의 덩어리라면 우리들은 의욕하고 행위하는 동기가 되는 목표나 목적을 전혀 갖지 못할 것이다. 의욕한다는 것은 목적을 설정한다는 뜻이고 행위한다는 것은 목적을 현실화한다는 뜻이다. 그런데 만약 세계에 이성이나 의미가 전혀 없다면 목적설정과 목적실현의 가능성도 없을 것이다. 그러한 세계 속에서는 이성이 없는 동물로서만 생존할 수밖에 없는 것이다.

그런데 우리는 단지 인생의 의미를 전제할 뿐만 아니라 이것을 경험하고 체험한다. 심적 생활의 절정에서 우리들의 삶의 이 의미가 우리들에게 내적으로 체험된다. 삶이 우리들에게 가져다주는 다양한 가치체험에 의해 삶의 의미는 우리들에게 명료하게 빛나고 있기 때문에 이것을 보지 않으려면 우리들의 심안이 맹목일 수밖에 없다.

훌륭한 그림 · 감동적인 시 · 아름다운 음악 등 예술작품의 미적 가치는 우리들의 혼을 사로잡는다. 또 우리는 고귀한 사람과 교제한다. 그렇게 할 때 그의 혼으로부터 하나의 심오한 빛이 발출한다. 그리하여 우리들이 그처럼 풍부한 가치에 대해서 자신의 마음이 문을 활짝 열 때 그 빛은 천천히 그리고 차츰 차츰 우리들의 내부로 스며들어서 우리들의 이기심의 굳은 얼음벽이 녹고 있음을 느낀다. 종교적 가치체험은 말할 것도 없다.

이와 같이 삶의 가치를 경험함으로써 삶의 의미를 경험하는 것이다. 삶의 의미는 윤리적 가치체험이나 미적 가치체험, 그리고 특히 종교적 가치체험에서 내면적으로 주어지고 우리들 속에서 밝게 빛난다. 의미라는 말과 가치라는 말은 밀접한 관련이 있다. 즉 어떤 것은 그것이 가치에 대해서 관계하고 있고 또 가치의 실현에 봉사하는 한에서 의미를 가진다. 이리하여 인생은 그 속에서 가치가 실현될 때 하나의 의미를 가진다. 이리하여 인생의 가치들 속에서 인생의 의미를 경험하고 파악한다는 것을 알 수 있다. 삶이 우리들 각자에게 요구하는, 또 그것 없이는 삶의 영위가 불가능한 그러한 내면적 결단과 태도결정은 모든 이론이나 모든 지적 교양보다 한층 중요하고 가치 있는 일이다. 마이스터 에크하르트(M. Eckhart, c. 1260~1327)의 말처럼 "한 사람의 인생의 스승이 수천 명의 학문의 스승보다 낫다."

◆ 생각하기 ································

1. 그러나 세상에는 허무주의자가 있지 않은가? 즉 인생의 어떠한 의미나 가치도 인정하지 않는 인간이 있지 않는가? 그들에게 삶의 의미를 어떻게 납득시킬 것인가?
2. 오늘날의 사람들에 대해 디젤(E. Diesel)은 다음과 같이 묘사하고 있다. "그들은 사랑하지도 않고 미워하지도 않으며 단지 [어떤 일에] 흥미를 갖거나 그렇지 않으면 욕설을 퍼붓거나 할뿐이다. 고통 대신에 그들은 불쾌한 기분만을 느낄 뿐이다. … 그들은 종교는 알지 못하고 히스테리만을 알 수 있을 뿐이다. 그들은 고향이나 가정 대신에 화재보험과 도난보험 또는 라디오 안테나를 갖고 있을 뿐이다. 자산 대신에 재산목록과 주식가격을 갖고 있을 뿐이다. 남자다움 대신에 사취한 권력과 지위와 칭호를 갖고 있을 뿐이다. 그들은 순박하지도 못하고 천박하기만 하다. 가난이 비참으로, 부가 자본주의로, 정신성이 주지주의로, 이웃 사랑이 바자회와 수집 목록으로 변형된다. 가면을 쓰고 있는 자, 이 죽음의 늪으로부터 벗어 나오고자 하는 강력한 동경을 이제 더 이상 생생하게 느끼지 못하는 자, … 혼이 없는 김빠진 상태에 너무나도 익숙해 있어서 그에게서는 그 엄청난 매몰, 우리들의 실상의 고뇌와 부자연성을 볼 수 있는 눈이 빼앗겨

버린 자, 이러한 자야말로 … 인간의 궁극적인 퇴폐를 짊어지고 있는 자이다. 그러한 사람은, 그 속에서는 인공적으로 축적된 문명의 반사 이상의 아무 것도 없고 따라서 본능도 자연도 인간적 법칙도 존재하지 않는 그러한 하나의 세계를 마련하고 있다.” 그렇다면 이러한 인생의 전적인 의미의 황폐화를 극복하기 위해 우리는 어떻게 해야 하는가?

지구윤리의 모색

캐나다의 문화비평가인 마샬 맥루한이 1988년에 쓴 『지구촌 : 21세기 인류의 삶과 미디어의 변화』(*The Global Village: Transformations in World Life and Media in the 21st Century*)에서, 즉각적인 커뮤니케이션과 편리한 여행 수단들이 만들어 놓은 새로운 세계를 말하는 '지구촌'(global village)이라는 용어를 사용한 이후 이 말은 이미 현대를 묘사하는 일상적인 용법이 되어 버렸다. 오늘날 지구상에 존재하는 많은 도시들의 특징은 그 거주민들이 세계관·문화·윤리 그리고 종교에서까지도 서로 유사한 것을 공유하고 있다—물론 아직도 종교적·민족적 소수파들이 있고 또한 지구촌의 혜택을 공유하지 못하는 사람들이 여전히 있지만—는 사실이다.

이러한 지구촌의 사람들에게 닥친 문제는 과연 세계가 하나의 세계관·하나의 문화·하나의 윤리·하나의 종교를 필요로 하느냐 하는 것이다. 사실 지구상의 생명문제에 대해서는 이제 대체적인 동의를 얻을 수 있는 것이 가능해 졌다. 그리고 무역 같은 전문적 혹은 과학적 언어들은 이제 어느 정도 국제적이라고 할 수 있다. 그러나 경쟁관계에 있는 사상이나 종교 간에는 라이벌 의식과 파괴적 결과를 극복하는 것이 아직까지는 불가능한 것으로 밝혀졌다.

그렇다면 공동의 세계윤리가 출현하는 것이 과연 가능할 것인가? 1962년 제2차 바티칸 공의회의 신학자문위원으로 활동할 정도로 독실한 가톨릭 신학자였으나 1979년 교황무류설과 여성 사제서품 불인정을 비판하여 교황청으로부터 가톨릭 교수직을 박탈당했던 스위스의 신학자 한스 큉(H. Küng, 1928~)은 그의 『지구적 책임』(*Global Responsibility*)에서 말하기를 "우리가 살고 있는 하나의 세계는 서로 다른 혹은 상호 모순되거나 심지어 상호 적대적인 윤리가 사라질 때에만 살아남을 가능성이 있다."고 한다. 그리하여 그는 다음과 같은 말로 책을 맺고 있다. "범국가적 세계윤리 없이 인류의 삶은 있을 수 없다. 종교 간의 평화 없이 국가 간의 평화는 있을 수 없다. 종교 간의 대화 없이 종교 간의 평화는 있을 수 없다."

1993년 시카고에서 열린 세계 종교회의가 이러한 지구윤리(Global Ethics)에 주목했다는 것은 아주 적절한 조치였다. 왜냐하면 100년 전 처음으로 시카고 종교회의에 참석했던 여러 사람들의 마음에는 서로 다른 종교인들이 어떠한 도덕적 원칙을 합의할 수 있을 것이라는 희망을 가졌었기 때문이다. 1893년 세계 종교회의로부터 지난 백 년 동안 '공동의 도덕적 가치'에 대한 탐구는 종교간 협력운동의 중요한 관심사로 계속 남아 있었다. 종교간 협력단체들에 의해 개최된 그 동안의 여러 회의에서 세계 여러 종교의 신자들이 서로 믿는 것은 다르다 할지라도 평화와 정의의 중요성 그리고 인간을 고통에서 구하려는 공동의 행위, 지구를 구하려는 공동의 노력과 필요성에 동의했음을 잘 보여주고 있다.

이로부터 한스 큉의 주도 하에 1993년 시카고 종교회의에서 비로소 지구윤리 선언문이 작성되었고 그 전문은 아래와 같다.

The Declaration of a Global Ethics

The world is in agony. The agony is so pervasive and urgent that we are compelled to name its manifestations so that the depth of this pain may be made clear.

Peace eludes us … the planet is being destroyed … neighbors live in fear … women and men are estranged from each other … children die!

This is abhorrent!

We condemn the abuses of Earth's ecosystems.

We condemn the poverty that stifles life's potential; the hunger that weakens the human body; the economic disparities that threaten so many families with ruin.

We condemn the social disarray of the nations; the disregard for justice which pushes citizens to the margin; the anarchy overtaking our communities; and the insane death of children from violence. In particular we condemn aggression and hatred in the name of religion.

But this agony need not be.

It need not be because the basis for an ethic already exists. This ethic offers the possibility of a better individual and global order, and leads individuals away from despair and societies away from chaos.

We are women and men who have embraced the precepts and practices of the world's religion:

We affirm that a common set of core values is found in the teachings of the religions, and that these form the basis of a global ethic.

We affirm that this truth is already known, but yet to be lived in heart and action.

We affirm that there is an irrevocable, unconditional norm for all areas of life, for families and communities, for races, nations, and religions. There already exist ancient guidelines for human behavior which are found in the teachings of the religions of the world and which are the condition for a sustainable world order.

We Declare:

We are interdependent. Each of us depends on the well-being of the whole, and so we have respect for the community of living beings, for people, animals, and plants, and for the preservation of Earth, the air, water and soil.

We take individual responsibility for all we do. All our decisions, action, and failures to act have consequences.

We must treat others as we wish others to treat us. We make a commitment to respect life and dignity, individuality and diversity, so that every person is treated humanely, without exception. We must have patience and acceptance. We must be able to forgive, learning from the past but never allowing ourselves to be enslaved by memories of hate. Opening our hearts to one another, we must sink our narrow differences for the cause of the world community, practicing a culture of solidarity and relatedness.

We consider humankind our family. We must strive to be kind

and generous. We must not live for ourselves alone, but should also serve others, never forgetting the children, the aged, the poor, the suffering, the disabled, the refugees, and the lonely. No person should ever be considered or treated as a second-class citizen, or be exploited in any way whatsoever. There should be equal partnership between men and women. We must not commit any kind of sexual immorality. We must put behind us all forms of domination or abuse.

We commit ourselves to a culture of non-violence, respect, justice, and peace. We shall not oppress, injure, torture, or kill other human beings, forsaking violence as a means of settling differences.

We must strive for a just social and economic order, in which everyone has an equal chance to reach full potential as a human being. We must speak and act truthfully and with compassion, dealing fairly with all, and avoiding prejudice and hatred. We must not steal. We must move beyond the dominance of greed for power, prestige, money, and consumption to make a just and peaceful world.

Earth cannot be changed for the better unless the consciousness of individuals is changed first. We pledge to increase our awareness by disciplining our minds, by meditation, by prayer, or by positive thinking. Without risk and a readiness to sacrifice there can be no fundamental change in our situation. Therefore we commit ourselves to this global ethic, to understanding one another, and to socially-beneficial, peace-fostering, and nature-friendly ways of life.

We invite all people, whether religious or not, to do the same.

Given at the 1993 Parliament of the World's Religions

September 4, 1993.

이 선언문에서도 알 수 있는 것처럼 지구윤리는 이름 그대로 인류공동의 미래에 대한 관심에 기초해야 한다. 그것은 하나의 새로운 이념 혹은 신념이거나 또 다른 상부구조가 아니며 특정한 윤리나 사상에 편중되어서도 안 된다. 지구윤리는 지구촌 시대에 세계시민들의 번영과 행복을 위해 그리고 지구적 책임과 권리의 공유와 실천을 위해 꼭 필요한 가치관이라는 점에서 오늘날 우리에게 무엇보다 중요한 실천지침의 하나이다.

◆ 생각하기 ••••••••••••••••••••••••••••••

1. 지구윤리 선언문에 동의했다는 것은 종교 간의 명백한 차이를 감추어 버리는 것이 아닌가? 종교란 것은 복잡한 실체이며 각 종교의 윤리적 행위는 종교에 따라 많은 차이가 있는 신앙의 체계와 연관되어 있다. 세계 종교들이 인간성과 신성에 대한 근본적인 이해에 동의하지 않으면서 도덕적인 행위를 구성하는 그 무엇에 대해서만 동의한다는 것이 과연 가능한 것인가?
2. 세계의 종교들의 가르침 속에 발견되고 있고 또 지속적인 세계평화를 위한 조건이 되기도 하는 공동의 규범이 있다면 구체적으로 그것들은 무엇인가?
3. '인권'이라는 것은 참으로 세계 여러 종교의 전통과 가르침에 근거하여 나오는 것인가 아니면 합리주의에 근거한 계몽운동과 근대세계의 사상들에 단지 종교적 옷을 입힌 것인가?

□참고 문헌

가이슬러, 『기독교 윤리학』. 기독교문서선교회, 1991.
　　　, 『종교철학개론』. 기독교문서선교회, 1982.
강영안, 『도덕은 무엇으로부터 오는가?』. 소나무, 2000.
겔　렌, 『인간학적 탐구』. 이문출판사, 1998.
고형곤, 『선의 세계(1): 서양 철학과 선』. 운주사, 1995
그레이슨, 『한국종교사』. 민족사, 1995.
금장태, 『한국유교의 이해』. 민족문화사, 1989.
김용옥, 『동양학 어떻게 할 것인가』. 통나무, 1989.
김용표, 『불교와 종교철학: 공사상으로 본 세계종교』. 동국대출판부, 2002.
김종욱, 『불교에서 보는 철학, 철학에서 보는 불교』. 불교시대사, 2002.
김철현, 『예언자 연구』. 이문출판사, 1983.
　　　, 『예수 연구1,2』. 목원대학교출판부, 1998.
김형효, 『원효에서 다산까지』. 청계출판사, 2000.
내　쉬, 『기독교 생태윤리』. 한국장로교출판사, 1997.
노사광, 『중국 철학사(송명편)』. 탐구당, 1988.
다카쿠스 준치로, 『불교철학의 정수』. 대원정사, 1989.
데이비스, 『종교철학 입문』. 이문출판사, 1996.
도　딘, 『공자』. 한길사, 1998.
되에링, 『칸트철학 입문』. 중원문화, 1985.
두몰린, 『禪과 깨달음』. 고려원, 1989.
드　보, 『구약시대의 종교풍속』. 성서연구사, 1993.
란트만, 『철학적 인간학』. 형설출판사, 1994.
레데커, 『슐라이에르마허 생애와 사상』. 대한기독교출판사, 1985.
레에우, 『종교현상학입문』. 분도출판사, 1995.
레이첼스, 『도덕철학』. 서광사, 1989.
로렌츠, 『현대의 철학적 인간학』. 서광사, 1997.
로울리, 『고대 중국과 이스라엘의 예언과 종교』. 성지출판사, 1991.

루카치, 『이성의 파괴 I』. 열음사, 1993.
르 낭, 『예수전』. 홍성사, 1986.
르벨 · 리카르, 『승려와 철학자』. 창작시대, 1999.
매쿼리, 『20세기종교사상』. 나눔사, 1989.
몬 딘, 『인간: 철학적 인간학 입문』. 서광사, 1996.
몰트만, 『인간: 기독교 인간학』. 향린사, 1983.
바이스마르, 『존재론』. 서광사, 1990.
　　　　, 『철학적 신론』. 서광사, 1994.
바 하, 『비교종교학』. 민음사, 1988.
반 퍼슨, 『몸 · 영혼 · 정신』. 서광사, 1985.
방립천, 『불교철학개론』. 민족사, 1989.
베 버, 『프로테스탄티즘의 윤리와 자본주의 정신』. 문예출판사, 1988.
벨 테, 『종교철학』. 분도출판사, 1998.
부흐텔, 『철학과 종교』. 서광사, 1988.
불트만, 『기독교 초대 교회 형성사』. 이대출판부, 1993.
사토 시게키, 『원효의 화쟁논리』. 민족사, 1996.
사하키안, 『윤리학』. 서강대학교 출판부, 1985.
샤에플러, 『종교철학』. 이론과 실천, 1994.
샤 프, 『종교학』. 한울아카데미, 1986.
셸 러, 『우주에 있어서의 인간의 지위』. 형설출판사, 1982.
　　　　, 『철학적 세계관』. 박영사, 1988.
소광희 외, 『철학의 제문제』. 지학사, 1984.
손봉호, 『고통의 철학』. 서울대출판부, 1998.
슐 츠, 『철학자의 신』. 사랑의 학교, 1995.
스미스, 『종교의 의미와 목적』. 분도출판사, 1991.
스트랭, 『종교학 입문』. 대한기독교서회, 1973.
신상형, 「안셀무스의 신 존재 증명의 현대적 의미」, 『신앙과 지성』. 1997.
신옥희, 『실존 · 윤리 · 신앙』. 한울 아카데미, 1995.
심광섭, 『탈형이상학의 하느님』. 이문출판사, 1998.
아 더, 『하나님의 이름』. 프리셉트성경연구원, 1992.
아우구스티누스, 『참된 종교』. 분도출판사, 1989.

안본영부, 『종교학』. 김영사, 1983.
야스퍼스, 『철학적 신앙』. 이대출판부, 1990.
　　　　, 『초월자의 암호』. 이문출판사, 1992.
엘리아데, 『종교학 입문』. 성균관대학교출판부, 1982.
　　　　, 『성과 속: 종교의 본질』. 학민사, 1983.
　　　　, 『우주와 역사: 영원회귀의 신화』. 현대사상사, 1976.
오경웅, 『동서의 피안』. 가톨릭출판사, 1989.
오경환, 『종교사회학』. 서광사, 1979.
오　토, 『성스러움의 의미』. 분도출판사, 1987.
왕치심, 『중국고대종교사상사』. 이론과 실천, 1988.
요나스, 『책임의 원칙』. 서광사, 1994.
위　탱, 『신비의 지식, 그노시즘』. 문학동네, 1996.
유명종, 『한국사상사』(개정판). 이문출판사, 1995.
윤주병, 『종교심리학』. 서광사, 1986.
융, 『인간과 무의식의 상징』. 집문당, 1983.
　, 『종교와 심리학』. 경문사, 1980.
이동희, 『조선조 주자학의 철학적 사유와 쟁점』. 성균관대, 2006.
　　　, 『주자: 동아시아 세계관의 원천』. 성균관대, 2007.
　　　, 『동아시아 전통문화와 현대한국』. 계명대, 2008.
이양호, 『막스 셸러의 철학』(제3판). 이문출판사, 1999.
　　　, 『초월의 행보: 칸트 · 키르케고르 · 셸러의 길』. 담론사, 1998.
　　　, 『방법으로서의 종교』. 이문출판사, 2010.
이와자끼 다께오, 『서양철학의 흐름』. 이문출판사, 1986.
이완재, 『공자에서 퇴계까지』. 이문출판사, 2001.
　　　, 『동양철학을 하는 방법』. 소강, 1997.
이　익, 『星湖雜著』. 삼성문화재단,, 1972.
장립문, 『퇴계철학입문』. 퇴계학연구원, 1990.
장윤수, 『정주철학원론』. 이론과실천사, 1994.
　(외), 『한국전통철학사상』. 소강, 1997.
　(외), 『우리시대와 윤리』. 교육과학사, 2006.
정대위, 『기독교와 동양인의 세계』. 한국신학연구소, 1986.

정상양치, 『사람은 왜 사는가』. 분도출판사, 1995.
정의채, 『형이상학』. 성바오로출판사, 1985.
제임스, 『종교적 경험의 다양성』. 한길사, 2000.
진교훈, 『철학적 인간학 연구(II)』. 경문사, 1994.
채필근, 『비교종교론』, 대한기독교서회, 1989.
　　　, 『철학과 종교의 대화』, 대한기독교서회, 1989.
체스니, 『삶의 문제에 대한 제종교의 해답』. 이문출판사, 1983.
최재선(외), 『현대사회와 종교』, 바울서신사, 1991.
최재목, 『내 마음이 등불이다』. 이학사, 2003.
　　　, 『동아시아의 양명학』. 예문서원, 1996.
　　　, 『퇴계 심학과 왕양명』. 새문사, 2009.
칭, 『유교와 기독교』. 서광사, 1993.
카워드, 『종교다원주의와 세계종교』. 서광사, 1990.
칼루파하나, 『불교철학』. 천지, 2000.
　　　　　, 『불교철학사: 연속과 불연속』. 시공사, 1996.
　　　　　, 『원시근본불교철학의 현대적 이해』. 불광출판부, 1993.
케언즈, 『동양과 서양의 만남』. 마음의 샘터, 1976.
코 온, 『예수와 흑인혁명』. 청사, 1978.
콤스톡, 『종교학』, 전망사, 1990.
큉, 『신은 존재하는가(1)』. 분도출판사, 1994.
큉 · 칭, 『중국종교와 기독교』. 분도출판사, 1994.
토인비, 『역사가의 종교관』. 일지사, 1988.
틸리히, 『폴 틸리히의 기독교 사상사』. 한국신학연구소, 1987.
패터슨, 『중세철학입문』. 이문출판사, 1996.
페이걸스, 『영지주의 신학』. 한국로고스연구원, 1998.
풍우란, 『중국철학사』. 형설출판사, 1989.
프레이저, 『황금의 가지』. 을유문화사, 1975.
한국사상사연구회, 『인성물성론』. 한길사, 1994.
한숭홍, 『문화종교학』. 장로회신학대학출판사, 1987.
한형조, 『주희에서 정약용으로』. 세계사, 1996.
허재윤, 『인간이란 무엇인가?』. 이문출판사, 1985.

헤　겔, 『종교철학』. 지식산업사, 1999.
헤　센, 『가치론』. 서광사, 1993.
　　　, 『서양철학입문』. 이문출판사, 1999.
　　　, 『종교 철학의 체계적 이해』. 서광사, 1995.
　　　, 『현대에 있어서 삶의 의미』, 이문출판사, 1984.
황선명, 『종교학 개론』. 종로서적, 1982.
회　페, 『윤리학사전』. 예경, 1998.
힉, 『종교철학』. 동문선, 2000.
　, 『하느님은 많은 이름을 가졌다』. 창, 1991.
힐쉬베르거, 『서양철학사』(상)(하). 이문출판사, 1983/87.
Fleddermann, 『공학윤리』. 홍릉과학출판사, 2009.
Harris 외, 『공학윤리』. 북스힐, 2006.

Allport, G.W., *The Individual and His Religion.* NY, 1950.
Baeck, L., *The Essence of Judaism.* NY, 1961.
Becker, L.C., *On Justifying Moral Judgments.* London, 1973
Brooke, R., *Jung and Phenomenology.* London, 1991.
Brunner, E., *Religionsphilosophie.* München, 1948.
Buber, M., *Between Man and Man.* New York(=NY), 1965.
______, *Eclipse of God.* NY, 1952.
Burtt, E.A., *Man Seeks the Divine.* NY, 1957.
Ch'en, K., *Buddhism in China.* Princeton, 1964.
Chadwick, O., *The Reformation.* Baltimore, 1964.
Clark, W.H., *The Psychology of Religion.* NY, 1958.
Collins, J., *The Mind of Kierkegaard.* Princeton, 1983.
Conze, E., *Buddhism: Its Essence and Development.* NY, 1959.
Cragg, K., *Alive to God: Muslim and Christian Prayer.* NY, 1970.
______, *The Mind of Koran.* London, 1973.
Cullman, O., *Early Christian Worship.* London, 1953.
Daniel-Rops, H., *The Church in the dark Ages.* NY, 1964.
Deeken, A., *Process and Permanence in Ethics.* NY, 1974.
Dewey, J., *A Common Faith.* New Haven, 1934.

Diem, H., *Kierkegaard's Dialectic of Existence.* Edinburgh, 1959.
Eisler, R., *Kant-Lexikon,* Hildesheim / NY, 1977.
Eliade, M., *From Primitive to Zen.* NY, 1967.
Evans-Pritchard, E.E., *Theories of Primitive Religions.* NY, 1985.
Freud, S., *Die Zukunft einer Illusion.* Leibzig, 1927.
Frings, M.S., *Max Scheler.* Pittsburgh, 1965.
Fromm, E., *Psychoanalysis and Religion.* NY, 1971.
Gehlen, A., *Der Mensch.* Wiesbaden, 1986.
Gilson, E., *Mittelalterliche Philosophie.* Wien, 1950.
Hammer, F., *Theonome Anthropologie?.* Hague, 1972.
Heinemann, F., *Neue Wege Der Philosophie.* Leibzig, 1929.
Henrich, D., *Der ontologische Gottesbeweis.* München, 1960.
Hessen, J., *Religionsphilosophie(I).* Essen, 1948.
_______, *Religionsphilosophie(II).* München / Basel, 1955.
Heth, W.A., *Jesus and Divorce.* Nashville, 1984.
Hick, J., *The Existence of God.* NY, 1964.
Humphreys, C., *Exploring Buddhism.* London, 1974.
Illich, I., Deschooling Society. Pelican Books, 1971.
Jaspers, K., *Die geistige Situation der Zeit.* Berlin, 1965.
Jayatilleke, K.N., *Early Buddhist Theory of Knowledge.* London, 1963.
Jonas, H., *The Gnostic Religion.* Boston, 1963.
Kant, I., *Kritik der reinen Vernunft.* Hamburg, 1956.
_____, *Kritik der praktischen Vernunft.* Hamburg, 1974.
Kaulbach, F., *Immanuel Kant.* Berlin, 1969.
Kierkegaard, S., *Either / Or (II).* Princeton, 1987.
____________, *The Sickness unto Death.* Princeton, 1980.
Kitagawa, J.(ed.), *The History of Religions.* Chicago, 1967.
Landgrebe, L., *Philosophie der Gegenwart.* Frankfurt a. M., 1958.
Lang, A., *Wesen und Wahrheit der Religion.* München, 1957.
Ling, T., *History of Religions: East and West.* NY, 1970.
Löwith, K., *Wissen, Glaube und Skepsis.* Stuttgart, 1985.
Nock, A.D., *St. Paul.* NY, 1963.

Otto, R., *Mysticism East and West.* NY, 1932.
______, *Mysticism East and West.* NY, 1957.
Percheron, M., *Buddha and Buddhism.* NY, 1957.
Radhakrishnan, *East and West.* NY, 1956.
Robinson, J.A., *Honest to God.* Philadelphia, 1963.
Schaeffler, R., *Religionsphilosophie.* München, 1985.
Scheler, M., *Vom Ewigen im Menschen.* Bern, 1954.
Schulz, W., *Philosophie in der veränderten Welt.* Weinsberg, 1972.
Smart, N., *Philosophers and Religious Truth.* NY, 1970.
______, *The Religious Experience of Mankind.* NY, 1976.
Smith, W.C., *Faith and Belief.* Princeton, 1979.
______, *Islam in Modern History.* Lahore, 1943.
______, *Questions of religious Truth.* NY, 1969.
______, *Religious Diversity.* NY, 1976.
Spiegelberg, H., *The Phenomenological Movement(I).* Hague, 1960.
Staal, F., *Exploring Mysticism.* Berkeley, 1975.
Staude, J.R., *Max Scheler 1874~1928.* NY, 1967.
Swinburne, R., *The Christian God.* Oxford, 1994.
__________, *The Coherence of Theism.* Oxford, 1995.
Tillich, P., *Systematic Theology(I).* Chicago, 1951.
Troeltsch, E., *Die Absolutheit des Christentums.* München, 1969.
Wach, J., *Sociology of Religion.* Chicago, 1945.
______, *Types of Religious Experience.* Chicago, 1951.
______, *Understanding and Believing.* NY, 1968.
Wallace, A., *Religion: An Anthropological Views.* NY, 1966.
Ware, T., *The Orthodox Church.* baltimore, 1967.
Watt, W.M., *Islamic Philosophy and Theology.* Edinburgh, 1962.
Wells, D., *God, Man, and the Thinker.* NY, 1964.
Wilhelm, R., *Laotse Tao Te King.* München, 1991.
Wright, A., *Buddhism in Chinese History.* Stanford, 1959.
Yinger, J.M., *The Scientific Study of Religion.* NY, 1970.